LES CHIENS DE GUERRE DE L'AMÉRIQUE

Enquête au cœur des sociétés militaires privées

DU MÊME AUTEUR

Nouveau Monde éditions :
Espions et terroristes : les liaisons dangereuses (2008).

Éditions Ellipses :
La Guerre des robots (2006).
Espionnage business – Guerre économique et renseignement (2005).

Marines Éditions :
Les Commandos-marine français (2003).

Éditions Charles-Lavauzelle :
Du Golfe au Kosovo – Renseignement, action spéciale et nouvel ordre mondial (2000).
Le Renseignement français à l'aube du XXIe siècle (1998).

Éditions Histoire & Collections :
Les SAS, commandos secrets de Sa Majesté (1997).

24, rue des Grands-Augustins – 75006
ISBN : 978-2-84736-372-2
Dépôt légal : octobre 2008
Imprimé en France par Sagim-Canale

Jean-Jacques Cécile

LES CHIENS DE GUERRE DE L'AMÉRIQUE

Enquête au cœur des sociétés militaires privées

nouveau monde éditions

Introduction

Interrogées à de nombreuses reprises, les autorités américaines n'ont jamais vraiment répondu à cette question simplissime : Combien de civils sous contrat travaillent au profit des forces américaines sur le théâtre des opérations irakien ?

Voulant en avoir le cœur net, le bureau du budget rattaché au Congrès se met en devoir de réaliser un décompte aussi précis que possible. Ses enquêteurs publient leur rapport en août 2008 : le chiffre est au bas mot de 190 000 hommes et femmes [1]. À la même époque, les soldats de l'Oncle Sam bataillant entre le Tigre et l'Euphrate ne sont « que » 160 000. Or, au Vietnam, le ratio était de 5 militaires pour 1 *contractor*...

Quels sont les ressorts d'une progression aussi spectaculaire ? Résulte-t-elle vraiment d'un besoin avéré ? Ne cache-t-elle pas de sombres desseins mercantiles s'incarnant dans des actions de lobbying d'une agressivité inconnue jusqu'alors ?

Les historiens font généralement remonter l'émergence du mercenariat à l'Empire égyptien ; les premières traces de recrutement d'« auxiliaires étrangers » apparaissent ainsi dès l'Antiquité. En 401 avant J.-C., de manière prémonitoire, la zone géographique appelée à devenir l'Irak moderne est déjà le théâtre de leurs « exploits ». Xénophon relate ainsi l'histoire de Cyrus le Jeune, ce prince qui, voulant renverser son frère Artaxercès, le roi des Perses, recrute 13 000 mercenaires grecs. Le mutin est tué lors d'une bataille décisive près de Babylone, à la suite de quoi ses partisans se rallient au souverain légitime. Les mercenaires décident alors de se replier. Pour cela, il leur faut traverser en plein hiver les montagnes du Kurdistan. Seulement 5 000 d'entre eux atteindront les rivages de la mer

Noire[2]. Pourquoi ce recours extensif à des chiens de guerre avant la lettre ? « Baisse du sens civique, lassitude du corps politique pour la stratégie de conquête, faiblesses démographiques : autant de raisons [...] qui ne manquent pas pour expliquer ces recrutements de professionnels dont la vie comptait bien moins que celle d'un citoyen*. » Vingt-cinq siècles plus tard, de manière étrangement semblable, l'utilisation de *contractors* par Washington obéira à la même logique. La mort d'un civil étranger n'entrant pas en ligne de compte dans le bilan des pertes, leur présence massive en Afghanistan et en Irak est indolore. Dans l'esprit de l'opinion publique comme dans celui des dirigeants qui la manipulent, la vie d'un pauvre hère du tiers-monde ne vaut rien en regard de celle d'un soldat américain. Les uns sont consommés dans l'indifférence générale, les autres ont droit à la première page des journaux à grand tirage : cela fait une sacrée différence.

Au Moyen Âge, les vassaux doivent fournir à leurs suzerains des troupes aguerries : ils recrutent des mercenaires souvent commandés par un chef, le condottiere, mot provenant de la langue italienne où un *condotta* désigne un contrat de louage. Ces condottieri sont des « soldats réguliers ou nobles en mal de gloire. [...] Ils devaient fournir soldats, matériel militaire et commandement, l'ampleur des organisations gérées en faisait de véritables entrepreneurs de la guerre**. » C'est une époque dans laquelle les mercenaires suisses jouissent d'une solide réputation de combativité, mais ces *Reisläufer* deviennent vite incontrôlables, au point que, dès 1477, des lois sont édictées qui prétendent interdire aux particuliers de s'engager pour leur propre compte. C'est l'échec. Deuxième tentative en 1520 : les autorités helvètes cherchent alors à transformer « le mercenariat improductif pour la nation en un instrument politique présumé utile à l'ensemble de la

* Philippe Chapleau, *Les Mercenaires – De l'Antiquité à nos jours*, éditions Ouest-France, Rennes, 2006, p. 14.

** http://veneziana.mabulle.com, accédé le 23 août 2008.

communauté* ». Encore une fois, on ne peut s'empêcher de relever là un étrange parallélisme avec certaines situations contemporaines. En ex-Yougoslavie, Washington préférera se défausser sur Military Professional Resources Incorporated (MPRI), l'entraînement des turbulents alliés balkaniques mettant la diplomatie américaine en porte-à-faux vis-à-vis de la communauté internationale.

En France, alors que fermentent les rancœurs qui allaient amener la Révolution, on compte, en 1787, 25 régiments étrangers allemands, irlandais, italiens, suisses et écossais. 1789 introduit le principe de la Nation en armes : c'est la fin des mercenaires, du moins dans l'Hexagone. Au XXe siècle, les deux guerres mondiales intronisent le concept de la guerre totale : le conflit n'est plus seulement l'affaire des généraux, il mobilise aussi les usines sommées de participer à l'effort de guerre. Dès lors que le canon donne de la voix, le sort des militaires devient indissolublement lié à celui des industriels. Le partenariat initié, il ne cessera de se renforcer et rapprochera toujours plus civils et entreprises du champ de bataille.

Lorsque la Seconde Guerre mondiale s'achève, le mouvement n'en est encore qu'à ses balbutiements : les chiens de guerre à l'ancienne ont toujours droit de cité. Ils pullulent en Afrique sur fond de décolonisation. Car entre 1956 et 1977, 43 pays du continent accèdent à l'indépendance et, entre 1960 et 1990, on y décompte 70 coups d'État[3]. Cette race d'aventuriers de la guerre est personnifiée par Mike Hoare, dont la personnalité a inspiré le film *Les Oies sauvages*. Né à Dublin en 1920, il termine la Seconde Guerre mondiale comme capitaine dans une unité blindée britannique puis émigre en Afrique du Sud. En 1961 et en 1964, on le retrouve au Katanga. Il fait ensuite le coup de feu au Biafra puis, en 1981, monte un coup d'État aux Seychelles. Les mercenaires qu'il recrute tentent de s'y rendre en se faisant passer pour des touristes ou des joueurs de rugby. L'affaire tourne au fiasco. Le Biafra, justement. Un cas d'école : les hostilités voient des

---

* Alain-Jacques Czouz-Tornare, *Mercenaires – Du Moyen Âge au XIXe siècle*, http://hls-dhs-dss.ch, accédé le 23 août 2008.

mercenaires recrutés par les deux bords s'entretuer lorsque cette riche province du Nigeria décide de faire sécession. Mais les « affreux » finissent par gêner. Leurs compétences militaires souvent usurpées ainsi que le manque de moyens les condamnent trop souvent à l'échec. Les conditions dans lesquelles ils opèrent provoquent la réprobation. Leurs opérations violent de manière trop voyante les lois internationales. La survie du mercenariat passe finalement par une évolution drastique du milieu : les aventuriers se font hommes d'affaires, ils deviennent des « entrepreneurs de guerre, en quête de respectabilité, de légitimité, ainsi que de moyens humains et matériels adaptés à leurs ambitions* ». C'est principalement cette nouvelle orientation qui induit l'apparition des sociétés militaires privées.

Outre-Atlantique, la logique capitaliste joue à plein. Car le besoin existe : à Washington comme ailleurs, mais là sans doute plus qu'ailleurs, on a voulu engranger les « dividendes de la paix » donc réduire le nombre des gros bataillons. Alors qu'elle comptait 766 500 hommes et femmes en 1990 au sortir de la guerre froide[4], l'armée de Terre américaine n'en compte plus que 486 000 en 2005[5]. Effectifs en baisse, moyens chichement mesurés : il n'en fallait pas plus pour créer des conditions favorables à l'émergence de sociétés militaires privées telles que MPRI ou DynCorp. En Afrique du Sud, la fin du régime de l'apartheid provoque un exode massif vers le secteur civil d'espions parfaitement formés. Leurs compétences y sont rapidement mises à profit par Executive Outcomes, une société référence. Poussés sur la touche, les chiens de guerre d'antan ne détestent cependant pas monter de toutes pièces, à l'occasion, une opération comme au bon vieux temps. C'est le cas de Simon Mann, ce mercenaire en chef que l'on pourrait presque qualifier de « pittoresque » si le sujet n'était pas aussi grave. Le personnage a fait les gros titres pour avoir, au mois de mars 2004, vainement tenté de renverser le gouvernement de Guinée Équatoriale en fomentant un coup d'État à l'ancienne.

---

* Philippe Chapleau, *op. cit.*, p. 83.

Mike Hoare, nous l'avons vu, était un officier de la British Army. Car il existe outre-Manche une filière dont l'émergence a été favorisée par cette propension qu'ont les Britanniques à recourir aux opérations spéciales. La pérennisation de cette filière s'appuie sur les menées secrètes du « Old Boys Network », un réseau informel d'anciens militaires d'élite de Sa Très Gracieuse Majesté acoquinés avec leurs collègues des services secrets. Outre-Atlantique, c'est bien évidemment l'enseigne Blackwater qui sert d'exemple tout trouvé dès lors qu'il s'agit de caractériser ces nouvelles sociétés militaires privées. Ne nous y trompons pas : nous ne parlons pas là d'une entreprise esseulée mais bel et bien d'un groupe industriel d'une envergure *a priori* insoupçonnable. Cette puissance, le groupe la doit principalement à l'entregent de son fondateur Erik Prince. Abordée ici, la saga de cet entrepreneur lève le voile sur les activités propres à l'empire qu'il a mis sur pied contre vents et marées. Les récits du drame de Fallujah ainsi que celui des exactions commises au square Nisour où 17 Irakiens ont trouvé la mort sous les balles tirées par les employés de Blackwater y occupent une place prépondérante.

Plus loin dans l'ouvrage, nous verrons qu'il existe deux marchés où l'on assiste à une forte progression des chiffres d'affaires générés par la sous-traitance : l'entraînement des forces et le renseignement. L'irruption massive des entreprises dans le domaine de l'espionnage témoigne d'une véritable révolution dont on peine encore à entrevoir pleinement les implications. Car les sociétés spécialisées sont littéralement montées, avec l'aval de Washington, à l'assaut des 16 services constitutifs de la communauté du renseignement américaine. Elles y ont ouvert de telles brèches que ces organismes sont désormais, au sens propre, phagocytés par les contractors embauchés à titre individuel ou travaillant sous couvert d'un contrat attribué à une société commerciale. Toutes les fonctions sont concernées, y compris celles touchant à ce que l'État régalien a de plus sensible, par exemple les opérations secrètes à l'étranger. Ainsi, « les contractors composent plus de la moitié des effectifs du National Clandestine Service de la CIA [...]. Au National Reconnaissance Office, l'agence chargée de lancer et de maintenir à poste les satellites de reconnaissance photographique et d'interception des communications de la nation, la presque totalité des ressources humaines est composée d'employés sous contrat travaillant au profit de sociétés privées* ». Si le MI-5 ainsi que le MI-6 se montrent plus circonspects, il est en revanche un créneau que les entreprises ont investi en Grande-Bretagne : la surveillance aux fins de lutte contre la criminalité. Certaines dérives commencent à y apparaître ; elles renvoient par extrapolation à une situation russe caricaturale où l'on ne sait plus qui est qui tant organisations mafieuses, sociétés de sécurité et services spéciaux sont parfois imbriqués. C'est très certainement ce manque de contrôle et de régulation qui constitue le principal écueil à une saine perception de l'usage qui doit être fait des sociétés militaires privées.

Sa mutation l'ayant transformé en secteur commercial banalisé, le « conseil militaire » – ne parlons plus de mercenariat, c'est suranné et politiquement incorrect – est tombé dans la marmite de la globalisation, situation générant de nombreux effets pervers. En voici un parmi d'autres : afin de tirer les coûts vers le bas, les sociétés militaires privées occidentales sont allées recruter dans le tiers-monde, là où prolétaires et forçats nécessiteux ne se montrent pas trop regardants sur les conditions de travail. Ceux-là n'ont que le choix entre crever de faim chez eux ou courir le risque de sauter sur une mine en Afghanistan ou en Irak. Dans les pays dits « riches », d'autres raisons sont avancées, par exemple le maintien d'un certain standing social ou la recherche d'adrénaline.

« Je ne pense pas qu'il y ait eu intention criminelle. Je pense juste que c'est l'usage de la force mortelle qui a dérapé** », se lamente un contractor. Et quel dérapage : à

---

* Tim Shorrock, *Spies for Hire : The Secret World of Intelligence Outsourcing*, Simon & Schuster, tel que cité par Chalmers Johnson, « The Vast and Dangerous Transfer of American Spying to Mercenary Companies », *Tomdispatch.com*, 28 juillet 2008.

** Paul Von Zielbauer & James Glanz, « Under Siege, Blackwater Takes On Air of Bunker », *The New York Times*, 25 octobre 2007.

Bagdad au square Nisour le 16 septembre 2007, 17 civils ont payé de leur vie l'impéritie des gorilles de Blackwater. Si le but des Américains lorsqu'ils ont envahi l'Irak en mars 2003 était d'y apporter le sens de la justice, ce genre de comportement ne va certes pas y contribuer. Malheureusement, l'affaire du square Nisour n'est nullement un drame inhabituel. Car des « accidents » du même tonneau, il y en a eu beaucoup. En avril 2001, des employés de la société Aviation Development Corporation collaborant avec la CIA au Pérou se retrouvent sur la sellette. Ils sont fortement soupçonnés d'être à l'origine d'une erreur aux conséquences dramatiques. L'avion d'un missionnaire est pris pour un appareil utilisé par des trafiquants de drogue. L'aéronef est abattu par les militaires péruviens. Bilan : deux morts, une jeune femme et son bébé de sept mois. En 1998, AirScan, une entreprise spécialisée dans la surveillance aérienne, aide les militaires colombiens à planifier et à exécuter une attaque contre des rebelles. Un bombardement s'ensuit : 11 adultes et 7 enfants du village de Santo Domingo sont tués. Une regrettable erreur... On pourrait multiplier les exemples. Car les activités des sociétés militaires privées sont constellées de ces crimes, délits ou manquements allant de la simple escroquerie à l'assassinat pur et simple en passant par les exactions attentatoires à la dignité humaine. Comment et pourquoi ? L'ouvrage esquisse une réponse à cette double interrogation.

Certains observateurs n'en démordent pas : les eldorados afghan et irakien ne seront bientôt plus que des miroirs aux alouettes. Les fonds baissent, la plupart des capitales occidentales ne rêvent que d'un désengagement honorable. L'amélioration de la situation en Irak tire les tarifs vers le bas. En février 2007, un aller simple depuis l'aéroport de Bagdad jusqu'à la « zone verte » était facturé 3 700 dollars (environ 2 500 euros) par la société AKE ; en août 2008, l'entreprise Edinburgh International se contente de 875 dollars pour le même voyage devenu presque touristique [6]. Va-t-on vers une récession mettant en péril l'avenir de ces sociétés ayant poussé comme des champignons à l'ombre de la « guerre globale contre le terrorisme » ? Pas si vite : de nouveaux marchés émergent qui font saliver les actionnaires. Certaines offres sont pour le moins originales, telle cette initiative d'une agence ukrainienne : il s'agit tout simplement de commercialiser du « tourisme militaire »…

Il est maintenant temps de rentrer dans le vif du sujet. Place à un monde où les entreprises louant de la soldatesque au plus offrant occupent désormais le haut du pavé au détriment des militaires en uniforme. Les conflits perdurent ? La belle affaire ! Au sein du complexe militaro-industriel, le seul intérêt qui prédomine est celui des actionnaires. Et cet intérêt-là réclame beaucoup plus que sa livre de chair à canon. Ce faisant, les exactions commises au nom de la rentabilité font voler en éclats le vernis de respectabilité dont se prévalent les sociétés militaires privées. En abusant de ces auxiliaires à la moralité douteuse, le pouvoir américain, champion autoproclamé de la liberté et de la justice, envoie au monde un message brouillé. Peut-on véritablement prétendre remplacer, à Bagdad ou à Kaboul, l'obscurantisme par la démocratie en y lâchant une meute de chiens de guerre agissant en dehors de tout contrôle sans aucune forme de retenue ? C'est ce que la propagande concoctée à Washington voudrait nous faire croire. Mais la propagande a ses limites. Elle est impuissante à jouer le rôle d'un garrot lorsque coule le sang des innocents.

1

Les précurseurs

Pour un hélicoptère, celui-ci est d'une surprenante discrétion. Rien d'étonnant à cela : construit par la société Hughes, l'engin, léger, a été spécialement modifié à la demande de la CIA ; il y a gagné un surnom, *the Quiet One* (le silencieux).

Depuis le mois de mars 1972, Américains et Nord-Vietnamiens ont entamé des négociations. En octobre, malgré une intense campagne de bombardement menée par l'US Air Force, Hanoï refuse de faire des concessions : les discussions sont au point mort. Henry Kissinger veut savoir ce que mijotent les Nord-Vietnamiens et charge la Centrale d'aller y voir d'un peu plus près. Justement : la CIA sait que l'ennemi a un talon d'Achille, une ligne téléphonique utilisée par des cadres de haut niveau. Pour surveiller la ligne, des patrouilles sont organisées sur une piste parallèle. Or, il y a un endroit, un seul, où ligne et piste divergent. C'est là que les espions de l'Oncle Sam décident d'implanter une bretelle ainsi qu'une station-relai alimentée par des panneaux solaires. But : pirater les informations puis les transmettre à grande portée jusqu'à un poste d'écoute. Mais l'affaire réclame une discrétion maximale : les troupes vietminh grouillent dans le secteur.

Sous le nom de code « Rue principale », l'hélicoptère spécial est soumis à une campagne d'évaluation sur la très secrète Aire 51 dans le Nevada. Représentant l'outil idéal, l'engin est tout naturellement choisi pour acheminer sur place le matériel ainsi que les opérateurs indispensables. Washington désire cependant pouvoir, si nécessaire, nier être à l'origine de l'opération, raison pour laquelle sa réalisation est tout d'abord confiée à une unité de l'armée de l'Air taïwanaise. Mais l'entraînement des pilotes sud-asiatiques tourne à la catastrophe : à PS-44, une base secrète implantée au Laos, un des deux hélicoptères spéciaux est détruit lors d'un exercice d'atterrissage nocturne. Les instructeurs américains sont finalement contraints d'y aller eux-mêmes. Deux premières tentatives tournent court : une mauvaise météo oblige l'engin à faire demi-tour. Dans la nuit du 5 au 6 décembre 1972, la troisième tentative est la bonne. Le système fonctionnera pendant plusieurs semaines, puis se taira définitivement[1]. Faut-il y voir une relation de cause à effet ? Toujours est-il qu'en janvier 1973, Henry Kissinger et Lê Duc Tho signent à Paris un accord de cessez-le-feu. Un détail : Anthony Lamothe et Daniel Smith, les deux audacieux ayant piloté l'hélicoptère, ainsi que l'engin lui-même, n'appartenaient pas à la CIA, mais à Air America, une société commerciale très discrète. Elle est ce que, dans le jargon des barbouzes, on appelle une « société écran ».

Si les espions de l'Oncle Sam ne sont nullement à l'origine du phénomène de la sous-traitance militaire, ils n'en ont pas moins contribué à l'accélérer. Car nombre d'organismes commerciaux à la botte de Langley ne seraient en fait que des sociétés écrans s'étant peu ou prou affranchies de leur pesante tutelle suite à un coup d'arrêt imposé par le Capitole : « Gardez à l'esprit qu'il n'y a pas de sociétés écrans. Le Congrès ordonna à la CIA de s'en débarrasser, et la centrale s'en est débarrassée. La CIA se conforme aux lois et obéit au Congrès… en "vendant" les sociétés écrans aux "retraités" de la CIA. Bien entendu, s'ils peuvent rendre des petits services à la CIA, c'est OK. Si la CIA leur donne du travail, c'est OK. Donc c'est *business as usual* avec un moindre contrôle de la part du Congrès*. » Plus de 200 sociétés sont suspectées d'avoir fait l'objet d'une telle « vente ». Dans la liste, on ne s'en étonnera pas, Air America.

---

* Harry Sweney, « CIA Fronts », *alt.politics.org.cia*, 20 septembre 1996.

Chacun sait quel est le plus vieux métier du monde. Pour Bob Denard, « le Corsaire de la République », le mercenariat occupe la seconde place du classement. En Égypte, c'est dès l'Ancien Empire (2649 à 2152 avant J.-C.) que les pharaons ont recours à des troupes auxiliaires étrangères[2]. Beaucoup plus tard, la guerre de Cent Ans (1337-1453) voit se former de « grandes compagnies » de mercenaires. Sachant au besoin se transformer en bandes de pillards écumant les campagnes, elles témoignent d'une première structuration empirique de l'offre : déjà se profilait une nouvelle forme de service qui évoque un peu le mercenariat d'entreprise contemporain[3]. C'est l'époque où l'on voit apparaître les premiers « entrepreneurs de guerre », des intermédiaires privés, rétribués par les souverains pour recruter et diriger les troupes[4]. Mais il allait falloir attendre les lendemains de la Seconde Guerre mondiale pour voir le phénomène acquérir ses lettres de noblesse par le biais du soutien des forces militaires. C'est ainsi que DynCorp International LLC descend en droite ligne de deux sociétés mises sur pied en 1946, Land-Air Incorporated et California Eastern Airways. C'est en 1951 que la première, qui allait donner naissance à la division « maintenance et services techniques de soutien » rattachée à DynCorp, signe avec le commandement de la logistique de l'armée de l'Air américaine un contrat pour la réparation des aéronefs et des armements. Depuis, ce contrat a régulièrement été renouvelé et est toujours en vigueur[5]. Vinnell a quant à elle été fondée en 1931 en tant que société de travaux publics. Elle ne tarde cependant pas à être impliquée dans la sphère militaire. Elle répare des avions à Guam au début des années 1950, ravitaille l'armée chinoise nationaliste de Tchang Kaï-chek et construit des pistes d'atterrissage à Okinawa, au Pakistan, en Thaïlande ou encore au Sud-Vietnam. Certains affirment que c'est dès cette époque qu'elle tisse des liens étroits avec les espions américains : des agents de la CIA en profitent pour se servir de la société en tant que couverture. Sans doute cette coopération mutuellement bénéfique – en retour, la CIA aide Vinnell à obtenir des contrats en Iran et en Libye – s'est-elle étendue lors de la guerre du Vietnam. Là, selon un officier américain, les 4 000 employés que Vinnell y a déployés constituent « notre propre petite armée de mercenaires que nous utilisons pour des tâches que nous ne pourrions pas faire soit par manque de personnel soit parce que cela nous poserait des problèmes sur le plan juridique[6] ».

Parallèlement, les « petites guerres » de décolonisation menées sur le continent noir démontrent, s'il en était besoin, que le mercenariat traditionnel devient obsolète. Recrutant par ouï-dire des volontaires au professionnalisme pas toujours reconnu, incapables de dénicher les fonds indispensables dès lors qu'il s'agit d'atteindre une masse critique et une puissance de feu appréciable, les aventuriers se laissent peu à peu déborder par une nouvelle race d'entreprises. Sans bruit, le treillis léopard laisse la place au costume-cravate et à l'attaché-case. Les sociétés qui vendent de l'expertise militaire comme d'autres vendent des batteries de cuisine ou des pots d'échappement ont désormais pignon sur rue, même si les plaques en cuivre restent discrètes : entrepreneurs et actionnaires ont effectué une OPA sur le mercenariat d'antan. Parmi ces entreprises, il en est une dont la raison sociale allait devenir synonyme de l'expression « société militaire privée ». Sans même évoquer pour l'instant ses activités, sa seule genèse est un cas d'école. Elle débute en 1975.

Executive Outcomes

Cette année-là, l'Angola est encore une colonie portugaise. Depuis leurs bases zaïroises, les indépendantistes du Front national pour la libération de l'Angola (FNLA) font de fréquentes incursions dans le pays ; deux autres mouvements agissent de même. Soutenu par les Cubains, c'est finalement le Mouvement populaire de libération de l'Angola (MPLA) marxiste qui s'installe à Luanda et finit par y imposer sa loi dès que les Portugais tournent les talons. Tentant le tout pour le tout, les troupes du FNLA se ruent vers la capitale. Peine perdue : trop légèrement équipées, elles ne font pas le poids face aux communistes abondamment pourvus en artillerie.

Ceux-ci manœuvrent habilement, coupant les rebelles du FNLA de leurs bases situées au nord, à l'abri derrière la frontière avec le Zaïre. Pour les rescapés, une seule solution : s'enfuir vers le sud. Un détachement de 400 à 500 hommes traverse alors avec femmes, enfants, armes et bagages la moitié du territoire angolais pour se réfugier en Namibie, à cette époque un protectorat de l'Afrique du Sud. Lorsque la troupe y arrive, ou du moins ce qu'il en reste, ce n'est plus qu'un ramassis de va-nu-pieds en guenilles avec le moral au fond des chaussettes. En Namibie, les autorités leur mettent le marché en main : soit ils acceptent d'être intégrés aux forces de défense sud-africaines, soit « on » les chassera vers le nord, vers l'Angola marxiste et ses équipes de tueurs, ce qui équivaut à une mort quasi certaine. La totalité des hommes opte pour la première solution. Les officiers de Pretoria, conscients de leurs qualités combatives, créent alors pour eux une unité spécifique. Tout d'abord connue sous le nom de « Groupe Bravo », elle ne tarde pas à être rebaptisée 32e Bataillon ; elle est également connue sous la dénomination de « Buffalo Battalion », en référence à un ancien insigne de tradition sur lequel figurait une tête de buffle. Sous l'impulsion de son premier chef de corps, l'unité se spécialise alors dans la contre-guérilla et participe à tous les coups fourrés au profit du gouvernement sud-africain. Elle gagne une réputation de troupe formée de mercenaires : les Angolais qui la composent sont certes encadrés par quelques membres des forces spéciales sud-africaines mais aussi par « une poignée d'officiers et de sous-officiers venant de pays comme l'Australie, le Portugal, la Rhodésie, l'Angleterre et les USA* ». En Namibie, les hommes du bataillon sont surnommés « les Affreux » par les révolutionnaires de la South West African People Organisation (SWAPO), qu'ils traquent sans aucune pitié.

Au début des années 1980, le 32e Bataillon hérite de plusieurs dizaines de volontaires étrangers après dissolution de la compagnie d'éclaireurs rattachée à la 44e Brigade parachutiste.

---

* Philippe Chapleau & François Misser, *Mercenaires S.A.*, éditions Desclée de Brouwer, Paris, 1998, p. 68.

Ces « mercenaires » sont tous affectés dans la compagnie de reconnaissance, une unité de forces spéciales. En 1989, peu avant que la Namibie ne devienne indépendante, l'ensemble du bataillon est rapatrié en Afrique du Sud, où le régime de l'apartheid n'en a plus pour longtemps. Fin du conflit namibien, crépuscule du régime de ségrégation raciale : sentant le vent tourner, l'état-major sud-africain décide de dissoudre certaines unités et organismes ayant mauvaise réputation. La compagnie de reconnaissance du 32e Bataillon fait les frais de cette maladroite tentative de dédouanement. Le Bureau de coopération civile également. Sous cette dénomination banale se cache un redoutable organisme d'opérations clandestines dont la mission principale est d'assurer la pérennité du régime de l'apartheid. Pour ses membres, la fin justifie les moyens : on lui prête en particulier d'avoir subventionné des recherches visant à mettre au point des substances chimiques capables, une fois disséminées, de stériliser spécifiquement les femmes africaines. Dans la tourmente, le Koevoet (« pied-de-biche » en afrikaner) disparaît également. S'étant elle aussi illustrée en luttant contre la SWAPO, cette unité spéciale sud-africaine traîne une sinistre réputation de brutalité et d'usage indiscriminé de la force. La dissolution de ces trois organismes a une conséquence immédiate : des centaines de spécialistes pointus rompus aux techniques de la guerre contre-insurrectionnelle se retrouvent au chômage. Pour certains d'entre eux, cela ne dure pas longtemps.

1997, dans les faubourgs de Pretoria. Angella Johnson est journaliste. Aujourd'hui, elle a pour tâche d'interviewer l'homme qui est maintenant en face d'elle. Pas facile : le téléphone de l'individu n'arrête pas de sonner. À première vue, celui-ci n'a rien d'un guerrier sanguinaire. Et quand il dit avoir tout lu de Mark Twain, de Shakespeare et des sœurs Brontë, on serait presque tenté de le prendre pour un intellectuel. Mais voilà : à la ceinture, il porte ostensiblement un pistolet tchécoslovaque. Drôle d'outil pour un philosophe autoproclamé. Et lorsque l'on croise son regard, on comprend tout de suite. Froid, calculateur, il a les yeux d'un cobra capable d'attendre des heures tapi dans l'ombre puis de frapper en une fraction de seconde. D'ailleurs, le personnage a tué, souvent, même s'il déclare ne pas aimer cela. Des cadavres, il en a côtoyé des centaines, ceux de ses ennemis bien entendu mais aussi ceux de quelques-uns de ses amis. Dans ce milieu-là, celui des mercenaires professionnels, on ne fait pas d'omelette sans casser des œufs. Telle une ombre maléfique que l'on devine sans la voir, la mort marche aux côtés d'Eeben Barlow[7].

L'homme n'a que 6 ans lorsque ses parents, un père anglais et une mère française, déménagent de Rhodésie pour s'installer en Afrique du Sud. Il rejoint les forces de défense sud-africaines en 1972 puis est affecté au 32e Bataillon en 1978. Il y prend rapidement le commandement de la compagnie de reconnaissance. En 1983, il est recruté par les services de renseignement militaires qui l'affectent au Directorate of Covert Collection, un organisme d'opérations clandestines. Six ans plus tard, il est muté au Bureau de coopération civile (CCB) qui ne va pas tarder à passer à la trappe. On pense qu'Eeben Barlow est alors chargé de mettre sur pied en Europe des sociétés écrans, de celles qui servent par exemple aux services de renseignement à contourner les embargos. Ce qui expliquerait que 1989 est non seulement l'année où il est coopté au CCB, mais aussi celle durant laquelle il fonde Executive Outcomes en « récupérant » les anciens des forces spéciales désœuvrés battant le pavé. La société aurait donc été, du moins à l'origine, un paravent du CCB et « une bouée de sauvetage providentielle lorsque les membres des forces de défense sud-africaines se sont rendu compte que leurs unités spéciales et leurs organisations secrètes allaient être démantelées après la libération de Nelson Mandela et la légalisation de l'ANC. En tous cas, EO devait survivre à la dissolution du CCB en 1991 [...]. C'est aussi à partir de cette année-là que M. Eeben Barlow commence à vendre discrètement ses "services de sécurité spécialisés" à travers l'Afrique* ».

* Laurence Mazure, « Lucrative reconversion des mercenaires sud-africains », *Le Monde diplomatique*, octobre 1996.

Mais ce n'est qu'en 1993 qu'Executive Outcomes décolle vraiment, grâce à un coup de pouce venant de Grande-Bretagne. Là, Simon Mann et Anthony Buckingham, tous deux des anciens du Special Air Service, portent sur les fonts baptismaux la branche britannique de la société sud-africaine. Le premier allait avoir son heure de gloire, si l'on peut dire, lors d'une pitoyable tentative de coup d'État visant la Guinée Équatoriale. Le second n'est pas un inconnu du monde de l'industrie : il est directeur exécutif d'Heritage Oil and Gas, qui opère notamment en Angola [8]. Cela place de fait EO au centre d'un inextricable réseau de participations croisées, où une chatte ne retrouverait pas ses petits. Lorsque Kevin O'Brien, analyste au profit de la très respectée *Jane's Intelligence Review*, publie en août 1998 un article censé démêler cet écheveau, ses écrits font l'objet, un mois plus tard, d'un volumineux rectificatif en neuf paragraphes [9]...

Il est indéniable que, dès sa création, Executive Outcomes se distingue par l'excellence de son offre. L'un des premiers contrats qu'elle décroche consiste à entraîner les forces spéciales sud-africaines en matière d'espionnage, de contre-espionnage et d'opérations clandestines. La société se déclare capable de former des recrues à des spécialités aussi pointues que la chute libre, le tir de précision à longue distance et les opérations spéciales en zones urbaine ou rurale. Elle propose aussi aux états-majors d'organiser à leur place le processus de sélection des volontaires aptes à être intégrés dans les rangs des unités de forces spéciales [10]. En 1996, une équipe d'Executive Outcomes collabore avec le KOPASSUS, commandement des forces spéciales indonésiennes. L'affaire est faite de manière quasi clandestine car le KOPASSUS ne tarde pas à être mis à l'index, notamment pour avoir perpétré le 9 mai 1996 une tuerie dans le village de Geselema, en Papouasie, lors d'un assaut aéromobile. Cette qualité de service, Executive Outcomes le doit surtout à son recrutement. Car aux 200 spécialistes initiaux du 32e Bataillon et du Koevoet se joignent d'ex-membres des forces spéciales rhodésiennes, Selous Scouts ou Special Air Service. L'effectif est ensuite complété par des Russes « qui ne risquent pas de trouver d'emploi aussi lucratif chez eux* ». Si bien que, en 1995, la société peut se vanter de travailler avec 2 500 spécialistes de haut niveau. Parmi eux, 10 anciens pilotes d'hélicoptère sud-africains engagés en 1994 à prix d'or : 18 000 dollars par mois.

Nous aurons l'occasion d'évoquer de nouveau les activités d'Executive Outcomes. Relevons pour l'instant une caractéristique primordiale qui reviendra, tel un leitmotiv lancinant, en filigrane dans les pages de cet ouvrage : une filiation directe entre l'entreprise et plusieurs unités d'élite officielles.

MPRI, les pseudo-civils du Pentagone

« L'avion roule sur la piste, papa parachutiste va faire une petite virée... » Cette mélopée des rangers américains, John Karuza s'en souviendra toute sa vie. En fait, sous son aspect de chant traditionnel, elle rappelle à tout béret rouge qui serait tenté de l'oublier qu'après avoir franchi la portière, il lui faut compter jusqu'à 4. Si, à 4, le parachute principal ne s'est pas ouvert, il faut actionner la voile de secours. Si celle-ci se montre à son tour récalcitrante, alors il ne reste plus qu'à prier. Même si son fils a choisi la 82e Division aéroportée, n'en déduisez pas pour autant que John Karuza est un dur de dur légèrement facho sur les bords et qu'il a pesé de tout son poids pour influencer la décision de sa progéniture. Non, ce n'est pas le genre de la maison. Et quand bien même cela le serait, le poids des ans est là qui se chargerait de modérer ce genre d'ardeur. En fait, si ce chant est gravé dans la mémoire de John Karuza, c'est pour une autre raison. Il assiste régulièrement à une scène surréaliste. Car c'est bien ainsi que l'on peut qualifier le spectacle d'une troupe de recrues irakiennes psalmodiant cet air viril d'une voix nasillarde dans laquelle roule un accent arabe à couper au couteau. John Karuza est certes instructeur mais, même s'il est affublé d'un battle-dress tout ce qu'il y a de plus réglementaire, c'est un civil. Au

---

* Alan Rake, « Affreux disponibles sur catalogue », *Courrier international* n° 263, 16 novembre 1995.

Koweït voisin, ses collègues sont habillés d'uniformes militaires et conduisent des Hummer[11] de l'US Army équipés de postes radio ainsi que de systèmes d'armes réglementaires fournis par le Pentagone. Eux aussi sont des civils. En fait, une seule chose les distingue des soldats réguliers auxquels ils apportent la bonne parole : un insigne porté sur la poitrine. Sur cet insigne, les quatre lettres MPRI. John Karuza est un *contractor* et son employeur est Military Professional Resources Incorporated.

Lorsque Bob Meley lui téléphone, John Karuza travaille au Kosovo pour une autre société militaire privée. Dans ce milieu très fermé, on s'arrange : bientôt, il se retrouve en Virginie, au siège social de MPRI à deux pas du Pentagone, pour un stage de deux semaines. Au menu : des cours sur la géopolitique irakienne et un peu de temps pour mûrir sa décision. Car les volontaires ne sont pas rares qui profitent d'une escale à Amsterdam pour prendre la poudre d'escampette. Vu de loin, un an en Irak avec une bonne paye à la clé peut paraître glamour, mais au fur et à mesure que l'échéance se rapproche, certaines volontés vacillent. Et pour cause : lorsque John débarque à Bagdad par la tranche arrière d'un avion de transport militaire C-130, il a l'impression de rejouer une scène de *Platoon*, un film à la fois critique et ultra-violent sur la guerre du Vietnam. Quelques heures plus tard, lorsqu'il parcourt pour la première fois les rues de la capitale irakienne, ce sont les images d'un autre succès du box-office qui lui reviennent en mémoire, celles d'*Apocalypse Now*. John Karuza n'a cependant pas le temps de goûter aux charmes de *Bagdad by night* ; après des heures de bus dans une atmosphère lourde de menaces, il pose ses valises à Kirkush. Là, il est intégré à une équipe multinationale chargée de former les nouvelles recrues des forces armées irakiennes. Les règles sont celles en vigueur dans les centres d'entraînement américains même si la répartition des tâches se fait parfois de manière assez curieuse. Ainsi, les Australiens insistent pour avoir la haute main sur l'ordre serré, la marche au pas, les formations de parade. Motif : leur « héritage » britannique présente quelques similitudes avec les traditions irakiennes en la matière [12]. Personne n'ose les contredire.

Au sein du complexe militaro-industriel américain, Military Professional Resources Incorporated occupe une place à part. On est loin des attitudes de cow-boys que se complaisent à adopter les employés de Blackwater : MPRI fait dans le discret. Pas question de ternir l'image de marque en faisant la une des gazettes pour avoir défouraillé à tort et à travers. Car la société est tellement proche du Pentagone que des éclaboussures seraient à craindre si une « erreur » venait à se produire. Du reste, MPRI ne se positionne pas du tout sur le créneau de la protection. Au contraire, son offre concerne le recrutement, l'entraînement, l'élaboration de la doctrine stratégique, la conception des exercices d'état-major, le renseignement ainsi que l'assistance opérationnelle. En Irak, la société est impliquée dans les secteurs du maintien de l'ordre, de la stabilisation et de la formation des dirigeants dans un contexte de « transition vers la démocratie » si l'on en croit les termes du discours officiel. En résumé, MPRI est en mesure de planifier la guerre, de reconstruire une armée, une police et une administration, une fois les dommages causés [13]. On a trop souvent la désagréable impression que nombreux sont ceux qui s'évertuent à les causer, ces dommages, rien que pour faire marcher le business de la reconstruction…

C'est en 1987 que MPRI est portée sur les fonts baptismaux par huit officiers de l'Oncle Sam. Ses liens avec le Pentagone sont évidents : sur les 23 noms apparaissant à la fin des années 1990 sur la liste de ses fondateurs, cadres exécutifs seniors et directeurs, 19 sont d'ex-généraux des forces armées américaines. Au siège social de la firme, on aime à rappeler que ces éminents personnages cumulent à eux seuls plus de 700 années d'expérience sous les drapeaux. Outre 19 képis étoilés, la société peut compter sur une base de données riche de 7 000 noms de spécialistes [14] tous plus qualifiés les uns que les autres et prêts à partir au coup de sifflet n'importe où autour du monde [15]. Là est la véritable « force de frappe » de MPRI. À la fin des années 1990, être intégré à cette base de données est facile : il suffit de décliner son identité et de rédiger un court texte de motivation dans les pages du livre d'or électronique ouvert sur le site Internet. En juillet 1997, on peut ainsi y lire ce message : « Peux démissionner à tout moment. 21 ans d'expérience comme officier de renseignement et d'infanterie. » Ou encore celui-ci : « Démissionne en juillet 1998. Expert en communications. Désireux de voyager outre-mer. Très intéressé par emploi. » Parfois, certaines sociétés alléchées par des perspectives de sous-traitance utilisent ce biais pour proposer leurs services. C'est le cas de la société Sun-Air Helicopters : « Intéressés à accomplir tout vol d'entraînement dont votre société aurait besoin. Notre société est composée d'anciens pilotes cumulant une expérience de milliers d'heures de vol*. » Aujourd'hui, figurer sur les tablettes de MPRI est à peine plus compliqué : il faut s'inscrire et remplir une fiche individuelle d'information. Celle-ci est alors intégrée à la base de données et y reste pendant douze mois. Si la société estime avoir besoin des compétences qui sont les vôtres et dont vous avez fait état sur la fiche, alors c'est elle qui vous contacte.

Pour le Pentagone, avoir recours aux services de MPRI présente un avantage évident. Dans le monde militaire anglo-saxon, les « covert operations » se définissent ainsi : opérations planifiées et exécutées de manière à cacher l'identité du sponsor ou à tout le moins lui permettre d'opposer un démenti plausible. Or, bien que phagocytée par d'anciens militaires, Military Professional Resources Incorporated n'est officiellement qu'une entreprise comme une autre. Quand les képis américains, les officiels, veulent intervenir à l'insu de leur plein gré, la société leur fournit donc une solution sur mesure. Avec une certitude : le boulot sera fait dans les règles. Normal : rien ne ressemble plus à un militaire qu'un ancien militaire. C'est ce schéma-là qui est mis en œuvre dans l'ex-Yougoslavie, où il s'agit de sauver les apparences vis-à-vis de la communauté diplomatique internationale.

25 septembre 1991. Dans l'enceinte des Nations unies, la résolution 713 est en cours de discussion. Résultant d'une

---

* Philippe Chapleau & François Misser, *op. cit.*, p. 155-156.

initiative conjointe de l'Autriche, de la Belgique, de la France, de la Grande-Bretagne et d'une Union soviétique moribonde, elle est désormais entre les mains du Conseil de sécurité. Son texte stipule en particulier l'établissement d'un embargo sur les livraisons d'armes et de systèmes militaires à destination de la Yougoslavie. La résolution est à interpréter au sens large : elle interdit toute assistance militaire d'un pays membre de l'ONU à toute entité ethnique constitutive du pays. Un à un, les 15 représentants signifient leur approbation en levant la main et, parmi ces 15 mains, celle du représentant des États-Unis. La résolution 713 est donc adoptée à l'unanimité des membres. La diplomatie américaine, qui a pourtant des visées sur le « ventre mou de l'Europe », se retrouve subitement les mains liées. Pas pour longtemps.

En mars 1994, Gojko Susak, alors ministre de la Défense croate, notifie à Washington son intention de recourir aux services de Military Professional Resources Incorporated. But : réformer en profondeur les forces armées du jeune État afin d'intégrer les rangs du Partenariat pour la paix. La lettre parvient sur le bureau de John Deutch ; celui qui allait prendre la direction de la Central Intelligence Agency l'année suivante est alors vice-secrétaire à la Défense. Pour cause de résolution 713, le Pentagone hésite. Du côté du département d'État, l'équivalent américain d'un ministère des Affaires étrangères, on se hâte également avec lenteur et il faudra six mois à la société pour décrocher l'agrément. Dans les couloirs, on murmure que des conditions ont été posées. Pour prix de son accord, Washington aurait réclamé l'aval de Zagreb pour la création de la Fédération croato-bosniaque, l'accès à une base sur l'île de Krk pour les avions espions sans pilotes de la CIA ainsi qu'un soutien pour le parachutage discret de matériel à l'intention des musulmans bosniaques [16]. Finalement, le feu vert est accordé et le contrat signé avec MPRI en septembre 1994. But : implémenter le « Programme d'assistance » à la transition vers la démocratie. Voilà un intitulé politiquement correct pour une mission parfaitement dans les cordes des faux défroqués de Military Professional Resources Incorporated.

L'équipe que la société envoie sur place – 15 hommes dirigés par l'ex-général Richard Griffitts – commence en effet par entretenir ses hôtes des questions relatives au respect des droits de l'homme. Des stages sont organisés à l'école d'état-major de l'armée de Terre à Zagreb. Un observateur de l'ONU présent sur place se rappelle avoir constaté à quel point les auditeurs sont désappointés par le langage qui leur est tenu. Pour un peu, ils se croiraient revenus sur les bancs de l'école primaire à l'heure de la leçon de morale. Mais avec de la patience, ils obtiennent ce qu'ils demandent, c'est-à-dire, selon un officier croate, des cours « sur les tactiques et les opérations de guerre de haute intensité au niveau des brigades ». C'est ce qui correspond à ce dont les militaires ont besoin pour réussir l'opération *Storm*, la reconquête de la Krajina. Car au début de la guerre, la Croatie n'a pas de véritable armée, « chaque homme se prenait pour un héros et croyait pouvoir gagner le conflit à lui tout seul. Les Américains nous ont appris à changer tout cela* ». Et MPRI est bien placée pour ce faire puisque son PDG n'est autre que l'ex-général Carl Vuono. En tant que chef du Commandement de l'entraînement et de la doctrine rattaché à l'armée de Terre, celui-ci a été un des concepteurs de la nouvelle stratégie de guerre américaine, l'*AirLand Battle 2000*. Or, deux semaines avant que les Croates ne se lancent à l'assaut de la Krajina, Carl Vuono rencontre discrètement à plusieurs reprises le général Varimar Cervenko, un des cerveaux de l'offensive, sur l'île de Brioni [17].

Comme de fait, les tactiques qu'utilisent les forces armées croates lors de l'offensive n'ont plus rien à voir avec ce que les manuels soviétiques prescrivaient. Considérées comme n'étant qu'un ramassis de va-nu-pieds, les unités de la Hrvatske Oruÿûane Snage se montrent capables de combiner des attaques de chars avec la progression de l'infanterie, le tout coordonné avec l'appui-feu fourni par l'artillerie. Pour les officiers de l'ONU, Washington peut toujours jouer les innocents, les efforts de MPRI sont visibles sur le terrain. Un

* Charlotte Eager, « Invisible U.S. Army defeats Serbs », *The Observer*, 5 novembre 1995.

observateur occidental ayant constaté de quelle manière les commandos croates franchissent la rivière Una pour prendre pied en territoire bosniaque contrôlé par les Serbes s'exclame : « C'est une parfaite démonstration de ce que prescrivent les manuels militaires américains en matière de franchissement de coupure humide. La seule différence est que les troupes sont croates*. » La démonstration est si probante que MPRI sera une nouvelle fois mise à contribution dans les Balkans.

Lorsqu'il prend la parole le 9 juillet 1996, Bill Clinton a le sourire. Il y a de quoi : en ex-Yougoslavie, les intérêts de Washington se portent bien, merci. Et c'est pour en faire part aux médias que le président américain monte ce jour-là à la tribune. « Je suis heureux d'annoncer le début du programme américain de formation et d'équipement des forces armées de la Fédération bosniaque. Le but de ce programme est d'aider la Bosnie dans sa capacité à se défendre et donc par ce biais de promouvoir la sécurité et la stabilité dans la région. Ce programme permettra aussi d'assurer la mise en place, après le départ de l'IFOR, d'un équilibre militaire entre les anciens belligérants de telle sorte qu'aucun d'entre eux ne puisse être tenté de reprendre les hostilités. [...] MPRI conduira sa première session de formation pour les hauts responsables militaires en Bosnie dans approximativement trois ou quatre semaines. Le transfert de près de 100 millions de dollars d'équipements militaires sur place va aussi commencer bientôt**. » En fait, les livraisons ont commencé bien avant cette date.

L'E-3 AWACS est une sentinelle des airs au regard acéré. Certes, la carlingue est de conception ancienne, c'est celle du vénérable Boeing 707. Le dôme dont les 9 mètres de diamètre dominent l'arrière du fuselage abrite en revanche un radar ultramoderne qui détecte tout ce qui vole à 320 kilomètres alentour. Le simple fait d'être perché en altitude lui permet d'accomplir ce que les autres radars ne peuvent pas

---

* *Ibid.*

** « M.P.R.I. », rapport conjoint de l'École de guerre économique et du site *Infoguerre*, http://www.infoguerre.fr/, mars 2003 ; accédé le 3 janvier 2008.

prétendre faire : détecter les cibles lentes mais agiles qui réussissent à se dissimuler derrière les obstacles du terrain grâce au vol en rase-mottes. Pendant *Tempête du désert*, la première guerre du Golfe, les AWACS américains font merveille. Ils accumulent plus de 5 000 heures de vol pour diriger 120 000 missions aériennes et superviser 38 des 40 victoires alliées [18]. Lorsque l'OTAN est chargée de faire respecter la zone d'exclusion aérienne au-dessus de la Bosnie conformément aux résolutions 781 et 816 prises par les Nations unies, les AWACS sont appelés à la rescousse. Ils reçoivent pour mission d'assurer une surveillance permanente des cieux.

« Pourquoi n'écrivez-vous pas sur ce qui se passe à l'aéroport de Visoko ? Il y a des avions qui y atterrissent tout le temps et nous pensons qu'ils sont américains. » Lorsque des casques bleus onusiens font cette suggestion à Charlotte Eager, la journaliste du quotidien britannique *The Observer* comprend immédiatement qu'il y a anguille sous roche. Nous sommes en fin d'année 1995, et cela fait déjà longtemps que les Américains s'intéressent à cette piste d'importance secondaire au nord-ouest de Sarajevo. Dès 1993, ils ont discrètement aidé à en moderniser les infrastructures [19]. Certes, les installations sont encore sommaires, mais suffisent à accueillir les quadrimoteurs de transport tactique militaires C-130 de l'Oncle Sam. Justement, aux dires de certains observateurs de l'ONU, des C-130, il y en a beaucoup qui y font escale. Pas du tout, répondent les représentants du Pentagone. Comme de fait, entre juin et novembre 1995, soit en cinq mois, les AWACS décollant d'Italie ne repèrent que deux atterrissages sur le petit aéroport. Mais sans doute n'est-ce qu'un hasard si les C-130 n'y font des virées que lorsque les équipages des AWACS volant au profit de l'OTAN sont américains… Avec tout autant de discrétion, un pont aérien analogue implique le terrain de Tuzla. Des soldats hollandais traînant leurs guêtres dans le coin affirment apercevoir régulièrement des caisses portant des codes d'identification américains. Lorsqu'ils interrogent les GI afin d'en savoir plus, ils s'entendent répondre abruptement qu'il n'est pas dans leur intérêt d'aller y regarder de trop près. Qu'est-ce que les caisses contiennent ? Un politicien bosniaque se laisse aller à quelques confidences : « nous obtenons de cette manière beaucoup d'armes antichars. » Puis, comme effrayé par sa propre audace, il ajoute : « Malheureusement, l'aide militaire que nous fournissent les États-Unis est négligeable. Mais en revanche, les pays islamiques nous aident beaucoup. » Certains de ses coreligionnaires se montrent plus explicites : pour eux, c'est bel et bien Washington qui est le fournisseur principal des armes discrètement acheminées vers la Bosnie. La discrétion est en effet la clé de l'affaire, car même si le Congrès américain a levé l'embargo sur les livraisons au profit des musulmans bosniaques, Washington est en porte-à-faux vis-à-vis de ses partenaires européens[20].

Lorsque Charlotte Eager recueille les confidences de ses informateurs onusiens, cela fait quelques mois déjà que Kofi Annan sait à quoi s'en tenir. Dès mars 1995, le général Bernard Janvier, commandant des forces de l'ONU en Bosnie, adresse au secrétaire général de l'organisme international un rapport circonstancié. Son contenu est dénué de toute ambiguïté. Oui, l'aéroport de Visoko est en service et des livraisons aériennes non autorisées y sont effectuées. Selon des casques bleus canadiens, les avions ont beau être dépourvus de toute marque de nationalité, ils sont bel et bien américains. Mais le rapport en question est soigneusement soustrait à la curiosité du public[21].

Contrairement à ce qu'affirme Bill Clinton, les premières livraisons sont donc antérieures à 1996. En revanche, il est vrai que tout s'accélère à partir de la fin de cette année. C'est en novembre que le navire *American Condor* accoste avec dans ses cales les premières caisses d'une aide militaire s'élevant à 103 millions de dollars. Au total, 45 chars M60A3, 80 blindés de transport de troupes M113A2, 15 hélicoptères, 116 obusiers de 155 mm, des armes légères en pagaille, des caisses de munitions à gogo. L'Égypte, les Émirats arabes unis emboîtent le pas. De ce côté aussi, les livraisons valent leur pesant de blindage : des chars de combat AMX-30, des véhicules de combat Panhard et des canons par douzaines. Le rôle de Military Professional Resources Incorporated consiste à faire en sorte que les forces armées bosniaques, du deuxième classe au général en chef, apprennent à se servir correctement de ce bric-à-brac.

Le 16 juillet 1996, la société signe en ce sens un contrat de treize mois renouvelé pour une année supplémentaire en septembre 1997. Le programme d'entraînement est articulé en quatre phases. La première vise à inculquer aux officiers diverses notions de management, de logistique et de leadership ainsi qu'à leur enseigner les tactiques défensives. Une fois adoubés, les « auditeurs » repartent dans leurs casernes y prêcher la bonne parole, aidés en cela par les instructeurs de MPRI ; c'est la deuxième phase. La troisième voit les commandants de compagnies, de bataillons et de brigades retourner sur les bancs de l'école pour y être initiés aux manœuvres simulées sur ordinateurs. Puis, couronnement de l'ensemble, la dernière phase est l'occasion pour les brigades de mettre en pratique leurs compétences fraîchement acquises au Centre d'entraînement au combat des forces terrestres fédérales de Livno. En février 1997, la première unité à être certifiée est la 167e Brigade.

Lors de l'opération *Storm*, le moins que l'on puisse dire est que les forces armées croates ne font pas dans la dentelle : 13 000 habitations appartenant à des Serbes brûlées, au bas mot 150 000 réfugiés, des meurtres gratuits, des bombardements de populations civiles sans discrimination… Les troupes appliquent là de manière singulière les cours reçus en matière de droits de l'homme dans le cadre du Programme d'assistance à la transition vers la démocratie. Ce qu'il faut bien appeler une épuration ethnique contribue à mettre en exergue l'un des problèmes majeurs concernant l'utilisation des sociétés militaires privées. Doit-on instituer des garde-fous quant à la manière dont les « clients » mettent à profit les « connaissances » ainsi acquises et si oui, comment s'assurer de l'efficacité de ces garde-fous ? Accessoirement, en Bosnie, MPRI a gagné un surnom : Military Professionals Replacing Iran. Car l'une des raisons ayant poussé Washington à soutenir la reconstruction des forces armées musulmanes d'un pays européen est de les soustraire à l'influence de Téhéran[22].

DynCorp

12 décembre 2000, jour J pour le *Plan Colombia*, effort conjoint américano-colombien visant à éradiquer la culture du coca dans ce pays d'Amérique du Sud. Initialement, tout se passe à merveille. Les premiers épandages aériens concernent en effet la province de Putumayo où règnent des milices d'extrême-droite progouvernementales. Les ennuis commencent le 2 février. Les avions de pulvérisation prennent cette fois-ci l'air à destination de la province de Caquet qui est aux mains des Forces armées révolutionnaires de Colombie (FARC). Quelques heures plus tard, un des OV-10 Bronco revient à la base avec 11 impacts dans son empennage. Piquées au vif, les autorités décident de « muscler » les raids. Pour le suivant, c'est donc une véritable armada qui prend l'air. Il y a là non seulement 2 avions d'épandage mais également 6 hélicoptères. 4 sont des canonnières volantes hérissées d'armes automatiques, 1 joue le rôle de poste de commandement aéroporté et le dernier est un engin spécialisé dans les opérations de sauvetage des pilotes abattus. Aux commandes d'une canonnière, le capitaine Giancarlo Cotrino est chargé d'accompagner l'un des deux avions pour une passe de pulvérisation des produits chimiques. Tout va très vite : il ressent un choc puis une des jambes de sa combinaison de vol se teinte rapidement de rouge. Il ne peut faire autrement que de poser brutalement son engin dans un champ de coca en suivant une procédure d'urgence. Tandis que les armes de deux canonnières volantes crachent tout ce qu'elles peuvent, l'hélicoptère de sauvetage atterrit. Quatre Américains et deux Colombiens armés de fusils d'assaut en giclent. Ils restent au sol pendant une dizaine de minutes, le temps pour eux d'embarquer l'équipage abattu puis de récupérer les armes ainsi que les postes radio de l'épave afin d'éviter qu'ils ne tombent aux mains des rebelles. Dix minutes, c'est long, surtout

lorsque les balles sifflent à vos oreilles. Mais finalement, comme par miracle, sauveteurs et sauvés reprennent l'air sans trop de dégâts. Dans leur jargon, c'est ce que les aviateurs des forces spéciales appellent une « extraction chaude ». Or, les Américains ont pour la plupart effectivement appartenu aux forces spéciales et le vocabulaire leur est resté même s'ils sont maintenant civils. Mais des civils d'un genre très particulier : ils travaillent sous couvert de la société DynCorp. Ils sont ainsi une trentaine qui « collaborent » avec les forces de sécurité colombiennes en tant que consultants, pilotes d'avions d'épandage ou mécaniciens. Il y a aussi des spécialistes de la RESCO, c'est-à-dire la « Recherche et sauvetage au combat ». Au contraire des 200 militaires de l'Oncle Sam présents en Colombie, ces civils ne sont pas concernés par les ordres prescrivant d'éviter de faire le coup de feu. Mais ne comptez pas sur le porte-parole de DynCorp pour en savoir plus : le contrat signé avec le bureau en charge du trafic international des stupéfiants au sein du département d'État américain lui interdit d'aborder le sujet avec les médias[23].

C'est en 1997 que la société rafle la mise : 600 millions de dollars pour contribuer à l'éradication de la culture de la coca en Bolivie, en Colombie et au Pérou. Pour ce prix, elle se doit de participer aux missions d'épandage, d'entraînement et d'interdiction du trafic de drogue mais aussi apporter son concours en matière de transport aérien, de reconnaissance et de RESCO. La maintenance des appareils tout autant que le convoyage de matériel et de personnel d'un pays à l'autre sont également de son ressort[24]. Pour honorer son contrat, DynCorp va écumer les États-Unis afin d'y trouver des spécialistes bien sous tous rapports, c'est-à-dire possédant une habilitation au niveau secret-défense, condition *sine qua non*. Le reste de leurs pedigrees est à l'avenant à l'exemple de celui d'Alex Pinero. Ancien « béret vert », c'est ainsi que sont appelés les membres des forces spéciales de l'armée de Terre américaine, il a servi sur trois théâtres d'opérations différents et parle trois langues. Il a exercé ses talents en tant que spécialiste de médecine du champ de bataille et d'expert en matière de renseignement capable au besoin de mitonner des opérations psychologiques aux petits oignons. Et, comme il se plaît lui-même à le souligner, « je suis accoutumé à guerroyer dans n'importe quel environnement hostile* ». Bien sûr, le danger est omniprésent, ainsi que le reconnaît Thomas, un quinquagénaire texan pilote d'un hélicoptère de sauvetage : « Il y a toujours la possibilité que quelque chose aille soudainement de travers, à chaque minute. » Âgé de 44 ans, son collègue Mark en a fait l'expérience. Alors qu'il volait juste au-dessus de la cime des arbres après avoir traité un champ de coca, il a senti le fuselage de son avion encaisser une rafale. Immédiatement, la radio est devenue muette et une fumée âcre a envahi le cockpit. Une fois revenu à sa base, Mark a constaté que quelques-uns des 8 impacts relevés sur la carlingue avaient endommagé la plaque de blindage placée sous son siège... Mais le montant porté sur le chèque à la fin du mois est diablement incitatif. Bob approche la cinquantaine, est marié et père de trois enfants. En restant aux États-Unis, la seule chose qu'il pouvait espérer était d'aller de ferme en ferme quémander du travail en proposant ses services d'épandage aérien. Avec, bon an mal an, un salaire moyen de 40 000 dollars (environ 25 250 euros). Ce qu'il aime en Colombie, c'est la stabilité de l'emploi. Un emploi qui lui rapporte entre 75 000 et 90 000 dollars par an [25]. Pour ce prix-là, les employés de DynCorp ne se font pas que des amis, même parmi ceux qu'ils sont censés aider. Officiellement, on ne tarit pas d'éloges à leur égard. Officieusement, c'est un tout autre son de cloche et, dans les locaux de la section chargée de traiter les affaires de drogue à l'ambassade américaine de Bogota, les plaintes s'accumulent. Telle celle de cet officier de police colombien qui affirme que les pilotes américains ne respectent pas les normes de sûreté prescrivant la dispersion des aéronefs sur la base aérienne. C'est pourtant indispensable : s'ils sont trop proches les uns des autres, plusieurs appareils peuvent être endommagés par un seul obus tiré par la guérilla. Le plaignant poursuit en ajoutant, décidément intarissable sur

---

* Tod Robberson, « Contractors playing increasing role in U.S. drug war », *Dallas Morning News*, 27 février 2000.

le sujet, que les employés de DynCorp ne décollent que quand ça leur chante et oublient régulièrement de remplir les registres de vol ainsi que de planifier leurs missions. Abordé par un journaliste, un soldat colombien arrache la bande patronymique de son uniforme afin de préserver son anonymat puis y va de son couplet : « Les pilotes de la société volent en bermuda, fument où ils le veulent quand ils le veulent et boivent du whisky tous les jours ! » Un vétéran surenchérit : « Allez faire accepter à un ancien du Vietnam de se mettre au garde-à-vous petit doigt sur la couture du pantalon face à un officier de police colombien*... » Mais en la matière, la palme revient à l'hebdomadaire *Semana* qui, colportant les ragots d'un policier national, ira jusqu'à imprimer que la majorité des « Rambo » de la société sont accros à la drogue et se piquent avant de voler[26].

Doug Smith, lui, ne se pique pas. Ou du moins pas que l'on sache. Rien d'étonnant à cela : pendant toute sa carrière de grand flic, il a été de l'autre côté de la barrière. Doug Smith a déjà vingt-six ans d'expérience quand, en 1994, il prend la tête des services de police de Tucson. Il y reste quatre ans puis est bombardé chef d'un organisme chargé de la lutte contre le trafic de drogue à grande échelle. En l'an 2000, il devient vice-président d'une société produisant des logiciels d'aide à la résolution d'affaires criminelles. Puis Doug est approché par DynCorp qui lui propose de diriger la formation des policiers en Irak. Il refuse, estimant qu'il n'y a pas grand-chose à faire en matière de police dans un pays au bord de la guerre civile. Cela ne dissuade nullement DynCorp, qui revient à la charge quelques mois plus tard. En jeu cette fois-ci, la place de chef du contingent destiné à assurer une tâche analogue mais en Afghanistan. Doug accepte. Lorsqu'il en discute avec son épouse, celle-ci ne comprend pas et lui rétorque abruptement : « Qu'est-ce que tu n'aimes pas dans la vie ? » Quelques semaines plus tard, un journaliste du *Tucson Citizen* entame son interview par cette question à l'emporte-pièce : « Est-ce

---

* Ignacio Gomez, « U.S. Mercenaries in Colombia », *Colombia Report*, 16 juillet 2000.

que vous êtes cinglé ? » L'ancien grand flic ne peut s'empêcher d'esquisser un sourire. Il en faut plus pour le déstabiliser[27].

Car après avoir gagné ses lettres de noblesse en Amérique du Sud, DynCorp ne pouvait rester à l'écart des conflits en cours. En novembre 2002, le Service de la sécurité diplomatique du département d'État prend en compte la protection du président afghan Hamid Karzaï qui était auparavant l'apanage des militaires américains. Une partie du travail est sous-traitée pour 50 millions de dollars auprès de la société dont les employés font preuve d'une brutalité parfois inopportune. Notamment lorsque l'un d'entre eux gifle le ministre afghan des Transports lors d'une visite à Mazar-e-Sharif. Tant et si bien qu'en septembre 2005, à l'échéance du contrat, les autorités de Kaboul décident finalement qu'elles sont assez grandes pour s'occuper elles-mêmes de la sécurité de leur président avec des gardes du corps locaux entraînés par… DynCorp. Mais la société se console bien vite de ces déboires : elle est occupée ailleurs. La reconstruction des polices afghane et irakienne ouvre de bonnes perspectives à ses actionnaires : 1,6 milliard de dollars de chiffre d'affaires pour les deux pays sur les années fiscales 2004, 2005 et 2006. De l'argent bien mal dépensé, car en 2006 un rapport conjoint du département d'État et du Pentagone ne peut que dresser un constat d'échec en ce qui concerne l'Afghanistan, situation dont DynCorp n'est cependant jugée que partiellement responsable. On lui reproche en particulier le manque d'expérience de ses « conseillers » dépêchés sur place. Ali Jalali, un historien ayant été ministre de l'Intérieur afghan entre 2002 et 2005 avant d'être recruté par la National Defense University américaine, abonde : « Ils ont très certainement toutes les qualités requises pour patrouiller dans les rues d'Oklahoma City, de Houston ou de Miami. Mais reconstruire les forces de police d'un pays, ce n'est pas la même chose*. » Chez DynCorp, c'est *business as usual*, on ne se montre guère impressionné par ces chamailleries insignifiantes. Car des critiques, la société elle aussi

* James Glanz & David Rohde, « Panel Faults U.S.-Trained Afghan Police », *The New York Times*, 4 décembre 2006.

pourrait en formuler. Par exemple au vu du circuit parfois tortueux qu'empruntent les contrats : attribués par le département d'État, leur application est supervisée par le département à la Défense ; ils sont en outre révisés en fonction des desiderata émis par les gouvernements nationaux et enfin adaptés aux besoins financiers d'un ou deux chefs de guerre locaux. Sur le terrain, les employés de la société sont souvent chargés de prodiguer leurs conseils à des officiels afghans qui, chefs de guerre d'hier, sont tellement corrompus qu'ils ont, dans un premier temps, été écartés par le département d'État du programme enseigné par DynCorp. Ironie du sort, celui-ci est censé leur inculquer le respect des lois et règlements[28]. Là, le service « communication » sait qu'il joue sur du velours : le choix des recrues n'est pas du ressort de la société.

Comme souvent, l'entregent de quelques personnages clés permet de frapper aux bonnes portes. Le 18 juillet 2007, c'est Anthony Zinni qui s'y colle, il est nommé vice-président exécutif de DynCorp International. L'homme a passé trente-neuf années sous l'uniforme dans les rangs du Corps des Marines, et c'est comme général qu'il termine sa carrière au poste de commandant en chef d'un théâtre d'opérations. En novembre 2007, Peter Schoomaker entre dans le conseil d'administration de la société. Lui aussi est une pointure puisque, en tant que général, il a dirigé le commandement des forces spéciales et est devenu ensuite le trente-cinquième chef d'état-major de l'armée de Terre des États-Unis, rien que cela. Civil, si l'on peut dire, il n'en conserve pas moins de nombreuses connexions dans le milieu, assumant notamment les fonctions de directeur de la Special Operations Warrior Foundation. Les deux compères ne tardent pas à rejoindre aussi le conseil de Global Linguist Solutions (GLS), une société résultant d'un partenariat entre DynCorp International et McNeill Technologies.

GLS fait la une des gazettes en raflant au nez et à la barbe de L-3 Communications un mirifique contrat de 4,6 milliards de dollars pour la « fourniture » sur cinq ans d'interprètes (6 000 recrutés localement et 1 000 Américains bénéficiant d'habilitations au secret) aux forces armées américaines engagées en Irak. Pour le perdant, l'échec est de taille puisque le précédent contrat équivalent qu'il avait décroché avait compté pour 5 % de l'ensemble de son chiffre d'affaires. D'où une bataille juridique en forme de combat d'arrière-garde qui ne changera rien au résultat[29].

Aujourd'hui, les affaires de DynCorp se portent bien, merci. Les contrats se succèdent, notamment en Afghanistan. 13,3 millions de dollars en septembre 2005 pour neutraliser les mines terrestres, 49 millions de dollars en décembre 2007 pour construire une base au profit de l'armée nationale : ce ne sont là que deux exemples. En Afrique, la société est présente au Liberia et au Soudan ; elle rafle également un contrat de 10 millions de dollars pour équiper et fournir l'appui logistique à la force de maintien de la paix en Somalie[30]. En mars 2007, DynCorp a 700 « conseillers » en Irak qui ont contribué à entraîner 198 000 hommes, tandis qu'en Afghanistan plus de 500 formateurs ont pris en compte 93 000 membres des forces de sécurité. La compagnie se défend de négliger la formation de ses employés. Ceux-ci subissent tout d'abord un stage commando de quinze jours dont le rythme endiablé permet de percer à jour la personnalité des candidats ; 40 % d'entre eux sont recalés. Ayant survécu, Reggie Ray, un ancien shérif de Caroline du Nord âgé de 42 ans, reconnaît : « Les faiblesses sont mises à nu. Il faut vraiment y être préparé. » Après ces deux semaines de villégiature à Fredericksburg, direction Fort Bliss pour trois jours d'introduction à la culture arabe. Puis une semaine de briefing sur la situation locale lorsque l'employé pose le pied en Afghanistan ou en Irak[31]. Bien entendu, oserait-on presque écrire, cela ne se fait pas sans quelques menues bavures. Comme en ce jour de novembre 2007 au cours duquel un garde du corps tue par erreur un chauffeur de taxi irakien. Auparavant, en septembre 2004, un employé de la compagnie avait ramené aux États-Unis des munitions soviétiques provenant d'Afghanistan. Il n'avait été découvert qu'à l'aéroport de New York lors d'un banal contrôle de routine. Au siège social de DynCorp, on n'accorde pas à ces broutilles plus d'attention que cela. Les priorités sont ailleurs. Herbet

Lanese, le maître de céans entre juillet 2006 et mai 2008, ne saurait être troublé pour si peu : il consacre toute son énergie à orienter les activités de l'entreprise afin de la positionner sur le seul marché émergent qui soit véritablement prometteur, à savoir celui de la sécurité intérieure des États[32].

Executive Outcomes, MPRI ainsi que DynCorp constituent des poids lourds du marché de la soldatesque commerciale. On pourrait croire que ces géants ont à tout jamais écrasé les indépendants, ces maîtres tailleurs du coup d'État sur mesure. Eh bien non. Les aventuriers ne sont pas morts, ils bougent encore.

Mercenariat à l'ancienne

En fait de coup d'État, celui-ci devait en être un fameux. Une histoire de mercenaires comme on n'en fait plus et que l'on aime à raconter entre une pinte de bière et un verre de whisky dans les clubs huppés de Londres. Mais voilà, cela n'a été qu'un échec pitoyable et pathétique, un échec dont les relents ont jeté une lumière crue sur le côté sulfureux de certains personnages.

Nous sommes le 7 mars 2004. Sur l'aéroport de Harare, la capitale du Zimbabwe, Niel Steyl pose son Boeing 727-100 comme une fleur. Pour éviter d'attirer l'attention, il prend soin de rester dans la zone réservée aux vols commerciaux mais cela ne trompe personne. Pensez donc : l'appareil roule tous feux éteints avec les hublots masqués. Et puis il a été acquis dans l'urgence auprès d'une société américaine, Dodson Aviation, qui l'a elle-même acheté à l'Oncle Sam[33]. Ni le précédent ni le nouveau propriétaire n'ont pris le temps d'effacer les marquages militaires de la Garde nationale des États-Unis. Un ancien mercenaire se souviendra avoir pensé en le voyant que l'oiseau ne pouvait pas paraître plus suspect qu'il ne l'était, sauf si quelqu'un s'était avisé de peindre les lettres CIA sur les flancs de la carlingue[34]. Dans celle-ci, un bric-à-brac qui ne sert manifestement pas à chasser le papillon : des uniformes, des téléphones satellitaires, des postes radio ainsi qu'un bateau gonflable. Et surtout, 64 affreux, des mercenaires ayant pour la plupart appris le métier dans les rangs du 32e Bataillon sud-africain. Sur place, cette coterie de « chiens de guerre » est attendue par un dénommé Simon Mann. Nous avons déjà eu l'occasion d'évoquer l'existence de ce personnage : ancien du Special Air Service, il a porté Executive Outcomes sur les fonts baptismaux britanniques et a également participé à la création de Sandline International en 1996. Hope Mutize, marketing manager des Industries de défense zimbabwéennes, est également présent sur le tarmac de l'aéroport. C'est avec cette société que Simon Mann a négocié l'achat d'un arsenal impressionnant : 150 grenades, 80 obus de mortier de 60 mm, 10 lance-roquettes antichars RPG-7 avec 100 roquettes, 20 mitrailleuses légères, 61 fusils d'assaut AK-47 Kalachnikov et 75 000 cartouches [35]. Officiellement, il s'agit de charger le tout dans l'avion qui redécollera à destination de la République démocratique du Congo où les passagers du Boeing doivent assurer la sécurité d'une mine de diamants. Mais avant de charger, encore faut-il contrôler la marchandise. C'est ce à quoi Simon Mann et Hope Mutize sont occupés lorsqu'ils sont brusquement encerclés par une meute vociférant d'hommes en armes qui leur passent les menottes sans ménagement [36]. L'avion est à son tour rapidement arraisonné et ses passagers faits prisonniers. Deux jours plus tard, le 9 mars, les autorités de Guinée Équatoriale arrêtent 15 mercenaires dirigés par Nick du Toit, lui aussi un ancien du 32e Bataillon. Dès lors, la fable congolaise ne tient plus. À Malabo, dans l'entourage du président guinéen Teodoro Obiang Nguema Mbasogo, on accuse nommément Ely Calil, un courtier opérant dans le secteur pétrolier et résidant en Grande-Bretagne, d'avoir loué les services de Simon Mann pour renverser le régime. But : installer à sa place Severo Moto, un opposant exilé en Espagne et qui se serait montré très reconnaissant. Car la Guinée Équatoriale est riche : le pays est le troisième producteur de pétrole de l'Afrique sub-saharienne [37]. À l'évidence, ce trésor d'or noir suscite bien des convoitises. Mais dans tout coup fourré qui se respecte, il y a des barbouzes ; c'est eux qui vont faire capoter cette pitoyable épopée.

Traduit en justice, Hope Mutize, le marketing manager des Industries de défense zimbabwéennes, déballe tout ce qu'il sait. Il révèle que Simon Mann a approché le directeur de la société d'armement dès février. Et les exigences de l'ancien du SAS ont éveillé la suspicion : il insiste pour que la transaction ne soit pas consignée dans les écritures. Sans doute une taupe des services de renseignement sud-africains s'était-elle fait embaucher par la société : à Pretoria, on est très rapidement mis au courant de l'affaire. Or, Simon Mann a la nationalité sud-africaine et le pays cherche à se défaire de cette sale réputation que lui ont value les activités délétères d'Executive Outcomes et consorts. La décision est vite prise : pas question de laisser faire. Les barbouzes sud-africaines prennent alors langue avec leurs collègues zimbabwéens. À partir de là, le sort de l'équipée sauvage est scellé. Lorsque le Boeing 727 atterrit, Harare et Pretoria savent à quoi s'en tenir. Londres et Washington aussi.

Au sein du Foreign and Commonwealth Office britannique, il existe un département « Afrique équatoriale ». En ce jour de décembre 2003, le rapport de 11 pages que le chef du département a entre les mains est de la dynamite. Les quelques feuillets rassemblés dans une chemise marquée « strictement confidentiel » ont été transmis au MI-6 [38] par Johann Smith. Ancien des forces spéciales sud-africaines, celui-ci s'est recyclé comme consultant en matière de sûreté et c'est à ce titre qu'il conseille occasionnellement Teodoro Obiang Nguema Mbasogo, le président de Guinée Équatoriale. En Afrique australe comme ailleurs, les « ex » des forces spéciales constituent un cercle informel au sein duquel les informations circulent. Or, en novembre 2003, des rumeurs commencent à courir : un coup d'État est en préparation qui va concerner la Guinée Équatoriale ainsi que São Tomé et Principe. Ces rumeurs, Johann Smith ne tarde pas à en avoir confirmation : deux ex-soldats du 32ᵉ Bataillon lui confient qu'ils ont été recrutés par Nick du Toit, l'acolyte de Simon Mann. On comprend que Johann Smith soit opposé à ce coup d'État : sa réussite lui ferait perdre un client. L'homme prend alors sa plus belle plume, rédige un rapport où il consigne ce qu'il a appris puis adresse sa prose à deux contacts qu'il entretient au sein du MI-6. Pour faire bonne mesure, un troisième exemplaire prend la direction de Washington ; il ne tarde pas à atterrir sur le bureau de Michael Westphal, un des plus proches collaborateurs de Donald Rumsfeld, le secrétaire à la Défense. En janvier 2004, Johann Smith, qui est toujours sur l'affaire, reçoit des informations complémentaires. Il rédige alors un second rapport qu'il adresse aux mêmes destinataires. Mais tant à Londres qu'à Washington, les cols blancs restent sourds aux appels de l'honorable correspondant. La seule mesure prise par les autorités américaines consiste à geler les avoirs déposés par les Guinéens auprès de la Riggs Bank. Quant à Jack Straw, secrétaire aux Affaires étrangères à l'époque des faits, il se contente de faire réviser les plans d'évacuation des ressortissants britanniques en Guinée Équatoriale, au cas où. Mais il s'abstient soigneusement d'alerter les services du président Teodoro Obiang Nguema Mbasogo. Harare, Londres, Pretoria, Washington, même Madrid[39] : cela fait beaucoup de gens au courant. Et la liste ne s'arrête pas aux autorités gouvernementales.

Février 2004, mois précédent la tentative. Dans les murs du très prestigieux Institut royal pour les affaires internationales londonien, une conférence est organisée. À la tribune, d'éminents orateurs se succèdent et déclinent à leur façon le thème du jour : la transparence des flux financiers en Guinée Équatoriale. Dans le feu de l'action, le cadre exécutif d'une société pétrolière ayant des intérêts dans la région se lève et déclare péremptoirement : « Chacun sait qu'il va y avoir un coup d'État dirigé par des mercenaires sud-africains. » Plus tard, un témoin de la scène affirmera que les noms d'Ely Calil, le courtier britannique, et de Severo Moto, l'opposant guinéen exilé en Espagne, sont prononcés dans des conditions ne laissant aucune ambiguïté quant à leur implication. À Londres, l'imminence de l'équipée sauvage de ces mercenaires en mal de baroud d'honneur n'est donc plus qu'un secret de Polichinelle[40]. L'échec étant consommé, l'enquête n'allait pas tarder à mettre au jour l'implication de diverses personnalités et pas des moindres. L'une d'entre elles retient particulièrement l'attention.

31 mars 2004, Simon Mann croupit dans une prison zimbabwéenne. Il est cependant autorisé à faire parvenir une lettre à son épouse Amanda ainsi qu'à ses avocats. Celle qu'il envoie ce jour-là va mettre les enquêteurs sur la piste d'un gros gibier : « Notre situation n'est pas bonne et il est URGENT d'agir. Ils [les avocats] n'ont reçu aucune réponse de Smelly et de Scratcher*. » Le pseudo « Smelly » est interprété comme faisant référence à Ely Calil. Quant à « Scratcher », c'est... Sir Mark Thatcher, le fils de l'ancien Premier ministre Margaret Thatcher. Un fils bien encombrant, du reste. Un jour qu'il demande à Sir Bernard Ingham, le chargé de relations avec la presse du 10 Downing Street, ce qu'il peut faire pour favoriser au mieux la victoire du parti de sa mère lors des élections générales de 1987, celui-ci lui aurait répondu : « Quittez le pays ! » Comme de fait, son nom a surtout l'honneur des gazettes à la rubrique des faits divers et autres embrouilles judiciaires. De leur côté, les mauvaises langues affirment qu'il ne dédaigne pas de se livrer à des trafics d'influence en tirant parti de la position éminente de sa génitrice [41]. Mark Thatcher est arrêté le 25 août 2004 dans sa maison de Cape Town en Afrique du Sud où il a élu domicile pour tenter de faire oublier ses frasques. Finalement, en 2005, le personnage plaide coupable du chef de négligence pour avoir investi dans l'achat d'un avion, en l'occurrence le Boeing 727 [42], sans s'être auparavant préoccupé de déterminer ce à quoi il allait servir. Il est condamné à quatre ans de prison avec sursis et à une amende de 3 millions de rands (environ 500 000 dollars soit 315 000 euros) [43].

Simon Mann, lui, a écopé d'une peine de sept ans de prison à effectuer dans les geôles zimbabwéennes. Début 2008 cependant, sa bonne conduite *(sic)* lui vaut d'être libéré après trois années d'enfermement. Un répit de courte durée car il

---

* Matthew Tempest, « Q&A : the Equatorial Guinea "coup" », *The Guardian*, 25 août 2004.

disparaît mystérieusement des écrans radars et refait surface le 1ᵉʳ février à la prison de Black Beach, en Guinée Équatoriale. Un établissement renommé pour son piètre respect des droits de l'homme. Amnesty International cite ainsi le cas de l'épouse d'un opposant politique au président Teodoro Obiang Nguema Mbasogo qui y a été enfermée dans une cellule en « compagnie » d'une centaine de mâles. S'il est en tout cas une capitale dont Simon Mann ne doit attendre aucun secours, c'est bien Washington. Depuis que l'on a découvert de l'or noir au milieu des années 1990 dans ce petit pays d'Afrique, son président y est en odeur de sainteté. Lorsqu'il visite les États-Unis en 2006, Teodoro Obiang Nguema Mbasogo y est reçu en hôte de marque. Son play-boy de fils qui roule dans un bolide de course italien estampillé Lamborghini est installé à Malibu où ses voisins sont les stars les plus en vue d'Hollywood. Car la Guinée Équatoriale figure en bonne place dans le classement des fournisseurs de pétrole américains. Une situation qui profite aux actionnaires des sociétés spécialisées de l'Oncle Sam, en particulier Marathon Oil, Amerada Hess et Chevron Texaco [44]. Que pèse la vie d'un ex-chien de guerre à la réputation sulfureuse face à des torrents de pétrole ? Pas grand-chose : le 7 juillet 2008, l'homme est condamné à trente-quatre ans et trois mois de prison, à une amende de 150 000 euros et à vingt ans d'interdiction de séjour en Guinée Équatoriale quand il aura purgé sa peine. Mais ses avocats ont confiance. Non sans raison : Simon Mann a, lors des audiences, chargé les personnages que le pouvoir en place à Malabo « souhaitait » voir chargés, à savoir Ely Calil et Mark Thatcher. Pour faire bonne mesure, l'accusé a égratigné au passage les gouvernements espagnol et sud-africain. Une « collaboration » de cet acabit, cela se récompense : le président Obiang Nguema Mbasogo pourrait se montrer conciliant. On s'attend à voir l'ex-membre du SAS ne végéter dans les geôles guinéennes qu'un an ou deux. En attendant, force est de constater que le sort de Simon Mann est sinon enviable du moins supportable. Bénéficiant d'un traitement de faveur, il a sa propre cellule, s'adonne à l'exercice physique, reçoit régulièrement livres ainsi que magazines, est fréquemment autorisé à passer des coups de fil en Grande-Bretagne et déjeune régulièrement avec le ministre local de la Sécurité [45]. Pour avoir accepté de jouer le jeu du palais (mais avait-il le choix ?), Simon Mann a vu son statut évoluer : de mercenaire honni, il est devenu hôte de marque.

2

La filière britannique

Printemps 1980. Au poste de commandement de Dieuze, c'est l'effervescence. *Eugénie d'été*, l'une des deux grandes manœuvres annuelles du 13e Régiment de dragons parachutistes, une unité française de forces spéciales, débute dans le Limousin. Certaines unités étrangères ont été invitées et le Special Air Service (SAS) a fait le déplacement. Au début, la « manip » se déroule de manière satisfaisante à ceci près que deux équipes britanniques ne donnent aucun signe de vie. Pas de quoi s'inquiéter : dans ce genre d'exercice impliquant des liaisons à très grande distance avec des postes radio de faible puissance, c'est monnaie courante, il existe même des procédures spécifiques à respecter en pareil cas. Sauf que le silence dure, à tel point que les officiers français commencent à se demander s'il n'y a pas anguille sous roche. L'officier de liaison de Sa Très Gracieuse Majesté n'ayant fourni que des explications peu convaincantes, une chasse à l'homme est déclenchée. Les sourires de circonstance ont disparu des visages : ce n'est plus un exercice. Quelques jours plus tard, la première équipe britannique « perdue » est repérée par une patrouille de Gendarmerie à proximité du plateau d'Albion, la base abritant les missiles nucléaires de la force de dissuasion française. Quant à la seconde équipe, elle a disparu corps et biens. Quelle était sa mission ? Comment s'est-elle exfiltrée ? Mystère. Toujours est-il que la mésaventure suscite ce commentaire désabusé de la part d'un officier français : « À partir de maintenant, quand je serai dans la même pièce qu'un Britannique, je ne lui tournerai plus jamais le dos* ! »

Cette anecdote montre à quel point les « spéciaux » de Londres ne s'embarrassent pas de scrupule dès lors qu'une occasion leur est offerte. Nul étonnement, donc, qu'un tel pragmatisme les ait conduits à prendre un rôle de leadership en matière d'évolution corporatiste du mercenariat. Au centre de cette évolution, une confrérie informelle dont on peine à distinguer les allégeances. Elle regroupe ex-membres des forces spéciales ainsi qu'anciens des services de renseignement et a pour nom le « Old Boys Network ».

Dans l'ombre, un réseau discret qui tire les ficelles

Dans les temps immémoriaux, les eaux de la rivière Westbourne servaient à abreuver les Londoniens. Puis la ville s'est étendue, dévorant l'espace autour d'elle. Au début du XIXe siècle, les constructions nouvelles ont tout d'abord colonisé les berges avant d'avaler le cours d'eau maintenant domestiqué par des canalisations souterraines. Un pont a disparu, mais la rue bordant le sud de Hyde Park a pérennisé son nom : Knightsbridge, le « pont des chevaliers ». Et c'est sur des chevaliers d'un genre très particulier que se referme de temps à autre la porte d'une maison anonyme au n° 8. Ils ne portent pas d'armure, n'ont rien de la flamboyance des héros du Moyen Âge et ne brandissent nul écu aux couleurs chamarrées. Ils ont des manières de clandestins, font dans le secret, le mystère. Ce sont des espions.

Ce qui surprend d'emblée les heureux élus qui ont l'insigne honneur d'être conviés quelques instants en ces lieux prestigieux, c'est l'atmosphère qui y règne. Feutrée, elle l'est, certes, mais plus encore, presque conspirative. Et pour cause : le Club des forces spéciales a été fondé en 1946 par les anciens du Special Operations Executive (SOE) dont la mission

* Interview réalisée par l'auteur.

expressément attribuée pendant la Seconde Guerre mondiale par Winston Churchill lui-même était de mettre « l'Europe à feu et à sang ». Pour être membre titulaire, il faut avoir appartenu aux forces spéciales britanniques ou américaines, au MI-5 (contre-espionnage), au MI-6 (renseignement extérieur) ou à la CIA, soit en tout et pour tout 2 463 heureux élus en mars 2007 [1]. À l'intérieur, tout n'est que souvenirs, luxe et volupté. Les murs sont tapissés d'une collection de clichés retraçant l'histoire de cinquante années d'opérations clandestines. La place d'honneur est réservée à un portrait de la princesse Noor Inayat Khan, agent secret du SOE exécutée le 13 septembre 1944 à Dachau. Pour une somme modique, un membre de passage ou un invité peut passer sur place une nuitée dans la chambre « Wild Bill », surnom donné à Bill Donovan, fondateur de l'Office of Strategic Services, l'ancêtre de la CIA. Il y en a d'autres, baptisées de noms tout aussi évocateurs.

Mais il ne faut pas s'y tromper. Le calme apparent est parfois troublé par des événements tragi-comiques ou de sombres luttes d'influence à couteaux tirés. Adrian Weale le sait bien qui, en 1997, a été expulsé des lieux *manu militari* après qu'un conseil de guerre l'a jugé indésirable. Historien militaire renommé, ancien des services de renseignement rattachés aux forces armées, on lui reprochait d'avoir aidé Sarah Ford à rédiger son ouvrage intitulé *Une femme en action* avec le SAS. Portant mal son titre, le livre narre par le détail l'expérience d'une demoiselle très spéciale ayant opéré clandestinement en Irlande du Nord dans les rangs de la 14ᵉ Compagnie de renseignement. Les gardiens du temple n'ont pas apprécié. Pourtant, le manuscrit avait été revu et corrigé par le ministère de la Défense avant publication [2].

En mars 2007, c'est une affaire de gros sous qui met le feu aux poudres. Les caisses du club étant plus que vides, les membres s'entre-déchirent lorsqu'il s'agit de distribuer les blâmes et de décider comment faire pour s'en sortir. Ce jour-là, certains espions britanniques en perdent leur flegme légendaire, situation très diplomatiquement décrite par ces mots : « Des clivages sont apparus dans le comité de gestion du club, ne laissant subsister aucune perspective réaliste de dénouement de la situation*. » Qu'en termes galants ces choses-là sont dites...

Mais ces événements constituent des exceptions. Entre les rares éclats de voix, le Club des forces spéciales joue un autre rôle, un rôle très particulier. C'est un poste de commandement phagocyté par un réseau d'hommes aux pedigrees hors normes. Agissant aux frontières de l'espionnage, des opérations clandestines et du mercenariat, ils composent le « Old Boys Network », parfois également appelé « le Circuit » entre initiés. À quelques rues de là, l'état-major londonien des forces spéciales britanniques a son propre bureau de reclassement « chargé de centraliser, d'évaluer et de diffuser les offres d'emploi correspondantes lorsqu'elles peuvent convenir à d'anciens commandos** ». La connivence qui lie les membres de cette coterie permet de conclure des contrats avec une discrétion de bon aloi. Ainsi, Defence Systems Limited (DSL) est fondée en 1981 par un groupe d'ex-officiers du SAS avec, à leur tête, Alastair Morrison en l'occurrence secondé par Richard Bethell. En 1992, la société British Petroleum (BP) éprouve le besoin de protéger ses activités en Colombie. À cette époque, le département sécurité de BP est aux mains de Mark Heathcote qui s'est quant à lui fait un nom au sein du Secret Intelligence Service, le service de renseignement extérieur britannique plus connu sous le sigle MI-6. Chez BP, Mark Heathcote est assisté de Tony Ling, un « ex » du SAS ; les deux hommes ont fait connaissance en Irlande du Nord. Mais ce n'est pas tout : Alastair Morrison et Tony Ling sont eux aussi de vieux complices, ils ont servi côte à côte dans les rangs du Special Air Service. Lorsque le problème colombien se pose, c'est donc tout naturellement à DSL que s'adresse

---

* « Fighting for survival, the gentleman's club for spies and the SAS », *This Is London*, 31 mars 2007.

** Duncan Falconer, *En première ligne*, éditions Nimrod, Paris, 2007, p. 9. L'ouvrage est une traduction française de : Duncan Falconer, *First into action*, éditions Little, Brown and Company, Londres, 1998. L'auteur est un ancien du Special Boat Service, l'équivalent maritime du Special Air Service.

British Petroleum. Pour l'occasion, une filiale est créée sous la raison sociale de Defence Systems Colombia (DSC) ; ses bureaux sont installés dans un bâtiment fortifié à Bogota. À Londres, c'est Richard Bethell qui est chargé de superviser les activités de DSC. Le choix est judicieux : surnommé Tarzan, ce dernier connaît bien la Colombie. En 1990, il avait été, en tant qu'officier du SAS, amené à encadrer l'entraînement d'une unité spéciale de la police nationale. Quant au siège social de DSC à Bogota, il est confié à Will Daniell, encore un ancien de Hereford ayant été instructeur lors du même stage de formation des superflics colombiens [3].

Defence Systems Limited a maintenant disparu, rachetée qu'elle a été en 1997 par Armor Holdings Incorporated pour la modique somme de 26 millions de dollars. Ce rachat donne naissance à ArmorGroup International. Quant à Alastair Morrison, il quitte tout d'abord Armor Holdings pour participer à la création d'Erinys International Limited. En 2004, il rejoint le Kroll's Consulting Services Group où il est placé à la tête de Kroll Security International (KSI) [4]. Celle-ci tombe finalement dans l'escarcelle de la Garda World Security Corporation [5]. En conséquence du rachat de DSL, Defence Systems Colombia est elle-même rattachée à ArmorGroup Latin America. On le voit : foin des mercenaires d'antan, nous sommes en plein business. Un business dont les stratégies commerciales ont peu ou prou étendu le concept du « Old Boys Network » vers des horizons inconnus jusqu'alors. Ainsi, ArmorGroup International a procédé au rachat d'Alpha, une société russe qui est « essentiellement une excroissance privatisée d'Alpha, organisme de forces spéciales soviétiques [...] équivalent de la Delta Force américaine. L'unité Alpha était renommée pour être l'élite de l'élite des spetsnaz* ». Dans le cercle restreint des clandestins en (fausse) retraite, le bouche-à-oreille revêt donc, c'est indiscutable, une importance de tout premier plan. Tant et si bien qu'il éclipse souvent les procédures administratives

* P. W. Singer, *Corporate Warriors, The Rise of the Privatized Military Industry*, Cornell University, États-Unis, 2003, p. 84.

standardisées censées s'imposer à tous. Prenons la direction des États-Unis pour une courte digression.

Là-bas, lorsqu'un industriel désire proposer au gouvernement fédéral les produits ou services commercialisés par sa société, il commence par demander son inscription dans les fichiers de la Central Contractor Registration. Ce système informatique a été créé pour collecter et disséminer les informations susceptibles d'aider les responsables des acquisitions travaillant au sein des administrations. Mais ce n'est là que le b-a-ba pour apprenti démarcheur, une simple formalité enseignée dans les haltes-garderies des grandes écoles commerciales. L'étape suivante est autrement plus sérieuse ; elle consiste pour un industriel à obtenir son référencement dans le General Services Administration (GSA) Schedules Program. Cette base de données récapitule les fournisseurs ayant accepté de remplir certaines conditions, la plus contraignante étant de commercialiser à un prix discount l'un des 10 millions de produits ou services d'une des 62 catégories *(schedules)* listées. Un contrat de cinq ans renouvelable trois fois est alors établi entre l'administration et le fournisseur sauf que ce contrat est virtuel : il ne donne lieu à aucune commande, aucun paiement ni aucune livraison. Tout cela n'est concrétisé qu'à partir du moment où un besoin émerge au sein d'un service officiel qui signe alors la commande et déniche un financement dans le budget fédéral[6].

On pourrait donc croire que batailler en moyenne pendant neuf mois contre l'administration pour être estampillé GSA, c'est ne pas manquer d'attirer l'attention des donneurs d'ordres. Pas vraiment : parlez-en à Ivor Wigham, le président de l'European Rally School of Florida. Parmi ses clients figurent des commandos SEAL qu'il initie à la conduite rapide. Mais ces clients-là, ce n'est pas en exhibant son agrément GSA qu'il les a appâtés. Ce sont tout d'abord quelques bérets verts des forces spéciales de l'armée de Terre de Fort Bragg qui sont venus voir de quoi il retournait quand le centre d'apprentissage de la conduite automobile a ouvert ses portes en 1999. Ensuite, c'est le bouche-à-oreille qui a fonctionné. Satisfaits de la prestation, les bérets verts ont recommandé la boutique à d'autres unités et ainsi de suite. Jusqu'à ce que deux nageurs de combat participent à un stage incognito : « Nous ne savions pas [que c'étaient des SEAL]. Il s'est ensuite avéré que deux des membres du stage étaient des sous-officiers responsables de la mobilité motorisée, l'un en état-major, l'autre au sein d'une équipe opérationnelle ; ils nous ont testés et nous avons eu une entrevue à la fin du cours*. » Cela s'est passé de la même manière pour Pat Goodale, ancien commandant d'une unité spéciale du Corps des Marines et propriétaire de PFT Consulting, une société spécialisée dans l'entraînement au tir en ambiance tactique. Il n'hésite pas à reconnaître qu'il met à contribution son carnet d'adresses. Ayant progressé dans la hiérarchie des forces armées, certains de ses anciens camarades ont maintenant des responsabilités exécutives leur conférant pouvoir de décision. Il s'établit alors une relation de confiance : « Ils ont travaillé avec vous et connaissent votre sûreté de jugement ainsi que vos capacités. Ils me contactent habituellement par téléphone, occasionnellement par courrier électronique et me disent : on a besoin de ceci, est-ce que vous êtes disponible et est-ce que vous pouvez nous recevoir** ? » C'est de la même manière que Jim Maguire, un Britannique formé dans les rangs des Royal Marines, décroche ses vacations de « conseiller » indépendant. Ancien des unités des forces spéciales rhodésiennes et sud-africaines, il est habituellement alerté par un appel téléphonique. C'est comme cela qu'en octobre 2002, il a été averti que « quelqu'un » recrutait pour aller faire le coup de feu en Côte d'Ivoire. Tout s'est fait « par le bouche-à-oreille. Les gars se connaissent entre eux, et si vous êtes introduit dans ce cercle, vous décrochez des contrats*** ».

Comment l'« Old Boys Network » a-t-il émergé ? Comment la mutation corporatiste du mercenariat s'est-elle imposée ? En

---

* Everett Arnold, « Shopping for Special Skills », *Special Operations Technology*, 12 mars 2007.

** *Ibid.*

*** James Astill, « British mercenaries find a new ferocity in Ivory Coast », *The Guardian*, 22 février 2003.

fait, ces phénomènes sont indissociablement liés à l'action d'une poignée de personnages charismatiques. Au premier rang d'entre eux, un Écossais d'exception, David Stirling.

David Stirling, du SAS au mercenariat

Juillet 1941, Le Caire, en Égypte. Au quartier général des forces armées britanniques pour le Moyen-Orient, le général Neil Ritchie travaille encore malgré l'heure tardive. Audehors, un réseau de barbelés protège les bâtiments. À intervalles réguliers, des sentinelles à la gâchette facile font les cent pas, l'œil aux aguets. Car les agents de renseignement à la solde du Reich redoublent d'activité dans une ville traditionnellement renommée pour être un nid d'espions. Justement : tapi dans l'ombre, un homme observe les mouvements des soldats. Deux d'entre eux, les plus proches, se font face puis, dans un mouvement automatique cent fois exécuté, effectuent un demi-tour réglementaire et s'éloignent l'un de l'autre. Encore quelques instants… C'est le moment. Saisissant une tenaille, l'ombre sectionne les fils métalliques en retenant son souffle. Puis, en souplesse, il se glisse par la brèche ouverte et, d'un bond, regagne l'ombre protectrice. Il est passé. Mais il reste un écueil : forcer l'entrée du bureau où le général s'éreinte. Elle est gardée par une secrétaire féminine connue pour ne pas s'en laisser compter. Le visiteur nocturne a cependant un atout : son uniforme. Car l'intrus est un officier britannique :

– Prévenez le général. Dites-lui que j'ai des informations vitales à lui communiquer !

Comme il se doit, le cerbère en jupons fait barrage et c'est finalement le général Ritchie qui vient s'enquérir des raisons motivant les éclats de voix qu'il a entendus. Après avoir toisé l'officier subalterne responsable du tapage, il n'en saisit pas moins les quelques feuillets que celui-ci lui tend et les parcourt d'un œil distrait. Puis les relit avec cette fois-ci une attention beaucoup plus soutenue. D'un geste, il fait signe à l'homme de le suivre.

Les quelques pages exposent une nouvelle stratégie dont le général a bien besoin. Au lieu du choc frontal entre deux armées, le jeune officier propose de mettre sur pied des petites équipes de commandos, pas plus d'une demi-douzaine d'hommes, capables de s'en prendre aux points faibles de l'adversaire en effectuant des raids dans la profondeur de son dispositif. Objectifs : les postes de commandement, les aérodromes, les unités de logistique. But : provoquer un effondrement des troupes de première ligne en désorganisant les soutiens et les appuis. Le général Ritchie finit par trouver l'idée séduisante car promettant beaucoup tout en exigeant peu. Il ne peut s'empêcher de poser une question à l'audacieux personnage :

– Et comment espérez-vous pénétrer à l'intérieur des aérodromes ennemis, gardés et protégés ?

– De la même manière que j'ai utilisée pour entrer dans votre camp, Sir, en évitant le poste de garde…

David Stirling avait gagné. Quelques semaines plus tard, le Special Air Service allait voir le jour.

De grande taille, cachant sous une apparence nonchalante une énergie débordante, Stirling est d'origine écossaise. Fils du général Archibald Stirling of Keir, il fait longtemps le désespoir de la vieille famille aristocratique dont il est le dernier rejeton : son séjour à Cambridge laisse le souvenir d'un jeune homme plus intéressé par le jeu que par les études. Sa tendance naturelle à exercer des activités physiques violentes le porte vers la pratique intensive de l'alpinisme, lui forgeant un caractère fait d'audace et de volonté. Chasseur, il fait également preuve d'adresse dans la pratique du tir. Ainsi, avant même d'embrasser la carrière des armes, les disciplines sportives auxquelles il s'adonne lui inculquent les qualités faisant d'un homme physiquement doué un parfait élément commando.

Lorsqu'il crée le SAS, l'audace est un de ses traits de caractère dominants : la devise qu'il choisit pour « son » unité est « Who Dares Wins », qui ose gagne. Deuxième trait de caractère : une puissance de persuasion peu commune qui fera dire à David Lloyd-Owen, officier du Long Range Desert Group[7] :

« Il n'y eut jamais d'orateur plus convaincant que Stirling lorsqu'il avait une idée en tête. Par-dessus tout, il se montrait comme habité par une dévorante passion de combattre l'ennemi et, pourvu qu'il bénéficiât de la surprise, il possédait une confiance sans limite dans ses capacités à le détruire quels que soient par ailleurs les incidents auxquels il pourrait avoir à faire face. L'échec ne signifiait pour lui rien de plus que le ressort puissant d'une détermination farouche à sortir victorieux du combat suivant. » Audace, conviction, forte implication personnelle, capacité à imaginer des solutions innovantes à un problème donné : l'homme rodait là quelques-uns des traits de caractère qui allaient lui permettre, dix ans plus tard, d'être à l'avant-garde du phénomène des sociétés militaires privées.

Le fondateur du SAS est cependant fait prisonnier en janvier 1943. Très rapidement, il décide de s'évader. Il est repris dans les vingt-quatre heures, puis envoyé dans un camp de prisonniers en Italie. Là, il récidive à quatre reprises mais échoue à chaque fois. Catalogué comme une forte tête, il est finalement incarcéré à la forteresse de Colditz où il croupit jusqu'à la fin du conflit. La Seconde Guerre mondiale parvenue à son terme sur le théâtre des opérations européen, David Stirling regagne la Grande-Bretagne. Toutes les formations relevant du Special Air Service ont entre-temps été dissoutes. Malgré un lobbying effréné, le héros de Libye ne parvient pas à décider le ministère de la Défense à lui tailler une unité à sa mesure. Qu'importe : il pressent que la discrétion indispensable aux opérations clandestines peut être favorisée par l'emploi de sociétés privées jouant le rôle d'écrans de fumée. Lui et une poignée d'anciens SAS sont en passe de créer une nouvelle race d'entreprises très spécialisées.

1er septembre 1969. Le roi Idris, souverain libyen, est en Turquie. Mouammar Kadhafi, jeune lieutenant de 27 ans, met cette absence à profit pour s'emparer du pouvoir à la tête d'un groupe d'officiers. À Londres, où l'on jouait la carte Idris, c'est l'affolement. D'autant plus que British Petroleum est très active sur place et que ses avoirs sont bientôt nationalisés sans aucune compensation par le nouveau maître de Tripoli. En février 1970, un coup d'État est lancé depuis le Tchad par un membre de la famille royale, Abdullah bin Abid dit « le Prince noir » aidé d'un groupe d'émigrés activistes. L'affaire tourne à la pantalonnade : les insurgés sont encerclés par les services de sécurité libyens [8]. C'est alors que les Britanniques entrent en scène.

Un conseil de guerre a lieu au 21 Sloane Street [9], siège social d'une société de télévision mise sur pied par… David Stirling. Cette adresse est également le point de contact de Watchguard International, entreprise fondée en 1966 par le maître de céans. Elle est enregistrée à Guernesey. Il s'agit en fait d'un cadre d'ex-membres du SAS qui fournit des gardes du corps à la demande et entraîne des troupes d'élite de pays allant d'Abu Dhabi à la Zambie en passant par le Sierra Leone. Certains contrats sont moins exotiques et incluent par exemple la création de postes de commandement secrets où un gouvernement peut se réfugier pour tenter de reprendre la main dans l'éventualité d'un coup d'État [10]. Entre Londres et Watchguard, c'est je t'aime, moi non plus. Whitehall réfléchit à deux fois avant d'instrumentaliser la société qui, de son côté, n'hésite pas à prospecter. Quitte à se retrouver ponctuellement en concurrence avec le SAS. Il arrive même à David Stirling de rétrocéder au gouvernement certaines affaires pourtant lucratives qui tombent alors dans l'escarcelle de l'unité d'élite. Tout cela déboussole les fonctionnaires londoniens et la faconde de David Stirling n'arrange rien : certains le considèrent comme incapable de garder un secret. Le très respecté *Sunday Times* va jusqu'à publier un article accusant l'entreprise de contrevenir aux intérêts britanniques en Afrique. Il n'en reste pas moins que Watchguard allait être appelée à faire des émules : on peut considérer que, si elle « avait été discrètement mise à la disposition du gouvernement britannique et si son fondateur avait été doté d'un caractère moins flamboyant, elle aurait pu faire un travail remarquable. En l'occurrence, son potentiel ne fut cependant jamais correctement développé […] l'idée conduisit à la création dans les années 1970 d'un certain nombre de sociétés similaires employant des ex-SAS dans les domaines variés de la sécurité privée* ». Mais revenons à l'affaire libyenne.

Le 18 mai 1970 au 21 Sloane Street donc se réunissent David Stirling, Denys Rowley alias James Kent, un ancien membre du MI-6 travaillant en indépendant (du moins c'est ce qu'il prétend), ainsi qu'un ex-officiel britannique de haut rang qui insiste pour rester anonyme. Ce dernier a une obsession et ne se prive pas d'en faire part : il faut faire quelque chose. La première idée qui vient aux trois hommes est de fomenter une révolte insurrectionnelle contre Mouammar Kadhafi. Mais pour cela, encore faut-il dénicher un leader qui soit crédible. Le choix se porte sur Umar al-Shahli, un conseiller du roi Idris. Mais soudain, rien ne va plus : initialement associée au projet, la CIA lâche son monde. À Washington, le vent a tourné : « on » pense que Mouammar Kadhafi peut rester en place, il a donné des gages antisoviétiques. Londres décide de continuer en solo. Un bureau spécifique distinct de Watchguard International est formé. À sa tête, deux anciens du SAS, l'un a travaillé pour la société au Kenya et l'autre est devenu entre-temps un opérationnel du MI-6. Déguisés en hommes d'affaires, ils effectuent une reconnaissance sur place, mais pas question qu'ils participent à l'opération : elle s'effectue en mode « sous couverture ». Dans le jargon des services secrets, cela signifie que toutes les mesures doivent être prises pour dissimuler l'identité du donneur d'ordres ou, à tout le moins, permettre de sa part un déni plausible. Bref, des mercenaires de nationalité britannique ne doivent sous aucun prétexte être capturés sur le sol libyen. Londres ne peut être impliqué ? Qu'à cela ne tienne : direction Paris. Les sergents-recruteurs de Watchguard International y embauchent une trentaine de Belges et de Français. Il leur reviendra de débarquer sur la côte libyenne pour aller libérer 150 prisonniers politiques enfermés dans les geôles de Tripoli puis de foncer vers le palais où réside Kadhafi tandis qu'un autre groupe prendra le contrôle d'une station radio.

* Anthony Kemp, *The SAS, savage wars of peace*, Penguin Group, Londres, 1994, p. 89.

Les armes sont censées être achetées auprès de la société tchécoslovaque Omnipol par l'intermédiaire d'une filière mise sur pied par le MI-6. L'équipe va même acquérir un patrouilleur côtier d'origine allemande pour traverser la Méditerranée. Finalement, l'affaire traîne en longueur et les gens bavardent. Le fait que l'opération soit toujours sur les rails parvient aux oreilles américaines : Washington lance un ultimatum. Voyant cela, le MI-6 fait également machine arrière. Le *Conquistador*, le navire, est saisi par les autorités italiennes prévenues : il devait appareiller de Trieste. Il faudra à David Stirling beaucoup de doigté pour obtenir la libération de l'équipage [11]. Ironie de l'histoire, c'est à une autre société militaire privée britannique, en l'occurrence J. Donne Holdings, qu'est confié quelques années plus tard l'entraînement des gardes du corps de Mouammar Kadhafi malgré le soutien que celui-ci accorde à l'Armée républicaine irlandaise. Mais les temps ont changé, le « patriotisme » d'un David Stirling est passé de mode. J. Donne Holdings a une approche du métier novatrice qui transparaît dans son offre de services. La brochure qu'elle diffuse propose des stages concernant « l'élimination physique silencieuse, les techniques avancées de sabotage et de neutralisation des serrures », voire la confection et l'utilisation d'engins explosifs improvisés. À l'époque, le directeur de l'entraînement pour J. Donne Holdings est Peter Harclerode, auteur de nombreux ouvrages sur les élites militaires mais aussi et surtout ancien officier des Irish Guards et du 21 SAS. Dans une lettre datée de 1977, il écrit : « Nous avons recruté nombre d'anciens membres de l'équipe antiterroriste du Special Air Service qui ont quitté le service actif dans les deux dernières semaines seulement. Ils sont de ce fait très au courant en ce qui concerne les techniques ainsi que les équipements les plus récents*. »

Après Watchguard International, David Stirling fonde GB75, une milice privée chargée d'intervenir en cas de grève générale pour reprendre des usines occupées. En 1978, le

* Tony Geraghty, *Who Dares Wins, The Story of the Special Air Service 1950-1980*, Arms and Armour Press, Londres, 1980, p. 98.

fondateur du SAS recrute des mercenaires à Londres au profit de la société KMS. Destination : la Rhodésie ou l'Afrique du Sud. Pour ce faire, Stirling est en liaison avec de nombreux anciens officiers SAS, embauchant directement les candidats à la sortie de l'armée régulière. Tant et si bien qu'une boutade finit par faire le tour des popotes : la société KMS passe pour être « le 24e SAS ». David Stirling travaille notamment avec John Banks, un ancien parachutiste, et un journaliste au service du MI-6, Leslie Aspin, qui, en 1975-1976, avaient fondé une firme, la Special Advisory Service (SAS) [12]. KMS, c'est Keeni-Meeni Services [13], allusion directe à la dénomination des commandos créés par le SAS à Aden. En 1993, une équipe de KMS est mise en place à Dublin. Mission : protéger l'ambassade britannique. Les 20 membres de cette équipe sont présentés comme étant des ex-commandos du SAS [14]. Les origines de la société sont peu claires. Pour les uns, elle est créée à Jersey en 1977, initialement sous la raison sociale d'Executives International [15]. Pour les autres, elle est formée dans le courant de l'année 1974 en tant que filiale de Control Risks. Ce qui est en revanche avéré, c'est l'identité d'un de ses cofondateurs : David Walker, ex-major du SAS qui, en 1978, met également sur pied la société Saladin Security. En 1983, KMS fournit une équipe qui entraîne une unité des forces spéciales sri lankaises. Les domaines concernés incluent la guerre contre-révolutionnaire, de combat en zone urbanisée, les techniques de contrôle des foules, le désamorçage des engins explosifs ou encore la protection rapprochée des personnalités [16]. La société disparaît finalement après la révélation de son implication dans le scandale des contras relatif au financement de l'insurrection nicaraguayenne. Lors de l'enquête parlementaire qui s'ensuit, il est prétendu que Walker a « proposé de mettre sur pied une équipe afin de détruire les hélicoptères d'assaut d'origine soviétique Hind achetés par le gouvernement » de Managua*.

Tant Watchguard International (un analyste la qualifiera de « modèle pour toutes les futures sociétés » [17]) que Keeni-Meeni

* Anthony Kemp, *op. cit.*, p. 200-201.

Services préfigurent cette nouvelle race d'entreprises britanniques spécialisées dans la sous-traitance militaire. Elles en présentent précocement la plupart des caractéristiques ; relevons-en trois. Première d'entre elles, la multiplicité des liens avec des unités spéciales et/ou services de renseignement, particularité que le cas Executive Outcomes avait déjà permis de mettre en exergue. Les cadres dirigeants sont d'anciens spéciaux. Ils recrutent à leur tour d'autres anciens spéciaux qui compromettent les techniques, tactiques et procédures propres aux opérations clandestines en les exportant hors du cercle gouvernemental. Cela permet à ces sociétés nouvelle mouture d'enrichir leurs catalogues avec des offres de services haut de gamme mais démocratise des savoir-faire qui ne sont pas à mettre dans toutes les mains. On est là à des années-lumière de l'expertise souvent empirique et approximative des chiens de guerre d'antan. Deuxième caractéristique : ces capitaines d'entreprises marqués par leur passé de militaires hors normes ont été accoutumés à ne pas être trop regardants. Pour peu qu'ils y trouvent leur intérêt, ils n'éprouvent aucun état d'âme à fourvoyer leurs sociétés dans le monde délétère de la barbouzerie. Surtout si ce sont d'anciens compagnons de route qui le leur demandent avec une main sur le cœur et le carnet de chèques dans l'autre. Troisième signe distinctif : ces P-DG tout juste défroqués ne dédaignent pas contourner ou esquiver dès que nécessaire les procédures administratives applicables aux marchés publics souvent avec la bénédiction des cabinets ministériels. Logique : un appel d'offres en bonne et due forme n'est pas toujours compatible avec le maintien de la discrétion indispensable au déroulement de ces opérations que les chancelleries ne peuvent pas se permettre de revendiquer. En revanche, tant Watchguard que KMS sont restées en dehors d'une certaine forme d'industrialisation globalisée. Elles peuvent être comparées à de modestes échoppes de tailleurs britanniques ne faisant que du sur-mesure : on en trouve encore même si l'époque est résolument à la délocalisation des grandes usines produisant à la chaîne du prêt-à-porter. Cela, d'autres entrepreneurs moins idéalistes que David Stirling n'allaient pas tarder à le comprendre pour le plus grand bonheur de leurs actionnaires.

Tim Spicer, l'étudiant contestataire devenu mercenaire

La photo est en noir et blanc. Mary Ann Vecchio, une Californienne de 14 ans, est à genoux, penchée au-dessus du corps sans vie d'un étudiant. Elle ne l'a rencontré que quelques instants auparavant, mais ils ont rapidement sympathisé. Et maintenant, il est mort. La gosse crie, hurle de tous ses poumons son horreur, sa peine et sa colère. Pourtant, la manifestation contre la guerre du Vietnam avait commencé de manière pacifique. Jusqu'à ce que les soldats de l'Ohio National Guard ne s'en mêlent. Ils ont tiré dans le tas. Quatre étudiants sont morts et neuf autres sont blessés. La photo vaudra le prix Pulitzer à John Filo [18].

Dans la ville américaine d'Oklahoma City, la vague de protestation contre la guerre du Vietnam est lente à démarrer sur les campus. En réponse à l'émergence du mouvement des « Étudiants pour une société démocratique », le FBI préfère prévenir plutôt que guérir. En 1968, sur l'ordre de J. Edgar Hoover, les fédéraux concoctent une fausse lettre prétendument écrite par un parent d'étudiant de l'université d'État d'Oklahoma. Bientôt publiée par des médias locaux, la prose fustige le « caractère immoral » des activités « criminelles » de l'association estudiantine. Le 30 avril 1970, dans un discours, le président Richard Nixon annonce l'extension des opérations de guerre au Cambodge [19]. Puis, le 4 mai de la même année, le sang coule sur le campus de la Kent State University, en Ohio.

Dès lors, aux États-Unis, les milieux estudiantins s'enflamment. Le 6 mai, plusieurs centaines de contestataires fréquentant l'université d'Oklahoma descendent dans la rue. À l'époque, la mode est aux cheveux longs et au tee-shirt arborant un drapeau nord-vietnamien. C'est un acte de désobéissance civique : une loi de l'État interdit formellement de s'afficher avec un étendard communiste. Ce jour-là, un étudiant est arrêté pour ce seul motif. Parmi ceux qui sacrifient à la mode, un jeune Britannique de 18 ans, Tim Spicer. Pour lui, sans doute cette révolte est-elle aussi un conflit de générations. Car il est né à Aldershot, ville connue pour être une des plus grosses garnisons des forces armées de Sa Très Gracieuse Majesté. Son père est militaire.

Irak, 2007. L'homme, un Européen, est équipé d'un gilet pare-balles. En bras de chemise, il porte des lunettes noires : c'est un civil. Mais un civil d'un genre très particulier puisqu'il tient d'une manière très professionnelle une carabine M4, version raccourcie du fusil d'assaut réglementaire de l'armée américaine, le M16. Tim Spicer vient se rendre compte sur place des activités de sa société, Aegis Defence Services. Trois ans auparavant, celle-ci a décroché auprès du Pentagone un contrat mirifique pesant 293 millions de dollars. But : coordonner sur place les activités des sociétés militaires privées. Pour certains, ce sont des entreprises qui font travailler des chiens de guerre assoiffés de sang et dissimulant mal leurs penchants pervers sous le mince vernis d'une culture corporatiste acquise de fraîche date. Mais ne parlez pas de mercenariat à Tim Spicer : il vend de l'expertise. Les jours au tee-shirt orné d'un étendard nord-vietnamien sont bien loin : la chrysalide est devenue papillon.

Car dès son retour en Grande-Bretagne, l'adolescent frondeur s'achète une conduite et décide de suivre les traces de son père. Il met à la poubelle le vêtement contestataire, suit des cours de droit et se porte volontaire pour le 21 Special Air Service. Sans avoir le prestige de son homologue d'active, cette unité n'en est pas moins considérée comme appartenant à l'élite militaire. Elle est formée de réservistes, soldats à mi-temps qui exercent par ailleurs des fonctions professionnelles dans la société civile. Certaines rumeurs insistantes affirment que, dans le civil précisément, les réservistes du 21 SAS comme ceux du 23 SAS, une unité semblable, jouent parfois un rôle plus discret. Ils constituent de fait un réseau de compétences capable d'assurer le soutien de certaines opérations clandestines avec une furtivité de bon aloi. Qu'il s'agisse d'améliorer les performances d'un véhicule banalisé, un garagiste, SAS de réserve, pourra s'en charger. Qu'il soit question de disposer d'un cottage anonyme pour servir de planque à une équipe antiterroriste, un agent immobilier « maison » s'en occupera. Bien entendu, il ne s'agit là que de rumeurs. D'autres rumeurs circulent : les deux régiments de réserve serviraient « de centres de recrutement formel et informel pour des opérations mercenaires, qu'elles soient officiellement approuvées (mais menées de manière à ce qu'un déni plausible soit possible) ou non* ».

En 1974, Tim Spicer rate la sélection pour l'admission au sein de la Sandhurst Royal Military Academy, l'équivalent britannique de Saint-Cyr qui forme les officiers de l'armée de Terre. L'année suivante, la deuxième tentative est la bonne : le cadet Spicer se distingue même en remportant l'Épée, distinction honorifique qui couronne les efforts du major de promotion. Il est tout d'abord affecté dans le régiment des Gardes écossais puis, plus tard, à l'état-major de la 11e Brigade blindée commandée par le général Jeremy J. Phipps, ancien chef de corps du 22 SAS [20], qui deviendra ultérieurement directeur des forces spéciales britanniques. Tim Spicer ne tarde pas à croiser Sir Peter de la Billière, une autre personnalité militaire très liée au Special Air Service puisqu'ayant tenu les mêmes fonctions que le brigadier Phipps. En avril 1992, après avoir commandé les forces de Sa Très Gracieuse Majesté engagées dans la première guerre du Golfe, Sir Peter regagne Londres et quitte l'uniforme. Une retraite en trompe l'œil : il prend immédiatement les fonctions de conseiller du gouvernement britannique pour le Moyen-Orient. Tim Spicer apprend que le héros national a besoin d'un assistant personnel. Il pose sa candidature et décroche le job. Or, les bureaux de Peter de la Billière sont situés dans le même immeuble que ceux du directeur des forces spéciales. Comme de fait, dans son autobiographie intitulée *Un soldat non-orthodoxe*, Tim Spicer prétend avoir surtout travaillé avec ce dernier sur des projets hautement classifiés [21].

---

* Duncan Campbell, « Marketing the New "Dogs of War" », *The Center for Public Integrity*, 30 octobre 2002.

C'est finalement en 1995 que Tim Spicer quitte les forces armées.

En travaillant avec Peter de la Billière, il côtoie Simon Mann, l'auteur du coup d'État manqué en Guinée Équatoriale. Ancien de l'Eton College, du régiment des Gardes écossais et du Special Air Service, c'est un homme comme on les aime dans l'establishment militaire britannique. À ce titre, il est membre de droit du « Old Boys Network » par l'intermédiaire duquel il fait la connaissance d'Anthony Buckingham, un ex-militaire dont nous avons déjà parlé. Ayant pantouflé dans le secteur pétrolier, le personnage avait eu recours aux services de la société sud-africaine Executive Outcomes. Or, devenue entre-temps partiellement britannique, cette société fait l'objet d'une mesure de fermeture administrative décrétée par le gouvernement de Nelson Mandela et touchant ses actifs sur le continent noir. Mais le besoin subsiste : Buckingham, Mann et Spicer décident alors de donner une nouvelle impulsion au concept de société militaire privée. En 1996, ils créent Sandline International, qu'ils présentent comme une « force spéciale de réaction rapide* ». L'année suivante, la société intervient dans l'île de Bougainville au profit du gouvernement de Papouasie-Nouvelle-Guinée. Mais l'affaire tourne au vinaigre. De « conseiller », Tim Spicer devient « mercenaire » et la différence n'est pas que sémantique : il est emprisonné. Libéré le 27 mars 1997, il regagne la Grande-Bretagne.

À son retour, le chef d'entreprise qu'est Tim Spicer se montre soucieux de restaurer son image. Car à cette époque, même si le sigle SMP commence à apparaître dans le vocabulaire utilisé par les organisations non-gouvernementales, les médias se montrent quant à eux moins conciliants. Pour appâter le chaland, les journalistes dramatisent, donnent du poids aux mots : dans les gazettes, l'expression « chien de guerre » et le mot « mercenaire » ont droit de cité. Médiatiquement moins sexy, la tournure « société militaire privée » est mise à l'index. Elle est trop clean, elle donne aux entreprises

* Robert Baer, « The Business of War – Iraq's Mercenary King », *Vanity Fair*, avril 2007.

spécialisées un vernis de respectabilité. Cela ne fait pas vendre du papier. Conscient de tout cela, Tim Spicer recrute Sara Pearson, de Spa Way, une agence de relations publiques. De leur collaboration naîtra l'ouvrage *Un soldat non-orthodoxe*, une autobiographie. Entre-temps, l'affaire de Sierra Leone contribue encore à donner de Sandline International une image peu sympathique. Tout en égratignant au passage le gouvernement britannique qui n'en demandait pas tant.

D'un côté, le président Ahmed Tejan Kabbah, dirigeant d'un État ne fournissant plus aucun service au citoyen mais qui, reconnu par la communauté internationale, est de ce fait habilité à signer des contrats avec les sociétés minières étrangères. De l'autre côté, les rebelles du Front révolutionnaire uni. Ils contrôlent la moitié du pays et font régner l'insécurité sur l'autre moitié. Au milieu, des diamants, beaucoup de diamants : 1 milliard de dollars (environ 680 millions d'euros) annuels de joyaux mis en vente dans les bijouteries. Et de la bauxite. Et de l'or. Sur la corde raide, quatre compagnies : DiamondWorks, Global Exploration Corporation, Rex Mining Corporation et Sierra Rutile-Nord Resources [22]. En mai 1997, Ahmed Tejan Kabbah, le président « démocratiquement » élu, est renversé par un coup d'État. Le Sierra Leone est mis sous embargo par l'Organisation des Nations unies. Sandline International n'en procède pas moins à l'acheminement sur place d'une trentaine de tonnes d'armes bulgares, AK-47 Kalachnikov en particulier, et d'un hélicoptère destinés aux forces « loyalistes » du président Kabbah. Puis la société prodigue ses conseils en matière de logistique. Au printemps 1998, l'affaire filtre dans la presse londonienne qui publie même la photo de techniciens faisant partie de l'équipage d'une frégate britannique en train de participer à l'entretien d'un hélicoptère russe mis en œuvre par Sandline International. Cela vire au scandale. Pour se couvrir, Tim Spicer affirme avoir mis Londres au courant et croit bon de préciser : « Les actions menées par des sociétés militaires privées qui agissent du côté du bien – telles que remettre au pouvoir un président démocratiquement élu – ne peuvent que faire partie de ce que l'on peut comprendre comme étant une politique étrangère éthique*. » Devant les dénégations outragées du gouvernement britannique, deux enquêtes sont diligentées. L'une d'entre elles, l'enquête parlementaire, conclut que Peter Penfold, le Haut Commissaire britannique en Sierra Leone, a accordé à la livraison d'armes « un certain degré d'approbation** ». Tim Spicer profite de l'aubaine pour lancer une campagne médiatique en faveur du phénomène moderne des « sociétés militaires privées ». Deux ans plus tard, l'expression est consacrée. Ne parlons plus de mercenaires : le complet-veston, uniforme de la City, a définitivement remplacé le treillis camouflé maculé de boue et de sang.

Mais en 1999, après l'affaire de Sierra Leone, on n'en est pas encore là. Pour redorer un blason bien terni, Tim Spicer décide de quitter Sandline International. En mai 2000, il crée Crisis and Risk Management Limited qui devient, une année plus tard, Strategic Consulting International Limited (SCI). Puis il lance Trident Maritime, une filiale de SCI qui ne croule pas sous les activités. L'un des deux seuls gros contrats qu'elle décroche l'amène à opérer au Sri Lanka.

L'île est depuis des lustres aux prises avec l'une des guerres les plus impitoyables et les plus cruelles qui soient. Une guerre qui n'hésite pas à transformer des enfants en kamikazes. Une guerre d'usure où le gouvernement central de Colombo lutte contre le Liberation Tigers of Tamil Eelam (LTTE) qui cherche à se tailler un territoire à sa mesure. Une guerre où les rebelles atteignent un surprenant niveau technologique : ils ont développé des canots rapides invisibles aux radars, ils ont transformé des avions légers en bombardiers et ont même cherché à construire des sous-marins de poche. Le 24 juillet 2001, les Tigres tamouls portent un coup très dur aux gouvernementaux.

Peu avant l'aube ce jour-là, 14 kamikazes de l'unité d'élite du LTTE, les Tigres noirs, pénètrent sur la base aérienne de Katunayake, à 35 kilomètres au nord de Colombo. Après avoir détruit des transformateurs d'électricité, ils s'en prennent

---

* « Spicer calls Sierra Leone affair "ethical" », *BBC News*, 5 novembre 1998.

** Duncan Campbell, *loc. cit.*

aux aéronefs de l'armée de l'Air qu'ils attaquent au lance-roquettes et au fusil d'assaut. Ils détruisent 6 avions de combat, 2 hélicoptères et, pour faire bonne mesure, endommagent de surcroît 12 autres appareils militaires. Puis les survivants du commando se dirigent vers l'aéroport civil mitoyen où 6 Airbus font l'objet de leurs attentions ; 3 sont détruits. Les 14 kamikazes sont tués, de même que 7 soldats des forces armées nationales.

La vie économique de l'île en est durement affectée. Le chiffre d'affaires de l'industrie du tourisme plonge vers les abysses. Pour ne rien arranger, les assureurs de la City londonienne imposent des surprimes dissuasives à tout armateur dont les bateaux relâchent dans un port sri lankais. Tandis que la Lloyds met sur pied un comité de crise, le représentant de Colombo en Grande-Bretagne se voit contraint d'ouvrir des négociations pour inciter les assureurs à un peu de modération. Ceux-ci acceptent mais posent leurs conditions. L'une d'entre elles prescrit à Colombo de réaliser un audit de la sécurité portuaire et aéroportuaire. Deux sociétés raflent le marché. Parmi ces deux sociétés, Trident Maritime. Tim Spicer envoie sur place une équipe de 15 hommes dont le pedigree est éloquent. Il y a là Harry Ditmus, en fait « Hall » Doyne-Ditmus, un ancien de l'état-major du MI-5, le service de contre-espionnage britannique. John Wilson est, quant à lui, un expert en matière d'infiltration. Tom Lockhart, un « ex » des forces spéciales, passe pour être un professionnel de premier plan concernant les méthodes de surveillance. Mike Coldrick désamorce les bombes comme personne ; il a tenu des fonctions officielles au sein du Club des forces spéciales de Knightsbridge. Ils sont tous membres d'un « réseau non formel de gens qui se connaissent les uns les autres » et qui ont travaillé ou servi ensemble dans les forces armées[23]. Finalement, ce sera en premier lieu la conclusion d'un accord de cessez-le-feu entre Colombo et le LTTE qui fera chuter durablement le montant des primes d'assurances.

En 2002, Tim Spicer fonde Aegis Defence Services. Au fur et à mesure que la nouvelle société monte en puissance, elle recrute des personnalités de premier choix, en particulier le major général Jeremy J. Phipps. Une vieille connaissance : ancien commandant de la 11e Brigade blindée, du SAS et également ancien directeur des forces spéciales britanniques, il séjourne au sultanat d'Oman en tant que conseiller militaire. Puis fait un détour par Control Risks Group avant de rejoindre Aegis au sein de laquelle il prend à son compte les opérations en Irak. L'Irak, justement. Lorsque Washington débloque une première manne de 18,4 milliards de dollars (12,5 milliards d'euros) pour financer la reconstruction, Tim Spicer, comme beaucoup d'autres, sent l'eau lui monter à la bouche. D'autant plus qu'il ne faut pas être grand clerc pour deviner qu'il ne s'agit là que d'un début. Seulement voilà : dans un premier temps, à Washington, le Congrès fait dans le protectionnisme. Le raisonnement est le suivant : puisque les forces armées de l'Oncle Sam font le boulot, il est logique que l'industrie américaine rafle la mise. Tim Spicer doit attendre. Jusqu'à ce qu'un heureux hasard ne débloque la situation : là encore, le « Old Boys Network » va faire preuve de son efficacité.

Le 31 mars 2004, quatre employés de Blackwater Security Consulting se risquent dans les rues de Fallujah. La suite, on la connaît : ils sont tués et leurs corps sont profanés par une foule en délire. Quelques jours plus tard, le 9 avril, la société Kellog, Brown and Root (KBR) décide de faire prendre la route à un convoi de ravitaillement en carburant malgré des informations alarmantes. Seuls 6 camions sur 19 arrivent à destination ; six conducteurs de la société sont tués, de nombreux autres sont blessés. Le feu vert avait été donné par Craig Peterson, un ancien général des forces armées américaines ayant pantouflé chez KBR et qui voulait à tout prix respecter à la lettre les termes du contrat. Ce jour-là, les 122 convois dépêchés par la société sur les routes irakiennes sont tous attaqués, sans exception[24]. C'en est trop. Le Pentagone estime alors avoir besoin de coordonner sur place les activités des sociétés de sécurité privées avec celles des unités militaires. Décision est prise de confier la tâche à un sous-traitant. Or, à cette époque, le responsable de la sécurité pour le bureau de gestion des programmes de l'Autorité provisoire de la coalition en Irak est l'ex-général de brigade Tony Hunter-Choat. Une vieille connaissance de Tim Spicer.

Un drôle d'individu, ce Tony Hunter-Choat. En tout cas, un parcours original. Il commence sa carrière militaire en servant cinq années durant dans les rangs de la Légion étrangère française. Plus précisément au sein du 1er Régiment étranger de parachutistes, une unité dissoute après les événements d'Algérie. En 2007, l'homme est encore secrétaire général de l'Amicale des anciens de la Légion pour la Grande-Bretagne. Entre 1957 et 1989, cette fois-ci officier de Sa Très Gracieuse Majesté, il commande « deux unités majeures des forces spéciales britanniques » puis exerce les fonctions d'officier « opérations spéciales » senior au SHAPE, état-major des forces de l'OTAN en Europe. Entre 1989 et 1997, il est placé à la tête des commandos du sultanat d'Oman dont il double les effectifs[25]. Il fait la connaissance de Tim Spicer lors d'un séjour en Bosnie. Intégré au sein de l'Autorité provisoire de la coalition en Irak, Tony Hunter-Choat a pour adjoint le général James Ellery. Spécialiste en matière de guerre contre-insurrectionnelle dont il a enseigné la théorie au Collège d'état-major de l'armée de Terre britannique, celui-ci est chef d'état-major de la force des Nations unies en Sierra Leone entre 2001 et 2003. Il exerce ensuite les fonctions de directeur des projets spéciaux pour Aegis Defence Services. On ne change pas une équipe qui gagne.

Lorsque Tim Spicer soumet sa proposition dans le cadre du processus d'attribution du contrat, sa société n'a encore aucune expérience de l'Irak et sa faible stature apparaît la condamner à un rôle de figurante. Car il y a là cinq autres prétendants et, parmi eux, des poids lourds tels que DynCorp. Mais c'est bel et bien Aegis Defence Services qui est choisie pour protéger les membres du Bureau de management des programmes. Valeur du contrat : 92 millions de dollars pour la première année et un maximum de 293 millions de dollars sur trois ans en fonction des options ultérieurement retenues. Il est requis des agents de sécurité une expérience en matière de combat motorisé, de lutte contre les tireurs d'élite et de protection des sites contre le tir indirect ainsi que contre les attaques menées par de petits détachements[26]. Mais les 774 pages du contrat prescrivent à la société d'accomplir une tâche plus spécifique encore.

Un building anonyme au sein de la « zone verte », à Bagdad. Là, les membres de la coalition sont à l'abri. Théoriquement. Mais de temps en temps ou, pour mieux dire, de plus en plus souvent, obus de mortier et roquettes de fabrication chinoise viennent troubler cette quiétude de bon aloi. Les projectiles se jouent des clôtures et on ne les arrête pas avec des check-points. Comme tous les matins, une présentation d'une durée réglementaire de trente minutes récapitule les actions hostiles des insurgés. Deux hommes en kaki officient. Ce jour-là, leur briefing mentionne un total de 168 incidents et parmi eux, l'explosion d'une bombe « artisanale » qu'une vache aventureuse a eu l'idée malencontreuse d'aller renifler de trop près[27]. Le général David Petraeus, le commandant de la Force multinationale en Irak, assiste au briefing. Pour un observateur peu averti des us et coutumes en vigueur dans le saint des saints, les deux analystes en renseignement ne peuvent être que des agents de la Defense Intelligence Agency, le service d'espionnage du Pentagone. Ou de la CIA. Eh bien non : ce sont des employés d'Aegis Defence Services. Il revient à celle-ci de centraliser le renseignement acquis par toutes les sociétés militaires privées opérant en Irak. Elle prend en charge les évaluations de la menace sur le théâtre des opérations, le suivi des balises emportées par les milliers de contractuels qui y travaillent ainsi que le contrôle de certains projets relatifs aux activités civilo-militaires de reconstruction visant à gagner la confiance des autochtones. Destiné à prolonger le premier contrat, un second, également décroché par la société pour un montant de 475 millions de dollars, prescrit le recrutement d'analystes possédant des habilitations au niveau « secret-défense ». Leur tâche est de rédiger des rapports relatifs aux « services de renseignement étrangers, organisations terroristes et leur affiliés prenant pour cibles le personnel, les ressources et les installations du Department of Defense ».

En décrochant ces deux contrats successifs, Aegis Defence Services se retrouve plongée au cœur d'un système où les affaires civilo-militaires, les opérations psychologiques et les coups bas de l'espionnage s'entrecroisent sans que l'on puisse savoir où s'arrêtent les uns et où commencent les autres. Le schéma est simple : travailler sur des projets facilitant l'existence des populations irakiennes permet de gagner leur confiance et, donc, de faire parler les individus, et les employés d'Aegis ne s'en privent pas. En quelques retentissantes occasions, les informations qu'ils glanent fournissent aux forces armées le « renseignement à fin d'action », seul type de renseignement à être suffisamment détaillé pour permettre le déclenchement des raids et l'arrestation des cellules terroristes avant qu'elles ne passent à l'action. Est-ce à dire que contractuels et militaires vivent une lune de miel sans nuages ? Non, répond en substance le colonel Timothy Clapp qui supervise les relations entre Aegis d'une part et le Corps du génie de l'armée de Terre américaine d'autre part au sein d'une même chaîne du renseignement. Pour le galonné, « il convient de prendre les informations avec des pincettes. Il est évident que certaines des sociétés ne nous disent pas tout* ». Ce serait particulièrement le cas à Bassora, la grande métropole du sud de l'Irak prise en compte par les Britanniques.

À 44 ans, Colin Williamson a, comme l'on dit, de la bouteille, c'est-à-dire quelques années d'expérience dans les rangs de la Royal Ulster Constabulary (RUC). C'est en décembre 2004 qu'il signe chez ArmorGroup ; à ce titre, il effectue en Irak un séjour qui s'achève à l'été 2005. Juste avant de raccrocher l'uniforme, ses fonctions de policier haut de gamme consistaient à effectuer la liaison entre les forces armées britanniques d'une part et la RUC d'autre part, un poste éminemment sensible. Autrement dit, il sait ce que veut dire parler et faire parler, ce qui fait de lui un agent de renseignement efficace. D'ailleurs, à Bassora, son travail comporte une bonne part de « relations publiques » puisqu'il est amené à visiter quotidiennement divers postes de police irakiens. Là,

* Steve Fainaru & Alec Klein, « IRAQ : A Private Realm Of Intelligence-Gathering ; Firm Extends U.S. Government's Reach », *The Washington Post*, 1er juillet 2007.

beaucoup de langues se délient. Colin Williamson estime même bénéficier des tuyaux d'une source très, très bien renseignée. Un jour, son téléphone sonne. À l'autre bout du fil, son contact le prévient : « Vous êtes susceptibles d'être attaqués à tout moment. » Pensif, l'employé d'ArmorGroup repose le combiné sur son socle. Il a à peine achevé son geste que les premiers obus de mortier s'abattent sur le camp britannique. Mais voilà : l'ex-flic déclare que, lors de son séjour en Irak, il a reçu des instructions précises de la part des managers de la société. Elles prescrivaient de ne pas transmettre aux militaires les informations glanées çà et là, même si elles étaient jugées vitales. Pourquoi ? « Parce que nos patrons et très probablement aussi le Foreign and Commonwealth Office ne voulaient pas que l'on sache à quel point la police était corrompue et infiltrée par les milices*. »

« Old Boys Network », sociétés cherchant à acquérir une taille critique pour survivre dans le monde impitoyable de la globalisation trusté par des entreprises américaines tentaculaires : tel est le visage du mercenariat new age à la britannique. Pourtant, en marge de cette industrialisation survivent quelques indépendants. Ils ont toutefois un point commun avec Aegis Defence Services et consorts : une expertise acquise dans les unités d'élite.

Les sirènes du privé

30 avril 1980. Un groupe de six terroristes lourdement armés se revendiquant du « Front démocratique pour la libération de l'Arabistan » pénètre dans l'ambassade d'Iran à Londres et prend 26 personnes en otages. D'emblée, 2 personnes sont assassinées. Avant d'être réduit au silence, un officier du Groupe de protection diplomatique a le temps de donner l'alerte. Très rapidement, les unités de la Metropolitan Police bouclent le périmètre tandis que des tireurs d'élite

* Henry McDonald, Duncan Campbell & Richard Norton-Taylor, « Iraq cover-up claims : MPs call for inquiry », *The Guardian*, 24 décembre 2007.

se mettent en place. Au SAS, c'est ce jour-là le B Squadron qui est en alerte contre-terroriste. L'état-major est mis au courant du déroulement de la prise d'otages par un canal officieux : maître-chien dans les rangs de la Metropolitan Police, un ancien du régiment comprend vite que tout cela ne va pas tarder à concerner les gens de Hereford. Ignorant la voie hiérarchique, il alerte l'unité. Pendant les quatre jours qui suivent, priorité est donnée à la négociation. Dans l'ombre, les espions s'activent cependant : les « techniciens » du service de contre-espionnage se glissent dans les bâtiments et y posent des dispositifs d'écoute. Mais les autorités temporisent un peu trop. Le 5 mai, les terroristes abattent un premier otage. C'est la goutte d'eau qui fait déborder le vase : Margaret Thatcher, le Premier ministre britannique, ordonne au SAS d'intervenir. L'opération *Nimrod* est lancée.

Le plan d'action consiste à investir l'immeuble simultanément en plusieurs endroits différents de manière à désorienter les terroristes. L'assaut est déclenché le 5 mai à 19 h 23. Très rapidement, les huit hommes de l'équipe « Rouge » descendent en rappel et posent des charges préformées qui arrachent les fenêtres en explosant. Un incident survient : des rideaux prennent feu et, emmêlé dans sa corde de rappel, un homme du SAS est grièvement brûlé. Pendant ce temps-là, l'équipe « Bleue » aborde l'ambassade par les balcons mitoyens. Un terroriste s'étant approché d'une vitre pour tenter de comprendre ce qui se passe est abattu par un tireur d'élite. Tirant et grenadant, les deux groupes d'assaut s'efforcent d'atteindre au plus vite la salle des télex : les écoutes ont révélé que la majorité des otages y est détenue. Ils y parviennent, neutralisant au passage cinq des six terroristes. Le sixième se joint aux otages libérés pour tenter de s'y dissimuler : il est rapidement arrêté par Scotland Yard. De nombreuses chaînes de télévision filment l'attaque dont les images font le tour du monde. Le message est clair : désormais, un tel forfait perpétré sur le sol britannique ne met plus en jeu que la vie des otages…

Parmi les équipes d'assaut du SAS, un Fidjien. Tak fait partie d'un groupe de 200 volontaires originaires de l'archipel à être recrutés par l'armée de Terre britannique dans les années 1960. Sur ce total, seuls sept réussissent à intégrer les rangs du SAS. Au sein du régiment, Tak fait ses premières armes contre les rebelles communistes à Aden puis, en juillet 1972, il est l'un des neuf hommes qui, au sultanat d'Oman, tiennent tête six heures durant à 400 rebelles. Lorsque le combat cesse, les canons des armes sont chauffés au rouge... En novembre 2003, Tak est l'un des 100 ex-membres du SAS qui « travaillent » en Irak comme gardes du corps ou consultants en matière de sûreté. Chacun d'entre eux gagne quotidiennement entre 375 et 500 livres sterling, soit entre 475 et 630 euros. D'autres chiffres astronomiques sont cités. Un cadre de la société Diligence vend la mèche : selon lui, certains de ses concurrents payent jusqu'à 2 000 dollars (1 270 euros) pour vingt-quatre heures[28]. Certes, Tak est un peu vieux pour prétendre porter le sac en Irak sous les couleurs de l'Union Jack : trente années au sein du Special Air Service, ça use son homme. À Hereford cependant, on reconnaît la valeur de l'expérience. Les vieux de la vieille ont encore leur utilité : ils peuvent servir en état-major ou en tant qu'instructeurs. Ou encore dans ces ateliers très secrets où sont mis au point tactiques et matériels très particuliers. Mais bien évidemment, les finances anglaises ne peuvent prétendre s'aligner sur les niveaux de rémunérations pratiqués dans le secteur commercial. Tak, lui, a pris le parti de son compte en banque. Qui l'en blâmerait ?

Aujourd'hui, les généraux se rendent compte avec effarement qu'un nombre croissant de spécialistes hautement qualifiés cherche à quitter prématurément le service actif. Le phénomène touche tant le Special Air Service que le Special Boat Service, son équivalent de la Royal Navy. Pour Londres, c'est certes une perte humaine mais aussi une perte financière : on estime que former un opérateur du SAS coûte au bas mot 2 millions de livres sterling. En fin d'année 2003, le ministère de la Défense fait ses comptes : les analystes s'attendent à ce qu'entre 40 et 60 opérateurs, soit l'équivalent d'un escadron opérationnel du SAS, déposent une demande de départ volontaire prématuré entre mai 2003 et décembre 2004[29]. Mais comment motiver les hommes lorsque les officiers donnent l'exemple du sauve-qui-peut ? En juillet 2007, c'est le lieutenant-colonel commandant le 22 Special Air Service qui remet sa démission. Officiellement, il prend cette décision après avoir essuyé une réprimande verbale pour ne pas avoir observé les consignes reçues. Celles-ci lui prescrivaient d'éviter de mener lui-même ses hommes au combat en vertu d'une règle non écrite ainsi résumée : les hommes de troupe sont consommables mais pas les chefs de corps. Nul au sein du SAS ne verse une larme sur son sort : ce n'est pas le genre de la maison. En guise d'au revoir, l'officier s'attire ce commentaire laconique d'un de ses camarades : « Il va quadrupler son salaire. Il n'a pas perdu une jambe. Je crois qu'il a été surpris par le niveau de rémunération qu'on lui a proposé dans le secteur de la sécurité privée*. » Car ayant à peine revêtu l'habit civil, le pacha démissionnaire est recruté par une entreprise qui se fait fort de commercialiser son expertise militaire. Général de brigade à la retraite, son père avait suivi la même voie quelques années auparavant…

Répétons-le : dans certaines unités d'élite, le seul mot qui convient véritablement est « hémorragie ». Garreth Miller est un ancien militaire de l'armée de Terre britannique qui reste très discret quant aux unités auxquelles il a appartenu. Ce que l'on sait de lui se résume à peu de choses : il a effectué deux séjours en Irak puis un autre en Afghanistan en tant que spécialiste de la reconnaissance détaché auprès d'une unité américaine. Pour pouvoir se vendre au meilleur prix, il a décidé, malgré l'excellence de sa formation, de prendre des cours de rattrapage dispensés par une société privée, Ronin Concept. Ce qu'il a constaté témoigne de l'ampleur du phénomène. « Lors de mon dernier séjour en Irak, nous étions 40 nouvelles recrues dans mon unité. Depuis, nous avons tous quitté l'armée. Maintenant, 35 d'entre eux travaillent pour des sociétés militaires privées. Et tenez-vous bien : c'est le gouvernement qui finance mon entraînement ici au titre de l'aide au

* « SAS chief was leading hostage rescue mission when ordered back from Iraq », *This is London*, 22 juillet 2007.

reclassement dans le secteur civil*. » Coût du reclassement en question : 3 700 livres sterling soit environ 5 200 euros. Quant à la société Ronin Concept, elle est dirigée par John Geddes, un ancien du Special Air Service qui a lui-même effectué un séjour en Irak en tant que garde du corps indépendant.

On ne voit pas vraiment comment le gouvernement britannique pourrait se sortir d'un tel guêpier. Car la crise est là et aucune solution pérenne ne peut être mise en œuvre sur le court terme. Pour tenter d'enrayer le phénomène, des primes au rengagement sont proposées. De la même manière, il a été imaginé de faire signer aux candidats désirant intégrer les rangs des forces spéciales une clause de non-concurrence leur interdisant l'embauche par une société militaire privée avant un laps de temps déterminé après qu'ils ont quitté les forces armées. Plus subtilement, une véritable guerre de l'information est en cours qui consiste à dissuader les candidats au départ en mettant l'accent sur les inconvénients intrinsèques de la vie d'un mercenaire en Afghanistan ou en Irak. Les arguments utilisés consistent à « attirer l'attention sur les pertes » ou encore à souligner que les armes fournies aux contractors sont de « piètre qualité ». Pire : il a été rappelé aux officiers qu'ils n'avaient aucune obligation morale de secourir un Britannique employé par une société privée lorsque la situation dégénère. On cite ainsi le cas de deux contractors tués non loin de la porte d'entrée d'un casernement de Sa Très Gracieuse Majesté et dont les cadavres ont été laissés à pourrir au soleil une journée entière avant d'être ramassés[30]... Tout ceci suffira-t-il ? Rien n'est moins sûr, certaines de ces mesures étant même susceptibles d'avoir un effet inverse à celui recherché. Attend-on vraiment que des militaires laissent mourir d'anciens camarades sans leur porter secours ? Combien le feront, combien refuseront ? Il est à prévoir que nombreux sont les membres du SAS, du SBS, du Parachute Regiment et de nombreuses autres unités d'élite qui vont, dans un avenir proche, continuer à succomber aux sirènes du privé. D'où la tentation pour Londres de sous-traiter de

* Yves Eudes, « Privatized War », *Le Monde*, 4 avril 2007.

manière croissante auprès de sociétés commerciales certaines opérations qui, il n'y a pas si longtemps, auraient constitué la chasse gardée des commandos en uniforme ou des espions officiels. C'est un cercle vicieux qui ne pourrait redevenir vertueux qu'à la faveur d'une accalmie durable dans le tempo opérationnel imposé par les épisodes conflictuels. Le seul problème est de savoir si cette accalmie surviendra.

3

L'empire Blackwater

Même si la frange de cheveux retombant sur son front évoque la coiffure d'un adolescent, même si son regard lui donne parfois l'espace d'un fugace instant de faux airs de chien battu, l'homme escorté d'un policier n'a pas une gueule de tendre. Sa mâchoire carrée, sa coupe bien dégagée au-dessus des oreilles et sur la nuque, sa démarche raide, tout en lui proclame sa condition d'ex-militaire. Comme pour chauffer la salle de spectacle avant la représentation, le rapport du Congrès publié la veille ressemble à s'y méprendre à un réquisitoire en bonne et due forme. S'il fallait s'en convaincre, il suffirait, en ce 2 octobre 2007, d'y lire l'ordre du jour de l'audition devant la commission de la Chambre des représentants. En leur âme et conscience, comme s'il s'agissait d'un jury d'assises, les élus devront répondre à trois questions. Première d'entre elles : est-ce que la présence de Blackwater en Irak favorise ou contrarie la stratégie américaine ? La deuxième est du même tonneau : est-ce que le département d'État a répondu de manière appropriée aux divers incidents ayant impliqué l'ouverture du feu de la part des employés de la société ? La dernière enfin : quel est, pour le contribuable américain, le coût réel de la sous-traitance auprès des sociétés militaires privées telles que Blackwater ? Quatre heures durant, assis à un bureau volontairement placé plus bas que l'estrade derrière laquelle siègent les représentants du peuple, Erik Prince, le fondateur de la société mise au banc des accusés, subit un feu roulant de questions toutes plus incisives les unes que les autres. Lorsqu'on lui donne la parole, il pointe de son stylo tantôt une photo, tantôt un document sur lequel un magnifique graphique coloré inonde de couleurs le blanc du papier. *Tragediente*, *commediente* : arborant tantôt une mine qui se veut persuasive, tantôt une moue dubitative, il tente d'infléchir l'attitude ouvertement agressive des juges qui lui font face. En faisant tout d'abord étalage de sa compassion, une technique de communication éculée : « Dans la mesure où il y a eu des victimes innocentes, je veux dire clairement que c'est tragique*. » Puis, contre vents et marées, il défend ses hommes : « Ils ont agi de manière appropriée. Il y a eu une série de jugements hâtifs, fondés sur des informations inexactes, et de nombreux rapports ont injustement attribué à Blackwater la responsabilité de la mort d'un nombre variable de civils. » Au passage, il tente de se retrancher derrière la présomption d'innocence : « Le Congrès ne doit pas se fonder sur ces affirmations avant qu'elles ne soient avérées**. » À court d'argument, il fait enfin vibrer la corde patriotique. Oui, les employés de sa société sont des professionnels confirmés qui risquent leur vie pour protéger des Américains. Mais les observateurs présents – la salle est pleine à craquer – comprennent très vite que rien n'y fera. Erik Prince est arrivé en accusé, c'est en accusé qu'il repartira. Il faut dire que la goutte d'eau qui a fait déborder un vase déjà bien rempli est une affaire ayant durablement accaparé la une des gazettes. Elle a, dans l'esprit du public, confirmé la réputation que traînent comme un boulet les employés de la société. Pour beaucoup d'Américains, après ce qui s'est passé à Bagdad, ces gens-là ne sont que de dangereux mercenaires à la gâchette facile.

* « Le dossier s'épaissit contre Blackwater », *www.lalibrebe.be*, 4 octobre 2007.

** « Blackwater sous le feu des questions du Congrès », *TF1/LCI*, 4 octobre 2007.

L'abus de bavures est dangereux pour la santé [1]

Hassan Jabir est avocat. Exercer cette profession dans la capitale irakienne en 2007, ce n'est pas une sinécure. Rien à voir avec les facilités dont jouissent les hommes de toge dans les villes occidentales, à l'exception cependant d'un point commun : les embouteillages. Ce 16 septembre à midi dans le centre de Bagdad, le square Nisour a des allures de place de la Concorde aux heures de pointe. Bien que pressé – il a rendez-vous au ministère de la Justice pour discuter d'un dossier en cours –, Hassan n'a pas d'autre solution que de se montrer patient : il est coincé dans une file de voitures avançant pare-chocs contre pare-chocs. En tête, trois gros véhicules tout-terrain civils intégralement peints en noir. Les minutes s'égrènent. Après un peu plus d'un quart d'heure, des Américains hurlent aux conducteurs irakiens l'ordre de faire demi-tour. Hassan obéit et commence à manœuvrer, il sait qu'il ne fait pas bon traîner là où les suppôts de l'Oncle Sam vocifèrent. Puis, soudain, sans aucun avertissement, sans raison apparente, un feu d'enfer se déchaîne. Le policier réglant la circulation est le premier à être fauché comme une quille. C'est la panique. Terrorisés, les civils sortent des voitures et cherchent désespérément un abri illusoire. En une fraction de seconde, Hassan se retrouve comme déconnecté du monde qui l'entoure : il est touché par deux balles. L'une perce son poumon gauche tandis que la seconde perfore ses entrailles. L'égarement ne dure qu'un instant car l'esprit d'Hassan se focalise sur une pensée unique, obsédante : s'il reste là à se laisser glisser dans l'inconscience, il est un homme mort. À grand peine, il continue à s'agripper désespérément au volant. Deux autres projectiles le frappent à l'épaule et à la main droite. C'en est trop, il s'évanouit. Il est finalement tiré de ce très mauvais pas par un détachement de forces spéciales irakiennes accouru au son de la mitraille [2]. Ce jour-là au square Nisour [3], 17 civils payent de leur vie le simple fait d'avoir croisé un convoi « protégé » par les gardes de Blackwater. Ce qui se passe ensuite est révélateur de la puissance acquise par les sociétés militaires privées américaines et de l'impuissance du gouvernement irakien contraint par son encombrant protecteur à supporter leur présence.

Comme il est d'usage en pareil cas, deux thèses s'affrontent. Marty Strong, le vice-président de Blackwater USA, exempte d'emblée « ses » hommes de tout comportement excessivement agressif. Quelques heures après les faits, il précise que les gardes ont été pris pour cibles par un « engin explosif de forte puissance puis par des tirs répétés d'armes légères* ». Bref, c'est de la légitime défense. Malheureusement pour Blackwater, des témoignages de civils, les autorités locales et même les militaires américains vont se charger dans les semaines qui suivent d'apporter un démenti cinglant à cette version. Trois jours après le drame, Ali al-Dabbagh, le porte-parole du gouvernement irakien, ouvre le bal. L'éminent personnage affirme qu'il y a bien eu détonation d'un engin explosif improvisé mais c'était si loin de la scène que cela ne peut avoir ému outre mesure les mercenaires endurcis de Blackwater. En fait, la distance était ce jour-là de 1 mile, soit 1,6 kilomètre. Que s'est-il passé ensuite ? Dès la détonation de la bombe, un policier en faction au square Nisour s'est mis en devoir de stopper le trafic afin de faciliter le passage du convoi protégé par Blackwater. Un conducteur n'a pas réagi assez rapidement. Un premier projectile a traversé le pare-brise de sa voiture, le tuant sur le coup. Mais le véhicule était muni d'une transmission automatique et a continué à avancer à petite vitesse selon les témoins, à grande vitesse selon Blackwater[4]. À partir de ce moment-là, la tuerie a échappé à tout contrôle. En fait, c'est depuis longtemps que Blackwater opérait en Irak en dehors de tout contrôle, protégée qu'elle était envers et contre tous par le département d'État. Une première passe d'armes montre à quel point ce parapluie était efficace.

Quelques heures seulement après le drame, le brigadier général Abdul Kareem Khalaf se laisse aller à faire une déclaration tonitruante : « Nous avons révoqué la licence permettant

* « Iraq battle was self-defense, security firm says », *CNN.com*, 18 septembre 2007.

à Blackwater d'opérer en Irak. À partir de maintenant, la société n'est plus autorisée à avoir des activités sur le territoire national. L'enquête est en cours et tous ceux qui sont responsables des meurtres de dimanche seront déférés devant la justice irakienne*. » Sans doute le porte-parole du ministère irakien de l'Intérieur aurait-il dû tourner sept fois sa langue dans sa bouche. Car une directive émanant de l'Autorité provisoire de la coalition et datée du 27 juin 2004 exclut formellement que les sociétés militaires privées répondent de leurs actes devant une quelconque juridiction irakienne. Et le département d'État a depuis belle lurette autorisé Blackwater à opérer sur place sans pour autant qu'elle ne détienne la « précieuse » licence attribuée par les autorités de Bagdad [5]. Du reste, même si celles-ci se mettaient en devoir d'arrêter les employés de Blackwater pour les traîner devant un juge irakien, sans doute auraient-elles à faire face à une crise diplomatique sans précédent. Car Erik Prince a prévenu : pas question de laisser faire [6]. C'est finalement Ali al-Dabbagh, le porte-parole du gouvernement irakien, qui se voit immédiatement contraint de tempérer les propos enflammés d'Abdul Kareem Khalaf : « Nous n'avons pas l'intention de les stopper ni de révoquer leur licence indéfiniment**. » Et si les véhicules de la société s'abstiennent d'apparaître dans les rues de Bagdad pendant quelques jours, cela n'a rien à voir avec une quelconque interdiction irakienne. La décision a été prise à Washington, car le spectre de Fallujah rôde. Les images des corps carbonisés traînés dans les rues par une foule en délire sont encore dans toutes les mémoires. Realpolitik, donc, de la part d'un gouvernement irakien aux abois qui n'a aucun moyen d'imposer ses décisions à son encombrant libérateur. Une Realpolitik qui contraste fortement avec la morgue adoptée en privé par certains diplomates américains. L'un d'eux serait allé jusqu'à dire à propos du Premier ministre irakien : « Nous révoquerons la licence d'al-Maliki avant qu'il ne révoque la

* *Ibid.*

** « Diplomatic Convoys Suspended in Iraq », *Associated Press*, 19 septembre 2007.

licence de Blackwater* ! » Car entre le département d'État et Blackwater, c'est un amour fou qui se traduit par un aveuglement coupable.

Blackwater n'en est pas à son coup d'essai et Washington a obstinément fermé les yeux. Le département d'État reconnaît lui-même que, sur les dix premiers mois de l'année 2007, les employés de la société ont été impliqués dans 56 incidents ayant occasionné l'utilisation d'armes à feu. Avec un ratio nettement plus élevé que les autres sociétés. Par exemple 56 incidents pour l'escorte de 1 873 convois contre 10 incidents pour environ 1 500 convois s'agissant de DynCorp sur l'ensemble de l'année 2006. Ou encore 32 échanges de tirs pour 3 200 convois toujours concernant DynCorp en 2005[7]. Lorsque la commission de la Chambre des représentants se penche sur le cas de la société en prélude à l'audition de son directeur exécutif Erik Prince, ce qu'elle découvre est tout aussi ahurissant. Sur trois ans entre 2004 et 2007, Blackwater se voit contrainte de congédier 122 de ses employés travaillant en Irak soit à peu de choses près 15 % des effectifs présents sur place. Et aucun de ces 122 employés ne fait l'objet d'une quelconque poursuite judiciaire. Pourtant, certains motifs sont à l'évidence condamnables. C'est par exemple ce soudard qui, ivre, tue un des gardes du corps protégeant l'un des deux vice-présidents irakiens. Un officiel du département d'État est chargé de s'assurer que l'employé en question est bien « exfiltré » vers les États-Unis dans les trente-six heures suivant les faits. Au total, sur les 122 congédiés, 28 le sont pour des incidents impliquant des armes à feu, 25 pour des faits relatifs aux stupéfiants ou à l'alcool, 16 pour attitude obscène et 10 pour comportement violent. La conclusion du mémorandum rédigé par la commission de la Chambre des représentants est sans ambiguïté : « Blackwater est légalement et contractuellement contrainte à n'utiliser la force de manière défensive que dès lors qu'il s'agit de prévenir un "danger grave et imminent" à l'encontre de ses propres employés ou d'autres

* « 'We'll revoke Al-Maliki's licence first' », *Al-Ahram Weekly*, 27 septembre 2007.

personnes. Dans la pratique cependant, une écrasante majorité des cas d'utilisation des armes par Blackwater concerne un usage préemptif, les employés de la société tirant les premiers sur un véhicule ou un individu suspect avant d'être eux-mêmes pris pour cibles*. » L'attitude passive des diplomates américains est tout aussi sévèrement stigmatisée : « Il n'existe aucune preuve dans les documents auxquels le comité a eu accès attestant du fait que le département d'État ait cherché à tempérer de quelque manière que ce soit les ardeurs de Blackwater ou se soit ému du nombre de cas impliquant l'usage d'armes à feu par les employés de la société ou se soit étonné du pourcentage élevé de cas au cours desquels ces mêmes employés ont utilisé leurs armes en premiers**. » Pire : dans les mois précédent la date fatidique du 16 septembre 2007, les pontes du département d'État ignorent systématiquement les avertissements de leurs propres troupes. Sur le terrain, celles-ci sont quotidiennement confrontées à la brutalité des hommes de Blackwater et tentent de limiter les dégâts auprès d'une population irakienne excédée. Certains diplomates vont jusqu'à comparer la situation à « une bombe susceptible d'exploser à tout moment*** ». Janessa Gans, elle, reste en poste à Bagdad pendant deux ans. Elle en vient à se demander si cela vaut le coup de continuer à rencontrer les responsables irakiens. Car chaque fois qu'elle se déplace, c'est pour assister, impuissante, aux exactions des gorilles de Blackwater et à la montée du ressentiment qu'ils provoquent au sein de la population. Un jour qu'elle se rend à Irbil pour un meeting avec un leader kurde, le gros véhicule de Blackwater dans lequel elle a pris place percute délibérément une voiture brinquebalante tardant un peu trop à libérer le passage sur une portion de route étroite. Le tacot à bout de souffle dans lequel

---

* Peter Spiegel, « Blackwater depicted as an aggressor », *The Los Angeles Times*, 2 octobre 2007.

** John Broder, « Report Says Firm Sought to Cover Iraq Shootings », *The New York Times*, 2 octobre 2007.

*** Paul Richter, « State Dept. ignored Blackwater warnings », *The Los Angeles Times*, 7 octobre 2007.

ont pris place un vieil homme, une jeune femme et trois enfants est violemment jeté contre les barrières de sécurité sans que quiconque dans le convoi américain s'en émeuve ou s'arrête pour leur porter secours. Janessa se souvient encore du regard de terreur dans les yeux d'un des enfants lorsqu'il a vu arriver sur lui le lourd véhicule blindé conduit par un géant aux lunettes noires. D'ordinaire silencieuse, Janessa Gans demande cette fois-ci des explications à son chauffeur. La réponse lui glace le sang : « Madame, nous sommes entraînés à considérer tous les individus comme des menaces potentielles. Vous ne savez jamais ce qu'ils peuvent utiliser comme leurre ni même d'où le danger peut venir. Les terroristes se déguisent sous les traits de n'importe qui. » Avec le sens de la répartie propre aux diplomates, Janessa Gans ne peut s'empêcher de répondre : « Eh bien, si ces gens-là n'étaient pas des terroristes avant, ils le sont certainement devenus maintenant* ! » On est là très loin de l'image policée revendiquée par la « com » de Blackwater qui présente la société comme ne recrutant que des professionnels aguerris, responsables et maîtres d'eux-mêmes ainsi que de leurs armes.

Et pourtant, la société n'a pas toujours été au banc des accusés. Les images de quatre cadavres carbonisés traînés dans les rues de Fallujah lui ont même un temps conféré le statut médiatique de victime.

Quatre hommes, quatre destinées

À Hawaii, l'Hamakua Coast est très certainement ce qui se rapproche le plus de l'idée que l'on se fait généralement du paradis terrestre. Ses longues falaises sauvages et escarpées couvertes d'une végétation luxuriante plongent directement dans un océan d'un bleu profond. Pour passer à table, pas besoin de fréquenter le supermarché. Papayes, goyaves et cochons sauvages abondent. Et puis de supermarché, il n'y en a pas.

---

* Janessa Gans, « I survived Blackwater », *The Los Angeles Times*, 6 octobre 2007.

Car l'essentiel de l'activité touristique est concentré sur la Koala Coast, de l'autre côté de l'île. Ici, les jeunes n'ont aucun avenir. Ils n'en ont pas beaucoup plus de l'autre côté, du reste. Car le recrutement local au profit des hôtels au luxe insolent concerne exclusivement des factotums que l'on corsète d'un uniforme avant de leur faire accomplir les basses besognes. Quand une fois sorti du collège, Bata, de son vrai nom Wesley John Kealoha Batalona, doit se choisir une voie, il est donc un peu perdu. Il en parle à Bert Shibata, son beau-frère. Cet ancien parachutiste tient au jeune homme originaire de l'Hamakua Coast un langage abrupt, sans fioritures : « Tu as trois options, lui dit-il, aller au lycée, devenir policier ou t'engager dans l'armée ! » Bata opte pour cette dernière solution. Et tant qu'à faire, il choisit une unité d'élite, le 75e Régiment de rangers, dont il rejoint bientôt le 1er Bataillon. Il saute au Panama, participe à la première guerre du Golfe puis, en octobre 1993, est jeté dans la fournaise somalienne. Les images télévisées des cadavres de soldats américains profanés par une foule en délire dans les rues de Mogadiscio font le tour du monde. Un sombre présage.

Quand Bata quitte l'armée en 1994, il s'installe dans un premier temps à proximité de Fort Stewart et trouve un emploi dans un bureau de prêteur sur gages. Puis végète pendant six ans, le temps pour sa fille Kristal d'atteindre l'âge de rentrer à l'université ; l'ex-ranger et son épouse regagnent alors Hawaii. Le seul emploi que Wesley Batalona réussit à y décrocher est un poste de vigile à l'hôtel Hilton du Waikoala Village. Le luxe tapageur affiché par l'établissement et les gadgets clinquants mis à la disposition des touristes valent à ce lieu de villégiature un surnom à sa mesure : Disneyland. Bata s'y morfond à sourire aux mioches capricieux traînés là par des parents aux poches bourrées de dollars. Bata, lui, a des difficultés à payer les traites de sa maison. Et puis l'ancien ranger voudrait bien aider les jeunes du coin à s'en sortir mais monter le projet qu'il a en tête nécessite de l'argent, beaucoup d'argent. Il faut ce qu'il faut : en octobre 2003, Wesley signe un contrat chez Vinnell pour aller entraîner les forces armées irakiennes en pleine reconstruction. Mais l'affaire tombe à l'eau au bout d'un mois et Bata se retrouve sans emploi en compagnie d'un camarade, Jerry Zovko. Quand les deux compères apprennent que Blackwater recrute, ils n'hésitent pas. En février 2004, Wesley Batalona est de retour en Irak[8].

Jerry Zovko : un drôle d'oiseau, celui-là. Winston Churchill disait de l'Union soviétique qu'elle était un mystère enveloppé dans une énigme. Eh bien cette définition va comme un gant à Jerry Zovko. Bob Coleman l'a côtoyé chez Vinnell lorsque tous les deux officiaient comme instructeurs à Kirkush, en Irak. Il n'était pas loin de penser que l'homme était en fait une taupe de la CIA chargée de recruter des informateurs parmi les cadres de la future armée irakienne. Car on ne prête qu'aux riches et tout dans le parcours de Jerry Zovko est inhabituel. À commencer par l'origine de ses parents.

Jusque dans les années 1970, la région qui va de Chicago à l'océan Atlantique en suivant les rives des Grands Lacs était appelée la *manufacturing belt*, la ceinture des usines. Aujourd'hui, on l'appelle la *rust belt*, la ceinture de rouille : c'est tout dire. Le déclin des industries lourdes provoque un exode massif des populations. La ville de Cleveland, pour ne parler que d'elle, passe de 914 808 habitants en 1950 à 478 403 en l'an 2000. C'est dans cette métropole sinistrée qu'échouent les parents de Jerry Zovko au début des années 1970 : indépendamment l'un de l'autre, ils ont tous deux réussi à fuir la Yougoslavie. Sa mère, Danica, est croate tandis que son père, Jozo, vient d'un village de Bosnie-Herzégovine. À la maison, l'Église, l'identité croate, la démocratie américaine ainsi qu'un fort sentiment d'anticommunisme primaire prennent toute la place. Jerry a 19 ans lorsqu'en juin 1991 toute la famille se paie une escapade. Direction : la Yougoslavie, la terre des ancêtres. La maisonnée y débarque le 25, jour choisi par la Croatie pour déclarer son indépendance. Peu après, les chars serbes entrent dans la danse. Pour Jerry Zovko, c'est un choc. Revenu entre-temps aux États-Unis, il quitte l'université, jette aux orties son ambition de devenir psychiatre et s'engage.

Après ses classes, il est affecté dans une unité de police militaire à Fort Bragg. Cela ne le satisfait guère. Il aurait pu se laisser embourgeoiser par le ronron de la vie de garnison, mais non. Au lieu de cela, il se porte volontaire pour le stage commando chez les rangers, l'un des plus éprouvants de toutes les forces armées américaines. Là comme ailleurs, Zovko se fait remarquer par un solide sens de l'individualité, ce qui lui vaut une certaine méfiance de la part de sa hiérarchie.

En 1995, il est envoyé en Bosnie. Quoi de plus naturel puisqu'il en parle la langue. Une première bizarrerie, en revanche : sous prétexte qu'il pourrait y être identifié par des gens de sa famille, il utilise un nom d'emprunt. Et pourtant, depuis 1991, son physique a tellement changé que certains de ses amis ne le reconnaissent même plus quand ils le croisent dans la rue. Nouveau nom, nouveau physique : tout pour faire un bon espion. Jusip Bevanda, un ami d'enfance, pense qu'à l'époque il était impliqué dans des opérations sous couverture, du genre de celles qu'un pays s'interdit de revendiquer. Mûri par cette première expérience, Zovko pose sa candidature pour les forces spéciales. Il n'y fait pas long feu : il est jugé trop peu conventionnel par des soldats dont la marque de fabrique est précisément de revendiquer leur qualité de guerriers non-conventionnels !

Pour les uns, il quitte l'armée en 1997. 1998, disent les autres. Ou 2001 selon certaines sources. On ne sait pas trop. Toujours est-il que c'est à Dubai qu'Howard Hadfield, un ancien camarade de Fort Bragg, retrouve le personnage en décembre 2000. Enfin, le retrouve, façon de parler : Jerry Zovko prétend s'être converti à l'islam et parle l'arabe couramment. Howard Hadfield reste chez lui pendant une dizaine de jours mais ne réussit pas à déterminer ce que Jerry fait là. Et surtout, il a le sentiment qu'il dérange. Puis Zovko disparaît des écrans radars avant de réapparaître à Cleveland en août 2003. C'est alors qu'il signe un contrat avec Vinnell et refait sa valise une fois de plus. Destination : l'Irak. Il s'y signale par sa parfaite discipline et une rigueur à l'américaine qui ne fait pas recette auprès des recrues irakiennes. En novembre, nombre d'entre elles regagnent leurs pénates pour le ramadan. Très peu reviennent. Zovko quitte Vinnell mais les gens comme lui ne restent pas inactifs très longtemps : il ne tarde pas à signer avec Blackwater Security Consulting [9].

Le môme n'a que 4 ans. Une poignée de joueurs de football américain du collège voisin l'asticote : « Eh ! Qu'est-ce que tu fais là ? La piscine, c'est pour les grands ! » La trombine du mioche se renfrogne, il n'en peut plus, il ne va pas tarder à éclater en sanglots. Enfin, c'est ce que feraient les autres. Mais cet enfant-là n'est pas comme les autres. Scott Helvenston est déjà un dur, un vrai. Avant que le maître nageur ne puisse réagir, il se rue vers le plongeoir, arrache avec colère sa brassière de flottaison et saute. Puis il traverse en nageant toute la longueur de la piscine. Sous l'eau, en apnée.

À l'école, Scott Helvenston n'arrêtait pas d'avoir des problèmes de discipline, la Marine américaine allait se charger de le remettre sur les rails. Quand il signe son dossier d'engagement en juin 1982, il s'est fixé un but : les SEAL, les nageurs de combat des forces spéciales, ce qu'il y a de mieux. La suite est pour lui un conte de fées. Il réussit avec brio les stages les plus difficiles, devient instructeur en matière de parachutisme, se marie et remporte les championnats militaires mondiaux de pentathlon. En 1992, une algarade avec un officier le pousse vers la sortie. Qu'importe ! Il devient la coqueluche d'Hollywood. L'argent coule à flots, il s'offre une résidence de style espagnol dont les baies vitrées plongent dans le bleu azur de l'océan Pacifique. Il entraîne Demi Moore, vedette principale du film de Ridley Scott, *GI Jane*, sorti en 1997 et qui fait la une du box-office français sous le titre de *À armes égales*. Le scénario raconte les démêlés sexistes de la première candidate féminine volontaire pour intégrer les rangs des commandos SEAL. Scott Helvenston ne s'arrête pas en si bon chemin : il lance une ligne de produits de fitness puis participe à des reality shows. L'un d'entre eux, « Missions de combat », voit différentes équipes s'affronter lors de parcours d'obstacles, de séances de tir sur cible et de missions spéciales chronométrées. Bombardé chef de l'équipe Delta, Scott Helvenston s'y fait surtout remarquer par son individualisme.

Mais l'âge d'or touche à sa fin. Même à Hollywood, le fitness ne fait plus recette. C'est la dégringolade : la résidence est vendue et Scott divorce. L'argent manque. Mais pas seulement : l'ex-SEAL éprouve une pointe de nostalgie envers les années qu'il a passées dans les commandos. La camaraderie, le challenge d'une mission à réussir lui manquent. Il commence par poser sa candidature chez DynCorp mais le travail – assurer une année durant la protection du président afghan Hamid Karzaï – ne lui plaît qu'à moitié. Il se rétracte. Finalement, c'est chez Blackwater qu'il signe [10].

On sait très peu de choses sur Michael Teague. Deux heures avant le drame, il envoie à un ami resté au pays un e-mail au ton enthousiaste. Il y déclare aimer l'Irak et y avoue sa grande satisfaction d'avoir décroché un travail agrémenté d'un salaire « à six chiffres ». Son passé, il faut le chercher du côté de Fort Campbell. C'est là que niche le 160e Régiment d'aviation d'opérations spéciales, une unité d'hélicoptères ultrasecrète chargée de l'infiltration clandestine des commandos. Les initiés les appellent les « Night Stalkers », les rôdeurs nocturnes, en raison de leur propension à voler en rase-mottes dans l'obscurité. De préférence par un temps de chien lorsque la pluie et le vent étouffent le ronflement sourd des turbines ainsi que le claquement des pales. Un exercice pour lequel il faut des nerfs d'acier. Justement, ceux de Michael Teague sont inoxydables, raison pour laquelle on le surnomme « Ice Man », l'homme qui reste de glace. Le régiment, il y sert pendant quinze ans. Il est de tous les coups durs : la Grenade, le Panama, la Somalie. Rendu à la vie civile, il décroche une place d'instructeur de tir pour l'État du Tennessee et travaille dans la protection des personnalités ; on le voit aussi porter l'uniforme d'officier de police dans une réserve fédérale. Mais après septembre 2001, l'armée estime avoir besoin de ses talents : il est réactivé et intégré douze mois durant à un groupe de forces spéciales opérant en Afghanistan [11]. Il y gagne la Bronze Star. Aux États-Unis, il s'agit de la quatrième plus haute distinction décernée pour actes de bravoure et d'héroïsme.

Fallujah la maudite

Ce 30 mars 2004, il est 23 h 00 quand Jason Shupe arrive à Bagdad. Il est groggy. Bombardé chef de l'équipe Bravo 2 de Blackwater, lui et ses cinq hommes débarquent directement des États-Unis. Atterrissage au Koweït, juste le temps de transborder les bagages et direction Bagdad par la route. L'équipe est accueillie dans la capitale irakienne par Tom Powell, le manager du site pour la société. Presque immédiatement, après les politesses d'usage, une tension naît entre les deux hommes :

– Il est possible que vous soyez envoyés en mission dès demain matin.

– Nous n'avons pas encore récupéré du décalage horaire et puis nos armes ne sont pas réglées ! J'avais prévu de prendre une journée pour le faire !

– Écoutez, mon vieux, ici vous n'êtes plus au Koweït, vous êtes dans le grand bain ! Briefing demain à 07 h 30 à mon bureau. On saura alors si oui ou non vous partez en mission.

Le lendemain matin, c'est un Jason Shupe encore comateux qui émerge difficilement du sommeil quand il entend frapper à sa porte. Il est 06 h 45 et c'est Tom Powell qui passe sa tête par l'entrebâillement :

– La mission est confirmée. Rendez-vous dans mon bureau avec Jason Suits, votre assistant.

Quelques minutes plus tard, ils sont quatre dans la pièce sommairement meublée. Le boss prend la parole :

– Bien. Vous devez vous rendre à la frontière jordanienne pour y prendre en charge un cadre de la société ESS. Il a son propre véhicule. Vous partez à deux voitures et, au retour, il intercalera la sienne entre les deux vôtres. Deux hommes par véhicule…

– Deux hommes par véhicule ? C'est irresponsable !

Sur la route, les membres d'équipage surveillent constamment les abords, c'est une mesure de sûreté élémentaire. Pour cela, l'habitude est de partir à trois hommes qui se partagent automatiquement les 360° du champ de vision. Avec deux hommes seulement, impossible de garder un œil sur les arrières. Le chef de site ne se laisse pas démonter pour autant :

– Les gens qui travaillent à Fallujah le font avec quatre hommes, vous pouvez accomplir cette mission avec quatre hommes. Control Risks Group opère régulièrement avec quatre hommes et c'est comme cela que nous allons opérer désormais !

– On pourrait éventuellement le faire avec quatre mais cela n'a aucun sens si on dispose d'équipes à six hommes !

– J'ai besoin de deux d'entre vous ici.

– Nous luttons encore contre le décalage horaire, nous n'avons pas réglé nos armes, nous n'avons pas de carte et aucun d'entre nous ne connaît la route !

– Pour la route, c'est facile : vous prenez vers Fallujah que vous traversez en direction d'Al-Ramiadia et ensuite tout droit vers la frontière. Vous avez un GPS.

– Mais le contrat avec ESS n'est effectif qu'à partir du 3 avril !

– Cela suffit. Cessez de discutailler. Vous faites votre travail et moi je ferai le mien !

C'est un ultimatum, il faut se soumettre ou se démettre. L'équipe Bravo 2 se concerte et décide d'obtempérer : elle part à quatre. Vers 10 h 00, les véhicules sont à deux doigts de quitter l'autoroute n° 10 pour traverser Fallujah comme on le leur a indiqué : ils ratent la bretelle de sortie. Jason Shupe fait demi-tour mais au dernier moment, il a un doute. Il est parvenu à dénicher une carte et fait le point au GPS. Finalement, il décide de continuer sur l'autoroute n° 10. Cela lui sauve la vie, à lui et à ses camarades : s'ils avaient effectivement bifurqué, ils auraient pénétré dans le centre-ville de Fallujah, là où, depuis une demi-heure déjà, le drame est consommé [12].

Car ce jour-là, une autre équipe, November 1, reçoit également l'ordre de partir à quatre hommes. Mission : escorter trois camions en direction du camp Ridgeway, une base américaine à l'ouest de Fallujah qu'il faut traverser en passant par le centre-ville. La composition du convoi est la suivante : en tête, un premier véhicule dans lequel ont pris place Wesley

Batalona et Jerry Zovko, puis les trois camions, puis le deuxième véhicule de protection avec à son bord Scott Helvenston et Michael Tague. En queue de colonne, l'absence d'un troisième homme se fait sentir : personne ne surveille les arrières. Et c'est précisément de l'arrière que vient l'attaque.

31 mars 2004, un peu avant 09 h 30. Dans son SUV Mitsubishi Pajero, Jerry Zovko guide le convoi qui sort de l'autoroute n° 10 pour traverser Fallujah. Sans le savoir, les cinq véhicules entrent dans la zone dangereuse où des groupes terroristes montent des embuscades par principe un peu comme des chasseurs qui ne savent pas en partant de bon matin s'ils vont revenir bredouilles ou le carnier plein à craquer. Une fois le dispositif jeté, les insurgés y attendent patiemment tout « client » qui serait assez fou pour venir s'enfermer dans la nasse. Bref, un genre de roulette russe à la mode irakienne. Ce jour-là justement, la rue est déserte alors que, d'habitude, elle grouille de monde. Cet indice d'alerte, les employés de Blackwater ne le relèvent pas et pour cause : ils ne connaissent pas le terrain. De toute manière, il est déjà trop tard. Venue sans crier gare, la première rafale prend pour cible le véhicule de queue. C'est ensuite l'engin de tête qui essuie un feu nourri. Plusieurs tireurs armés de Kalachnikov vident chargeur sur chargeur ; deux grenades explosent. Trois des agents de Blackwater sont tués sur le coup. Grièvement blessé, le quatrième est achevé sans pitié. Une quinzaine de jeunes agglutinés devant un restaurant s'approche ; la foule grossit rapidement. Soudain, des flammes surgissent, ronflent, le feu dévore tout. La suite, on la connaît. Les quatre cadavres carbonisés sont profanés, deux d'entre eux sont suspendus aux poutrelles métalliques d'un pont après avoir été trainés sur plus de 3 kilomètres. Tout cela aux cris de « Dieu est grand ! ». Il faut six heures aux policiers irakiens pour arriver sur les lieux, disperser la foule et accéder aux corps mutilés. Ou du moins ce qu'il en reste [13]. À Bagdad, chez Blackwater, la première réaction est de mettre sur pied un détachement de secours pour foncer vers Fallujah. Heureusement, l'idée est rapidement abandonnée.

Ignorante du drame, l'autre équipe poursuit sa route vers la frontière jordanienne. C'est là que Jason Shupe reçoit la mauvaise nouvelle, mais les informations restent vagues. Tom Powell n'est pas très explicite. Le chef de Bravo 2 comprend vite que le manager est un tantinet dépassé par les événements. Au retour, il prend la précaution de faire un vaste crochet pour éviter Fallujah. Le lendemain, encore sous le coup de la colère, Daniel Browne, un membre de Bravo 2, rédige un rapport très critique contre Tom Powell. En introduction du texte, cette question : « Pourquoi est-ce que nous voulons le tuer tous autant que nous sommes* ? »

Pourtant, sans doute les responsabilités sont-elles plus diluées que le compte-rendu vengeur de Daniel Browne ne le laisse supposer. Presque trois ans après les faits, le comité de la Chambre des représentants en charge des réformes gouvernementales se penche sur la question. Le rapport[14] qu'il rédige mentionne que, la veille du drame, soit le 30 mars 2004, Tom Powell a justement envoyé un e-mail estampillé « urgent » aux principaux cadres de Blackwater Security Consulting, y compris au directeur en Caroline du Nord ainsi qu'au chef de projet résidant au Koweït. Sous le titre « la vérité telle que constatée sur le terrain », le texte est ainsi libellé : « J'ai besoin de nouveaux véhicules. J'ai besoin de nouveaux postes radio. J'ai besoin de munitions, de pistolets automatiques Glock, de fusils d'assaut M4. [...] J'ai, depuis le début, demandé que l'on m'envoie des véhicules protégés. » Le comité se montre en outre extrêmement critique envers la société. Après avoir entendu des témoins oculaires et épluché les rapports d'enquête, ses sages concluent que les éléments recueillis « sont en contradiction flagrante avec les affirmations de Blackwater selon lesquelles les équipes qui ont été envoyées étaient suffisamment bien équipées et ont bénéficié d'une préparation satisfaisante ». Bien au contraire, les informations portées à la connaissance des membres du comité dressent le portrait « d'une société qui a ignoré les multiples avertissements quant

* Joseph Neff, « Blackwater manager blamed for 2004 massacre in Fallujah », *newsobserver.com*, 8 juillet 2007.

aux dangers inhérents à la traversée de Fallujah, a réduit le nombre d'agents jugé essentiel pour accomplir la mission et n'a fourni à ses équipes ni véhicule blindé, ni mitrailleuse, ni renseignement suffisamment précis sur l'ampleur de la menace, ni même une simple carte de la zone ». La peau des hommes de Blackwater ne valait donc pas plus que l'épaisseur d'une tôle des véhicules utilisés, de simples tout-terrain civils à vocation récréative. Ce verdict allait contribuer à l'émergence d'une tendance générale à l'alourdissement des engins opérant en Irak, tendance ayant abouti *in fine* à un gigantesque contrat d'achat de blindés à roues pesant plusieurs milliards de dollars.

L'homme a les yeux dans le vide, il est totalement indifférent aux bruits qui l'entourent. Ceux qui ont croisé son regard l'espace d'un court instant y ont lu une tristesse incommensurable. Certains affirment même avoir vu une grosse larme creuser un sillon de souffrance le long de sa joue mal rasée. Et pourtant, c'est un dur, un ex-SEAL. Mais à quelques mètres de lui, dans le même avion, quatre cercueils alourdissent singulièrement l'atmosphère. Chris Berman ramène au pays les corps carbonisés des quatre employés de Blackwater victimes de l'embuscade mortelle de Fallujah. Il s'en est fallu de peu qu'un de ces quatre cercueils ne soit le sien. Il avait été désigné pour la mission mais, au dernier moment, avait été affecté à un autre équipage chargé d'escorter des civils se rendant au camp Bucca. Sur le tarmac de la base aérienne de Dover, capitale de l'État du Delaware, Chris Berman regarde s'éloigner trois des quatre cercueils. Le quatrième, il doit faire encore un bout de chemin avec. Destination : la Floride. Après être resté absent un long moment, l'homme s'ébroue puis murmure à l'adresse des restes de Scott Helvenston : « Scotty, mon vieil ami, je te ramène à ta mère. »

Ce qui n'était pour Chris Berman qu'une vague idée avant les funérailles est devenu après une véritable obsession : il faut faire quelque chose. Il en est là de ses pensées quand, conduisant la voiture louée pour l'occasion, il passe devant un concessionnaire Ford. Pris d'une inspiration subite, il se range dans le parking, descend et se dirige vers le hall d'exposition. Là, il tombe en arrêt devant un utilitaire F-550. Il se glisse dessous et inspecte le châssis : c'est du solide. Le modèle peut être au choix équipé d'un V10 essence de 6,8 litres de cylindrée ou d'un V8 Turbo Diesel, ce dernier développant 350 chevaux : plus qu'il n'en faut pour encaisser une surcharge conséquente. C'est décidé : il va monter sa propre boîte et construire des véhicules blindés qu'il va vendre aux gardes du corps sillonnant les routes d'Irak. Trois ans plus tard, Chris Berman est à la tête de deux entreprises. Tandis que Granite Tactical Vehicles opère en Caroline du Nord, Granite Global Vehicles est quant à elle installée au Moyen-Orient. Les deux sociétés commercialisent trois modèles. Principalement destiné aux contractors, « The Rock » est produit au Koweït. Les deux autres engins, « The Rock Security Vehicle » et « The Rock Mine Ballistic » sortent de l'usine américaine.

C'est là un créneau dans lequel Blackwater s'investit également. Car Erik Prince est avant tout un gestionnaire. Il s'est donc empressé d'appliquer aux événements de Fallujah et du square Nisour la conduite à tenir prescrite en pareil cas par le vade-mecum du parfait chef d'entreprise : faire donner la « com » pour arrondir les angles, en tirer les enseignements, corriger le tir (si l'on peut dire…) et passer à autre chose. Un comportement qu'il n'a pas eu trop de mal à avoir : dans les coups durs, il en faut pour qu'il s'emballe. Lors de son passage dans les forces armées, il a prouvé qu'il était doté d'une solidité émotionnelle à toute épreuve. Il n'a pas été un militaire lambda, un pousse-cailloux, un bidasse tout juste bon à exécuter les ordres de travers. Non : il a appartenu aux unités SEAL, c'est un ancien nageur de combat de l'US Navy rompu aux opérations clandestines.

Un commando chez les actionnaires

SEAL, c'est l'abrégé de *Sea, Air, Land* (mer, air, terre). Cela signifie que ces soldats d'exception maîtrisent tous les moyens d'infiltration, qu'ils soient maritimes, terrestres ou aériens. Si le Pentagone a besoin de casse-cou capables de sauter à

8 000 mètres d'altitude par une température polaire sous masque à oxygène puis de planer sur des dizaines de kilomètres suspendus à un frêle parachute de toile nylon, il fait appel aux SEAL. Si c'est au-dessus de l'océan qu'il faut sauter pour se transformer instantanément en homme-grenouille surentraîné dès l'amerrissage, les SEAL savent faire. Ils sont sans doute ce que les forces armées de l'Oncle Sam produisent de plus affûté, de plus dur, de plus impitoyable aussi. Un physique d'une endurance extrême avec des nerfs d'acier. Les volontaires pour ce corps d'intervention très spécial subissent d'entrée de jeu un cycle de sélection au cours duquel 60 à 75 % d'entre eux, pourtant choisis sur dossier parmi les meilleurs, sont éliminés. L'écrémage culmine avec Hell Week, la « semaine de l'enfer », cinq jours et demi d'exercices physiques en continu dans le froid et l'humidité avec quatre heures de sommeil. Pas quatre heures par jour, non. Quatre heures pour l'ensemble de la semaine. À l'issue, les survivants ne sont plus que des zombies ambulants. Erik Prince, c'est cela, tout autant qu'un homme idéalement placé au carrefour de la libre entreprise, des élites militaires, de valeurs religieuses fortes et d'une vision très conservatrice de la société. Mais de l'avis d'Andy Messing, ex-officier des forces spéciales américaines, le fondateur de Blackwater est aussi et avant tout « l'un des hommes les plus riches qui aient jamais servi dans les forces armées* ».

Car lorsque l'enfant pousse ses premiers cris le 6 juin 1969 à Holland, dans le Michigan, papa Prince a les poches cousues d'or. Prince Automotive, sa société qui produit des accessoires pour automobiles, emploie 4 500 cadres et ouvriers travaillant dans huit usines dont six à Holland même. C'est le plus gros employeur de la contrée. Surnommée « la ville des tulipes », Holland la bien-nommée est située dans une région peuplée d'émigrés bataves dont la foi est acquise à l'Église réformée ; c'est d'ailleurs par des calvinistes que la localité a été fondée en 1847 sur les rives du lac Macatawa non loin du lac

---

* Joseph Neff & Jay Price, « Erik Prince thought he saw an opportunity as the U.S. military began to shrink. He was right », *newsobserver.com*, 28 novembre 2005.

Michigan. Elle compte un peu plus de 35 000 âmes toutes entières dévouées à la religion, ce qui veut dire qu'on y rigole peu mais qu'on y travaille dur. C'est dans cette atmosphère de rigueur morale que grandit Erik Prince. Le futur fondateur de Blackwater en conservera un sens de l'engagement : à l'âge où d'autres se contentent de mener une vie oisive aux crochets de parents richissimes, il est pompier volontaire.

Le jeune écolier use tout d'abord ses fonds de culotte sur les bancs de la Holland Christian School puis fréquente le Hillsdale College. Si l'on devait choisir une expression pour décrire le credo qui y règne, ce serait celle-ci : « libre entreprise », à tel point qu'il a parfois été qualifié de « Mecque de l'économie de marché ». Comme il se doit, la religion y tient aussi une place prépondérante puisque la charte précise que les cours sont dispensés dans une atmosphère de reconnaissance envers Dieu pour ses bienfaits [15]. Quant à l'orientation politique, pas besoin de chercher loin pour la trouver : Larry Arnn, président de l'établissement, se plaisait à rappeler en novembre 2002 qu'Abraham Lincoln était l'ami de nombreux enseignants ayant exercé leur art entre ces murs. Et que le président de la première convention républicaine n'était autre qu'Austin Blair, membre du corps professoral [16]. Au sein de ce collège bon chic bon genre, Erik Prince fait preuve d'une précocité peu commune qu'un de ses professeurs, Gary Wolfram, lui reconnaît en ces termes : « Ce qu'il y a de bien chez lui, c'est qu'il comprend les interrelations entre le marché et le système politique*. » Déjà...

À l'époque, le futur fondateur de Blackwater multiplie les stages utiles dans les cercles bien-pensants. On le voit tout d'abord fréquenter à Washington le Family Research Council, un organisme conservateur qui, dans une atmosphère de ferveur religieuse, se fait le champion de la famille en tant que principe fondateur de la civilisation. Erik Prince fait peu après sa première expérience politique en intégrant le staff du représentant républicain Dana Rohrbacher où il se spécialise dans l'analyse des affaires militaires. Puis, honneur suprême, il est

---

* *Ibid.*

recruté par la Maison-Blanche dont le locataire est alors George Bush père. Certes, il n'est pas d'accord avec tout ce qu'il y voit, lit ou entend mais n'en profite pas moins pour remplir les quelques pages encore vierges de son carnet d'adresses. Dans la famille, il n'est pas le seul à fréquenter les milieux politiques : sa sœur Betsy a été présidente de la section du Parti républicain pour le Michigan. Elle épouse Dick DeVos, fils de Richard DeVos, le cofondateur d'Amway, l'une des plus grosses fortunes des États-Unis. Dick DeVos a lui aussi des ambitions : en 2006, il est candidat au poste de gouverneur là encore pour le Michigan. Malgré l'une des campagnes les plus dispendieuses de toute l'histoire politique américaine, le multimilliardaire est battu par Jennifer Granholm, la candidate démocrate.

Erik Prince ne fait aucun mystère de son orientation politique. À tel point qu'une rumeur ne tarde pas à se répandre : être républicain est une condition indispensable à l'embauche chez Blackwater. Chris Taylor, ancien vice-président de la boîte, s'insurge : « Les connexions républicaines n'ont rien à voir avec Blackwater. Dans l'entreprise, il y a des cadres de haut niveau qui sont démocrates. Si Erik a des opinions conservatrices, je n'ai jamais entendu dire qu'il faille avoir les mêmes pour y entrer*. » En octobre 2007, une poussée de fièvre électorale est même l'occasion pour John Edwards, candidat démocrate au poste de président des États-Unis, de mettre au jour une connexion entre Erik Prince et une figure de son propre parti. Également candidate, Hillary Clinton se fait conseiller par un stratège de campagne, Mark Penn. Celui-ci est président de la société Burson-Marsteller à laquelle est rattachée une filiale spécialisée dans le lobbying, BKSH & Associates Worldwide. Or, BKSH conseille Erik Prince quand celui-ci prépare sa comparution devant la commission de la Chambre des représentants le 2 octobre 2007[17]. Mais ce rapprochement tiré par les cheveux ne trompe personne. S'il fallait s'en convaincre, il suffirait sans doute d'évoquer le

* James Risen, « Blackwater Chief at Nexus of Military and Business », *The New York Times*, 8 octobre 2007.

montant des contributions financières d'Erik Prince aux causes républicaines et conservatrices : pas moins de 151 250 dollars (plus de 95 500 euros) entre 1989 et novembre 2005. Pour 2007, ce ne sont pas moins de 290 000 dollars (183 000 euros environ) qui ont transité des caisses de Blackwater jusque dans celles de C&M Capitolink, une société de lobbying ciblant les membres du Congrès [18].

En 1992, à la surprise générale, Erik Prince s'engage dans la Marine américaine et fait acte de volontariat pour les commandos SEAL. Après avoir survécu à la phase de sélection, il y reste quatre ans. La mort de son père puis le cancer de son épouse le poussent vers la porte de sortie à une époque charnière. Le Pacte de Varsovie puis l'URSS implosent, on croit Saddam Hussein maté, la crise yougoslave n'a pas atteint sa vitesse de croisière et les talibans n'existent pas encore. Bref, à Londres, Paris et Washington, les dirigeants ne pensent qu'à « toucher les dividendes de la paix », c'est-à-dire tirer à boulets rouges sur tout ce qui porte du kaki. N'importe qui serait allé voir ailleurs, mais Erik Prince n'est pas n'importe qui. Lui y voit une opportunité, car la déflation des budgets rogne sur les enveloppes réservées aux frais de déplacement. D'où l'idée de construire à proximité de Norfolk, là où est encaserné son ancien commando SEAL, un centre d'entraînement couvrant tous les besoins d'une unité d'élite. La vente par la famille Prince des usines d'accessoires automobiles lui fournit les fonds nécessaires. Il crée Blackwater en 1997 sur un terrain situé à Moyock, mais n'en continue pas moins à œuvrer au profit du business familial, le Prince Group. Erik Prince n'épargne ni son temps ni son argent pour bâtir un véritable centre d'entraînement aux infrastructures complètes et diversifiées. Mais l'accueil réservé par les militaires est pour le moins mitigé, à tel point que le maître de céans commence à douter. Peu après les attentats qui allaient redorer son blason et remplir son tiroir-caisse, Erik Prince accorde une interview dans laquelle il évoque son amertume d'alors : « Avant les événements du 11 septembre, j'avais tendance à devenir relativement cynique quant à la manière dont les gens concevaient l'entraînement. Maintenant, le téléphone n'arrête pas de sonner*. » Comme de fait, entre avril 2003 et octobre 2004, la société enregistre une croissance de plus de 600 %[19]. Outre le boom du marché de la sécurité privée consécutif aux attentats du 11 septembre 2001, elle doit aussi cette croissance à une réputation d'excellence. C'est par exemple Blackwater Worldwide qui, en février 2008, est choisie pour entraîner la Garde présidentielle taïwanaise à la protection des personnalités. Pourtant, la Chine nationaliste possède déjà une certaine expertise en la matière, notamment au sein du Bureau de la sécurité nationale. Le pays aurait donc pu prétendre se passer de l'aide intéressée de la société américaine. Il n'en a rien été[20]. De même, la société a entraîné les commandos navals azerbaïdjanais et certaines unités de forces spéciales en Jordanie[21].

Bonne réputation, chiffre d'affaires en augmentation galopante, appuis politiques, sociétés de lobbying : est-ce à dire que l'expansion de la nébuleuse ne peut être stoppée ? Non. Ainsi, le 7 mars 2008, Brian Bonfiglio, vice-président de Blackwater West, se voit contraint de sortir sa plus belle plume pour écrire une lettre à Jarrett Ramaiya, le responsable du plan d'occupation des sols du comté de San Diego. Par cette lettre, il l'informe mettre un terme au projet d'implantation d'un centre d'entraînement à Potrero sur le site d'un ancien ranch sous ce vague prétexte : « Simplement, le site en question ne cadre pas avec nos objectifs commerciaux du moment. » Ni, du reste, avec la volonté de la population et de certains élus qui craignent les nuisances sonores ainsi qu'une augmentation du trafic automobile. Perte sèche pour Blackwater : 1 million de dollars investis dans des actions visant à obtenir l'autorisation du gouvernement. Carl Meyer, le président du Potrero *planning group*, ne peut s'empêcher de pousser un immense soupir de soulagement. En apprenant la nouvelle le 8 mars, il exulte : « On va fêter ça[22] ! » Mais à l'occasion, Blackwater sait aussi avoir une attitude moins consensuelle. Après cet échec, elle se rabat sur un terrain à Otay Mesa, non

* Allison Connolly, « Blackwater's best-kept secret : It's founder », *The Virginian-Pilot*, 3 mai 2004.

loin de la frontière mexicaine. Comme il se doit, elle contacte donc la municipalité de San Diego pour obtenir les permis. Tout laisse espérer une issue favorable lorsqu'un grain de sable grippe la mécanique. Nous sommes en 2008 et c'est une année électorale : le maire s'aperçoit soudain de ce que sa décision pourrait peser sur le résultat du scrutin, il temporise. Blackwater ne l'entend pas de cette oreille car ces délais supplémentaires risquent d'empêcher la signature d'un contrat avec l'US Navy. Les responsables de la société n'hésitent pas un instant : ils portent l'affaire en justice[23]. Rendu en juin 2008, le jugement leur donne raison[24].

Tout ceci soulève nombre d'interrogations. Quelle est la capacité d'influence de la société ? Quelle est sa véritable puissance ? En un mot comme en cent, peut-on cerner les contours de la nébuleuse dirigée depuis Moyock, en Caroline du Nord ? Essayons d'y voir un peu plus clair en commençant par le joyau de la couronne : le centre d'entraînement.

Blackwater Academy

Il fut un temps où Frank Moses était officier dans l'infanterie canadienne, il a même servi dans les rangs du régiment parachutiste aujourd'hui dissous. En 2004, il décide de s'inscrire au stage de formation de gardes du corps organisé au centre d'entraînement de Blackwater. Au menu, cinq jours menés tambour battant, les stagiaires étant confiés à deux instructeurs ayant assuré la protection de Paul Bremer, le chef de l'Autorité provisoire de la coalition en Irak. À l'aube du dernier jour, l'exercice de synthèse s'annonce particulièrement complexe. Il consiste à assurer pendant une journée entière la protection d'un gouverneur et de sa fille. L'équipe commence par récupérer le « principal » à son domicile puis le chaperonne lors de la visite d'une autorité locale, de la pause-café chez un ami, de courses dans un supermarché, dans un embouteillage urbain, dans un jardin public très fréquenté puis enfin dans la salle comble d'un restaurant bondé[25]. Mais cinq jours, c'est court. Insuffisant en tout cas pour faire le tour du problème.

D'autres sont là pour huit semaines. Et ce droit-là, ils l'ont payé cher : 20 000 dollars, soit environ 12 750 euros. Pour se l'offrir, certains ont vendu tout ce qu'ils possédaient. Depuis le début du stage, 8 candidats ont renoncé. Cet après-midi, ils sont 11 à suivre un cours de close-combat donné par un géant au crâne rasé. Pas l'idéal à l'heure de la sieste. Mais en Irak, les terroristes n'ont pas d'heure pour attaquer. Quand les stagiaires sont arrivés, ils ont tout de suite été mis dans l'ambiance. À l'entrée du complexe, un garde avec un pistolet à la ceinture. Pour pénétrer dans le bâtiment principal, il faut pousser un battant de porte dont la poignée est un canon de mitrailleuse. Quant au réceptionniste, il trône derrière un bureau fait de plaques de blindage. Dans les étages, un état-major et un hôtel ; au total, les installations de Blackwater s'étendent sur 3 500 hectares. L'ensemble comprend tout ce qui est indispensable à un entraînement haut de gamme : un village de combat appelé « petit Bagdad », un circuit automobile pour l'apprentissage de la conduite rapide, une piste d'atterrissage, un hangar pour les hélicoptères, une usine de production de véhicules blindés, un chenil, un lac avec des structures recréant celles d'un bateau et une armurerie dont les armoires blindées renferment un millier d'armes, principalement des carabines M4 (version raccourcie du fusil d'assaut américain réglementaire, le M16) et quelques AK-47 Kalachnikov pour faire bonne mesure. Sans oublier, bien entendu, les stands de tir. À tout instant, le nombre d'individus suant sang et eau à Moyock est en moyenne de 500 « recrues ». Car pour Blackwater Worldwide (la nouvelle dénomination de Blackwater USA), « une chose est sûre : il y a des montagnes de fric à se faire dans un monde plein de mauvaises nouvelles* ».

Les 11 stagiaires s'escriment à répéter les mouvements. Ceux qui ont un background convaincant, la plupart du temps quelques années d'expérience dans une unité d'élite des

---

* Joanne Kimberlin & Bill Sizemore, « Blackwater : Inside America's Private Army », *The Virginian-Pilot*, 23 juillet 2006.

forces armées ou de la police, peuvent échapper au stage. Pour le vulgum pecus, les deux mois de villégiature dans les murs de la Blackwater Academy constituent un passage obligé : c'est là que la société les jauge six à sept jours par semaine. S'ils donnent satisfaction, ils se verront offrir un contrat de deux ans avec une « affectation » dépendant de leurs performances ici. Au pays de la libre entreprise et du capitalisme ultralibéral triomphant, les affectations se font au mérite : les plus lucratives vont aux meilleurs. Mais l'académie n'a rien d'un camp d'entraînement militaire où les sergents instructeurs vocifèrent à longueur de journée. Non, ici, on ferait plutôt dans le cordial. Voulez-vous bien venir avec nous courir une dizaine de kilomètres ? Mais la nuance est purement académique. Elle exprime élégamment un sous-entendu : si vous ne voulez pas ou si vous ne tenez pas la distance, vous savez où est la porte. Alors adieu veau, vache, cochon, couvée et dollars : « Si on doit les engueuler, ils n'ont rien à faire ici*. » Mais aussi spectaculaire que soit l'enseignement qui y est dispensé, la Blackwater Academy n'est que la partie émergée d'un iceberg qui descend loin, très loin sous la surface vers des profondeurs opaques. Ce n'est pas pour rien que la société s'appelle *Blackwater*, soit, en bon français, « eau noire ».

La nébuleuse Blackwater

S'essayer à discerner les contours de l'empire est une gageure. En fait, Blackwater Worldwide et sa maison mère, le Prince Group, entretiennent un réseau de participations croisées impliquant au bas mot 17 sociétés[26] :

– Blackwater Lodge & Training Center gère les installations de Moyock et de Mount Caroll (Illinois) ;

– Blackwater Security Consulting fournit consultants et instructeurs spécialisés américains et étrangers. Ses activités reposent en particulier sur la gestion d'une base de données répertoriant 14 000 spécialistes ;

* *Ibid.*

– Blackwater Manufacturing construit des véhicules blindés ;

– Blackwater Target Systems commercialise tout ce qui concerne l'entraînement au tir ;

– Blackwater ProShop propose un catalogue étoffé d'équipements individuels divers et de produits dérivés ;

– Blackwater Airships fabrique et commercialise un dirigeable de surveillance piloté à distance. Conçu pour évoluer à des altitudes comprises entre 1 500 et 4 500 mètres, l'engin peut rester en l'air pendant quatre jours.

Pour compléter le tableau, citons aussi :

– Pelagian Maritime, une société de formation dans le domaine de la sécurité. Elle met en œuvre un navire basé à Norfolk, le *McArthur* ;

– Blackwater West, projet de centre d'entraînement ;

– Blackwater Logistics ;

– Greystone, une entreprise ayant un périmètre commercial comparable à celui de Blackwater Security Consulting ;

– Aviation Worldwide Services, Presidential Airways et EP Investments qui occupent le créneau des services aériens ;

– Le Raven Development Group qui érige des bâtiments militaires ;

– E&J Holdings qui administre quant à elle les biens immobiliers de Blackwater ;

– Blackwater K9 entraîne les maîtres-chiens ;

– Total Intelligence Solutions qui est considérée comme la CIA du groupe.

Dans ce bric-à-brac qui ne doit rien à Prévert, on peut s'étonner de ce qui apparaît, à première vue, être une incohérence. Pourquoi Greystone Limited d'une part et Blackwater Security Consulting d'autre part commercialisent-elles la même palette de services ? N'y a-t-il pas concurrence ? Pourquoi deux entreprises distinctes là où une seule pourrait suffire ?

Vous ne connaîtrez pas son nom, il tient à garder l'anonymat. Tout ce qu'il consent à dire, c'est qu'il était à Bagdad où il travaillait au profit de Blackwater lorsque les responsables de Greystone y ont débarqué. Tout de suite, il a été surpris par leurs manières, leurs attitudes : elles ne ressemblaient en rien à celles des cow-boys de Blackwater. Mais il a suffisamment grenouillé dans ce milieu pour avoir reconnu, sur leurs biceps, les tatouages témoignant d'un passé dans les unités militaires d'élite telles que les détachements de reconnaissance du Corps des Marines, les nageurs de combat de l'US Navy et autres bérets verts de l'armée de Terre. Avec quelque chose en plus : « Ils ne parlaient pas, même aux autres Américains. Leur physique était différent, tout comme leurs mentalités et le langage qu'ils employaient. En un mot comme en cent, ils avaient une attitude professionnelle très différente. » Ayant lui-même été spécialiste de la reconnaissance chez les Marines avant de prendre les fonctions de vice-président de Blackwater en charge du développement stratégique, Chris Taylor lève un coin du voile : « Blackwater a un nom sexy maintenant connu du grand public. » Mais justement, cette exposition médiatique « peut parfois être en contradiction avec les nécessités de la mission ». Un autre contractor surenchérit : « Autant que je sache, c'est la même société sous un nom différent. » Au Bureau de la sécurité diplomatique rattaché au département d'État, on ne sait même pas que Greystone existe. Ou plutôt on ne veut pas savoir car la société travaille bel et bien comme sous-traitant de Blackwater sur certains contrats signés par le même département d'État[27]. D'où la conclusion, évidente : la raison d'être de Greystone Limited est de faire profil bas là où Blackwater ne peut plus se le permettre pour cause d'exposition médiatique excessive. Dans quel but ?

La société est fondée en 2004, année au cours de laquelle elle est enregistrée à la Barbade bien qu'étant, comme toutes les autres entreprises du groupe, administrée depuis Moyock. Dès le début, Greystone marque son territoire : elle se fait fort d'entraîner les unités étrangères. Jusque-là, c'est affaire de routine ; la suite est plus épicée. Car elle propose également à ses futurs clients d'identifier leurs vulnérabilités en ayant recours à des « opérations Red Cell contre des cibles fixes ou mobiles ». Dans le milieu, ce genre de prose fait généralement référence à l'action d'équipes menant de réelles actions offensives dans le but de tester l'efficacité des mesures de sécurité mises en œuvre par l'organisme donneur d'ordres. Le tout sous le contrôle de la direction générale mais à l'insu du personnel. La même page Internet de la société[28] mentionne aussi la possibilité de mettre sur pied des « équipes proactives adaptées aux besoins du client » sans qu'aucune précision ne vienne lever le doute : s'agit-il de ces « red teams » ou, plus généralement, de détachements capables d'opérer de manière clandestine quel que soit par ailleurs le contexte ? Mystère. Toujours est-il qu'officiellement Greystone et Blackwater sont deux entreprises distinctes même si elles partagent certaines infrastructures d'entraînement sises à Moyock. Et si les deux sociétés coexistent, c'est parce que « Blackwater se concentre sur les contrats attribués par le gouvernement des États-Unis tandis que Greystone se concentre sur le travail à l'international* ». Encore une fois, certains contractors émettent une opinion assez différente : « Ils ont les capacités de faire tout ce dont vous avez envie. Ils offrent tous les genres de services de A à Z. Opérations aériennes. Opérations spéciales. Sauvetage. Intervention en cas d'enlèvement. Dites ce dont vous avez besoin. Si vous avez l'argent, ils ont le savoir-faire. Ils peuvent vous louer 17 James Bond avec un Arnold Schwarzenegger à leur tête**. »

Voilà pour ce qui est de l'énigmatique Greystone Limited. Reste encore un cas litigieux, celui de Total Intelligence Solutions.

Les espions d'Erik Prince

« Nous allons continuer à nous battre. Nous allons faire toute la route qui mène à la convention ; nous allons la gagner

* « Mother Jones Magazine Questions », http://www.greystone-ltd.com/mother_jones_qa.htm, accédé le 25 juillet 2008.

** Bruce Falconer & Daniel Schulman, « Blackwater's World of Warcraft », *Mother Jones*, 20 mars 2008.

et nous irons jusqu'à la Maison-Blanche*. » Malgré un « super-mardi » 5 février 2008 ayant pris pour lui des allures de mardi noir, Mitt Romney reste combatif. Pas question de jeter l'éponge dans la course à l'investiture républicaine. Quarante-huit heures plus tard, l'ancien gouverneur du Massachusetts a fait volte-face. À ses partisans estomaqués scandant « Mitt ! Mitt ! Mitt ! », il répond : rester en lice faciliterait le travail de la sénatrice Clinton ou d'Obama [29]. Parmi les déçus, un ancien ponte de la Central Intelligence Agency intronisé par l'ex-candidat au poste de président de son groupe de conseillers en charge de la politique contre-terroriste. Cofer Black, également président de la société privée de renseignement Total Intelligence Solutions, a misé sur le mauvais cheval.

11 septembre 2001. L'impensable vient tout juste de se produire. Les autorités craignent que le World Trade Center ainsi que le Pentagone ne soient pas les seules cibles visées par les terroristes d'al-Qaeda. Certains analystes pensent dur comme fer que la Maison-Blanche, le Capitole et le département d'État vont bientôt être frappés à leur tour. Situé à Langley, l'état-major de la Central Intelligence Agency est également menacé, disent-ils. Ramzi Yousef, le cerveau du premier attentat contre les tours jumelles en 1993, l'avait inscrit sur la liste de ses objectifs possibles. C'est pourquoi George Tenet, le patron du service de renseignement, veut en ce 11 septembre évacuer tous les bâtiments de tous leurs occupants, sans exception. Le chef du Centre contre-terroriste qui dépend de la CIA est quant à lui sceptique. À 52 ans, l'homme a de l'expérience : il a opéré en clandestin, c'est un espion de la vieille école, presque un dinosaure. Mais un dinosaure qui n'a rien perdu de sa redoutable agressivité et fait preuve d'une politesse maniérée, à l'ancienne. Alors que tous ceux qui le côtoient quotidiennement appellent Tenet par son prénom, lui s'adresse à son patron en commençant ses phrases par « Sir » ou par « Monsieur le directeur » :

---

* « Mitt Romney en mauvaise posture dans le camp républicain », *Reuters*, 6 février 2008.

– Sir, les gens du Centre contre-terroriste doivent être exemptés de cet ordre. Ils doivent rester à leurs postes pour avoir accès à leurs systèmes informatiques.

– Cela fait courir un risque évident aux analystes du Global Response Center…

– Ce n'est qu'une des inconnues d'une équation complexe. Ils doivent rester sur place.

– Non. J'insiste : ils doivent évacuer !

– Non, Sir, nous n'avons pas d'autre solution que de les laisser sur place parce qu'ils ont un rôle de premier plan à jouer dans le cadre d'une crise de ce genre. C'est très exactement pour des cas comme cela que nous avons créé le Global Response Center.

– Ils peuvent y laisser la vie.

– Eh bien, Sir, c'est donc que leur devoir est de mourir.

George Tenet reste pensif. Il ne peut qu'acquiescer :

– Vous avez entièrement raison.

Directeur du Centre contre-terroriste, Cofer Black vient de remporter une victoire d'estime. Il se montre en cela conforme à son credo : si en tant que chef de centre il n'est pas plus agressif que ses supérieurs, alors c'est qu'il n'est pas la bonne personne à la bonne place[30]. De l'agressivité, il en a à revendre. Certains vont jusqu'à dire qu'il organise alors de véritables sessions de motivation à l'adresse de George Bush junior. Lors de l'une d'entre elles, il déclare vouloir mettre les têtes des responsables d'al-Qaeda « au bout d'une perche. La mission est simple. Nous localisons l'ennemi quel que soit l'endroit où il se terre. Nous les trouvons et nous les tuons* ». En fait, la seule question restant sans réponse est celle-ci : si Cofer Black avait fait preuve d'une même agressivité avant le 11 septembre 2001 à son poste de directeur du Centre contre-terroriste où il avait été placé en 1999, aurait-il réussi à empêcher les attentats de se produire ? N'est-ce pas là ce que l'on appelle un échec ? Décidément, l'homme apparaît être accoutumé aux faux pas.

---

* « Ambassador merc : Mitt Romney's security advisor, Blackwater exec, maker of unfulfilled boasts », http://www.dickdestiny.com/, 6 août 2007.

La tête de l'individu qui tient une arme est recouverte d'un keffieh dans lequel une fente étroite laisse passer le regard. Il tire sur une cible alors que ses coreligionnaires commentent les résultats. Tout dans la scène évoque un centre d'entraînement terroriste plus vrai que nature, mais ce n'en est pas un. Les hommes sont des agents appartenant aux services de sécurité américains et ils participent au stage intitulé « L'image dans le miroir : s'entraîner pour combattre le terrorisme ». Organisée par le Centre de recherche sur le terrorisme, la session a pour but d'appliquer une des règles fondamentales du renseignement : pour mieux prévoir où va tomber le prochain coup, il faut se mettre dans la peau de l'ennemi, penser comme lui, agir comme lui. C'est ce à quoi les stagiaires s'essayent. Pendant six jours, ils apprennent tout ou presque sur le recrutement, les techniques d'entraînement et les tactiques opérationnelles d'al-Qaeda et consorts[31]. Le Centre de recherche sur le terrorisme fait désormais partie intégrante de Total Intelligence Solutions (TIS).

Cette dernière est créée en février 2007 par regroupement du Centre, du Black Group alors dirigé par Cofer Black ainsi que de la société Technical Defense. Sa vocation est « d'apporter jusque dans les conseils d'administration la méthodologie d'acquisition du renseignement ainsi que les capacités analytiques qui étaient autrefois l'apanage des opérationnels de la CIA* ». Car la CIA est en effet très présente au sein de TIS. Sur les 10 personnages qui composent l'état-major de la société, 4 ont fait un long séjour à Langley. Caleb Temple, 1 des 6 restants, est successivement passé par le FBI puis par la Defense Intelligence Agency. Melinda Redman, la directrice du renseignement et de l'analyse de TIS, n'a quant à elle jamais appartenu à la CIA mais a fréquenté pendant dix-huit années les couloirs de la Drug Enforcement Administration. En fait, « l'esprit CIA » est tellement présent chez Total Intelligence Solutions que ses cadres y ont mis sur pied un équivalent presque homonyme du Global Response Center : c'est le Global Fusion Center. Véritable centre nerveux de la

* « Total Intelligence Solutions, LLC », *SourceWatch*.

société, le centre assure une veille vingt-quatre heures sur vingt-quatre, sept jours sur sept. Ses analystes sont particulièrement intéressés par tout ce qui de par le vaste monde ressemble de près ou de loin à une émeute ou à un acte de terrorisme ; leur sagacité s'exerce également dans les domaines de la stabilité économique, des problèmes environnementaux ou de santé publique et enfin de la sécurité des systèmes d'information. Il s'agit de pouvoir répondre à tout instant à des questions du genre : les récentes explosions de bombes dans plusieurs villes d'un pays du Sud-Est asiatique sont-elles des incidents isolés sans lien entre eux ? Les sociétés occidentales implantées localement doivent-elles en conséquence rapatrier leurs employés ? On devine quels « consommateurs » sont susceptibles d'être intéressés par les réponses. Officiellement, il s'agit principalement des entreprises du Fortune 500, le classement des 500 premières sociétés américaines dans l'ordre décroissant du chiffre d'affaires. Nous n'en saurons pas plus. C'est Robert Richer qui a initialement été choisi pour prendre les fonctions de directeur général de Total Intelligence Solutions [32]. Or, alors qu'il fait un jour visiter les locaux du Global Fusion Center à un reporter, il ordonne de masquer les écrans d'ordinateurs. Motif : le journaliste pourrait y discerner le nom d'un client. Une chose est sûre : les commis-voyageurs du Centre de recherche sur le terrorisme n'hésitent pas à démarcher les services gouvernementaux. Depuis l'an 2000, l'organisme a réalisé pour 1,5 million de dollars de chiffre d'affaires avec des agences fédérales au rang desquelles les forces armées, les douanes et même les forces spéciales [33].

Les sentinelles du Global Fusion Center sont épaulées par une centaine d'employés, pour la plupart des analystes trop jeunes pour avoir grenouillé dans le monde interlope de la barbouzerie : 27 ans d'âge en moyenne. Même s'ils l'avaient voulu, sans doute la majorité d'entre eux n'auraient pas pu briguer l'appartenance à la confrérie des espions pour des raisons de sécurité car une bonne proportion est composée d'Américains nés hors du territoire national. À quelque chose malheur est bon : ils ont ainsi une aisance naturelle à parler une langue étrangère. Pourtant si pointilleux quand il s'agit des écrans de ses ordinateurs, Robert Richer se montre en l'occurrence un tantinet laxiste : « À la différence du gouvernement américain, nous ne sommes pas suspendus au résultat d'une enquête de sécurité*. »

Officiellement, Total Intelligence Solutions s'est elle aussi émancipée de Blackwater Worldwide. Cependant, si l'on examine l'affaire d'un peu plus près, on s'aperçoit qu'il s'agit là d'un rideau de fumée. Car c'est Erik Prince qui a « mis sur pied Total Intel en achetant deux sociétés auparavant contrôlées par Matt Devost, le Centre de recherche sur le terrorisme ainsi que Technical Defense, et en les fusionnant avec le groupe de consultance de Black, le Black Group** ». Et puis trois cadres de haut niveau présidant aux destinées de TIS ont un passé marqué au sceau de Blackwater. Parmi ces trois cadres, Cofer Black en personne. Les deux autres sont Robert Richer et Enrique Prado, ce dernier ayant appartenu au groupe chargé des opérations paramilitaires clandestines de la Central Intelligence Agency[34]. Résumons-nous. Total Intelligence Solutions entretient tant avec la CIA qu'avec Blackwater des relations de très bon voisinage. Mais qu'en est-il des relations entre Blackwater et l'agence de Langley ?

C'est en 2007 qu'Alvin Krongard fête son soixante et onzième anniversaire. À cet âge-là, le physique vous joue parfois des tours. Pourtant, le personnage a eu son heure de gloire : ancien Marine, il a pratiqué les arts martiaux durant toute sa vie. Lors des dîners mondains, il se plaît à raconter gestes à l'appui comment, un jour, il a proprement boxé un grand requin blanc qui s'intéressait à lui alors qu'il faisait de la plongée. En 1998, il quitte un job lucratif lui rapportant 4 millions de dollars par an (environ 2,54 millions d'euros) pour entrer à la CIA ; il y reste jusqu'en 2004. Il ne tarde pas à faire la connaissance d'Erik Prince. Les deux compères deviennent inséparables et passent une bonne partie de leurs loisirs à

---

* Paul Richfield, « Ex-spies launch private intel agency », *C4ISRJournal.com*, 28 février 2007.

** Dana Hedgpeth, « Blackwater's Owner Has Spies for Hire », *The Washington Post*, 3 novembre 2007.

chasser ensemble. Ils en profitent pour discuter boutique : Alvin Krongard a joué ce que lui-même décrit comme un rôle routinier d'intermédiaire dès lors qu'il a été question d'aider Blackwater à décrocher en 2002 son premier gros contrat de la part de l'Agence. Il concernait des tâches de « sécurité » sur le théâtre des opérations afghan[35]. Cela méritait à l'évidence un renvoi d'ascenseur. Par une lettre datée du 26 juillet 2007, Erik Prince invite donc Alvin Krongard à rejoindre le conseil d'administration de Blackwater. À la clé, trois réunions par an, chacune d'entre elles ouvrant droit à des honoraires d'un montant de 3 500 dollars (environ 2 225 euros) plus frais*. Tout ce beau monde aurait pu continuer longtemps à faire allègrement circuler les billets verts. C'était sans compter sur un grain de sable qui n'allait pas tarder à gripper le délicat mécanisme d'ouverture du tiroir-caisse.

Car Alvin Krongard a un frère, Howard. Ayant une formation juridique, celui-ci est recruté par Deloitte & Touche avant de rejoindre en 2005 les rangs du département d'État, l'équivalent américain du ministère des Affaires étrangères. Un organisme gouvernemental qui, soit dit en passant, rentre pour une bonne part dans le chiffre d'affaires de Blackwater. Or, voilà qu'en novembre 2007 le représentant démocrate Henry Waxman découvre un pot aux roses bien fleuri. Car en tant qu'inspecteur général du département d'État, Howard Krongard est en mesure de peser sur le déroulement de l'enquête diligentée suite aux événements du 16 septembre 2007 au cours duquel les employés de Blackwater ont défouraillé à tort et à travers dans les rues de Bagdad. Et selon l'élu, Howard Krongard ne se prive pas de faire traîner les choses en longueur. Quand on le lui fait remarquer, l'individu commence par nier avoir connaissance des activités de son frère au regard de Blackwater. Lors d'une audition mémorable à la Chambre des représentants, il ne peut que reconnaître les faits lorsque Henry Waxman le met au pied du mur. C'est alors un Howard Krongard marri qui s'avance vers le micro pour

* Bill Sizemore, « Inspector general removes himself from Blackwater investigations », *The Virginian-Pilot*, 15 novembre 2007.

déclarer : « Je voudrais tout de suite vous confirmer et demande à ce que cela soit inscrit dans les minutes : je déclare solennellement me récuser de toute affaire ayant un lien quelconque avec Blackwater. » Alvin Krongard fait également les frais de ce conflit d'intérêts : il n'appartient plus au conseil d'administration de l'entreprise. Nombreux sont les observateurs à interpréter l'affaire de la manière suivante : en recrutant Alvin Krongard, Erik Prince aurait voulu peser sur les décisions susceptibles d'être prises par Howard en ce qui concerne sa société. Si c'est le cas, alors sans doute le personnage s'est-il fourvoyé : il est de notoriété publique qu'Alvin et Howard Krongard entretiennent des relations très distantes [36].

On ne fait pas d'omelette sans casser des œufs : les démêlés de la fratrie ne sont que broutilles en regard de l'ensemble des controverses juridiques suscitées par les activités de la galaxie Blackwater. Allégations de trafic d'armes ou d'emploi illégal d'armes chimiques, accusations de fraude fiscale, etc. : il y en a pour tous les goûts.

Les casseroles

Juillet 2007. Les autorités turques sont fort irritées. Un lot conséquent de pistolets automatiques (1 260 selon certaines sources) provenant des États-Unis est retrouvé entre les mains des « terroristes » du Parti des travailleurs du Kurdistan. Dans la foulée, les numéros de série sont relevés et envoyés à Washington. But : déterminer d'où proviennent les armes. Bingo : le Pentagone ne tarde pas à confirmer qu'à l'origine elles ont été cédées par les militaires de l'Oncle Sam aux forces de sécurité irakiennes [37]. Ce constat navrant concerne-t-il l'intégralité de l'arsenal américain retrouvé entre les mains des peshmergas ? Officiellement, oui. Officieusement, l'affaire est un peu plus compliquée. Car c'est dès janvier 2007 que deux anciens employés de Blackwater, Kenneth Wayne Cashwell et William Ellsworth Grumiaux, sont présentés à un juge de Greenville. En échange d'une certaine mansuétude de la justice, ce que certaines dispositions juridiques américaines permettent en pareil cas, ils acceptent de coopérer et reconnaissent avoir détenu illégalement des armes provenant d'un trafic international. Un autre ex-nervi de la société confie sous le couvert de l'anonymat que l'enquête diligentée par les autorités américaines englobe bel et bien des accusations de trafic. Caché dans des palettes soigneusement empaquetées par du film plastique thermo-rétractable, du « matériel » aurait voyagé incognito entre Moyock où est implanté l'état-major américain de Blackwater, et l'Irak. Seraient concernées des armes mais aussi des lunettes de vision nocturne, des plaques de blindage ou encore des pièces détachées d'armement. Du côté de la société, on esquive le coup en rejetant la faute sur les lampistes : « Les allégations selon lesquelles Blackwater serait associée de quelque manière que ce soit ou complice d'activités illégales concernant des armes sont dénuées de tout fondement. La société n'a pas connaissance d'agissements d'un de ses employés visant à exporter des armes de manière non autorisée. » Selon le communiqué rédigé à Moyock, c'est du reste une enquête interne qui a mis à jour les actes frauduleux. Suite à cela, Blackwater a licencié les fauteurs de troubles et alerté le Bureau of Alcohol, Tobacco, Firearms and Explosives (ATF) qui, aux États-Unis, prend habituellement en charge ce genre de dossier[38]. Et l'enquête a bel et bien pris en compte la possibilité que des armes illégalement introduites en Irak par les deux compères aient été revendues à des intermédiaires locaux douteux[39]... Blackwater n'en avait pas fini avec ce genre d'accusations.

Vous ne connaîtrez pas son nom, l'homme préfère rester dans l'ombre. Non qu'il ait quelque chose à se reprocher mais dans ce milieu, on a horreur des moutons noirs qui crachent dans la soupe en dérogeant à la sacro-sainte règle de l'omerta. Et cet ex-cadre de SWR Manufacturing ne tient pas à scier la branche sur laquelle il a assis son business. Ce qu'il révèle vaut pourtant son pesant d'or : pendant plusieurs années, Blackwater a régulièrement acheté des silencieux à son ancien employeur. Combien ? Sur ce point, l'informateur reste muet, mais d'autres sources évoquent un chiffre supérieur à la centaine. Les experts se perdent en conjectures : pourquoi la société a-t-elle acheté une centaine de ces dispositifs qui, vissés au canon d'une arme légère, transforment la détonation en un bruit comparable à celui d'un bouchon de champagne qui saute ? Blackwater est censée protéger des personnalités et les « modérateurs de son » sont avant tout adaptés aux opérations clandestines offensives. Pour les gardes du corps au contraire, les armes ainsi équipées sont plus longues donc moins manœuvrables dans l'espace exigu que représente l'habitacle d'un véhicule. Et puis ces dispositifs consomment de la puissance. Enfin, lorsque l'on se limite à se défendre, le besoin d'être discret est d'un intérêt tout relatif. Et pourtant les faits sont là : l'ex-cadre de SWR Manufacturing confirme avoir, courant 2006, faxé l'ensemble des pièces justificatives aux enquêteurs de l'ATF. Ceux-ci lui ont précisé que les silencieux avaient été illégalement envoyés par la société en Irak et dans d'autres pays afin d'équiper les armes utilisées par les employés de la maison[40]. Cette nouvelle affaire contribue à cristalliser l'exaspération de l'Américain moyen. Cela commence sur la « Toile » où cette équation d'un bloggeur donne le ton : « Blackwater + silencieux = assassins* ». La contestation ne s'arrête pas là : une manifestation est organisée qui rappelle la grande époque « peace and love ». Le 20 octobre 2007, des activistes se mettent en devoir de recréer symboliquement la tuerie du 16 septembre devant l'entrée du complexe d'entraînement sis à Moyock. Six d'entre eux bientôt rejoints par un septième réussissent à pénétrer dans l'enceinte tandis qu'une cinquantaine de manifestants restés à l'extérieur scande des slogans vengeurs. Ce jour-là, les sept fautifs finissent leur journée derrière les barreaux[41]. En fait, les frasques de Blackwater ont tellement nui à l'image de la société que même certains marchands d'armes estiment qu'il est temps pour eux de quitter le navire. C'est le cas de l'entreprise allemande Heckler & Koch qui commercialise des pistolets-mitrailleurs faisant référence sur le marché. Peu avant qu'un reportage télévisé diffusé en Allemagne à une heure de

---

* http://tpmmuckraker.talkinpointsmemo.com/, 1er novembre 2007, accédé le 4 février 2008.

grande écoute le 19 février 2008 ait précisé que les cow-boys de la société américaine utilisent des armes estampillées H&K, cette dernière se fend d'un communiqué affirmant qu'elle a l'intention de cesser ce qui constituait jusque-là un « partenariat à la fois unique et stratégique ». Certes, Heckler & Koch ne pourra opposer une fin de non-recevoir aux commandes de Blackwater mais il ne s'agit pas de cela : les deux entreprises coopéraient dans la production d'armes de prestige « éditions spéciales ». H&K proposait d'autre part des stages organisés à Moyock à ceux de ses clients désirant apprendre à mieux se servir des pistolets-mitrailleurs portant sa griffe [42]. Une autre casserole a trouvé un écho intéressé auprès des médias car elle leur a permis d'agiter le spectre de la guerre chimique.

Mai 2005. Un hélicoptère léger est en vol stationnaire au-dessus d'un check-point à l'intérieur de la « zone verte », une aire sécurisée située dans le centre de Bagdad. Sans crier gare, voilà que l'équipage se met à lâcher du gaz CS, une substance habituellement utilisée pour disperser les manifestants trop entreprenants. En Irak, les militaires de l'Oncle Sam eux-mêmes ne peuvent s'en servir qu'en respectant des règles de sécurité draconiennes et seulement après avoir reçu le feu vert au plus haut niveau. C'est donc peu de dire que les soldats de la 3e Division d'infanterie assurant la garde du check-point sont surpris, et ce d'autant plus qu'aucun signe de violence ne trouble leur horizon. En fait, ils sont plutôt furieux car 10 des leurs ne tardent pas à être incommodés par le nuage de gaz poussé vers leur détachement par le rotor principal de l'aéronef. Ils remarquent cependant qu'un convoi protégé par des véhicules de Blackwater est momentanément immobilisé dans un embouteillage. Justement, l'hélicoptère n'appartient pas à l'aviation légère de l'armée de Terre américaine. En fait, il arbore la livrée de la société. Il faudra attendre janvier 2008 pour que cet épisode fâcheux soit révélé au grand public. Aussitôt, à Moyock, la « com » fourbit ses armes. C'est une regrettable erreur, affirme Anne Tyrell, la porte-parole de la boîte. Les gorilles se préparaient à s'ouvrir une route dans l'embouteillage, un conteneur de gaz CS aura été confondu avec un réservoir diffusant un banal écran de fumée. Et puis elle sort l'argument-massue : des enquêtes ont été diligentées à la fois par le département à la Défense et par le chef de la sécurité de l'ambassade américaine qui n'ont rien trouvé à y redire. Problème : contactées, les autorités se déclarent incapables de confirmer que les enquêtes en question ont bien eu lieu. L'affaire est plus sérieuse qu'elle n'y paraît de prime abord. La législation américaine restreint en effet sévèrement l'utilisation d'agents chimiques servant au contrôle des foules même en zone de guerre. Un ordre présidentiel datant de 1975 prescrit que cette utilisation est strictement limitée à un contexte défensif et qu'il est auparavant indispensable d'obtenir « l'approbation du Président ou d'un officier de haut niveau désigné par le Président ». Présent sur place, le capitaine Kincy Clark entretient un blog. Dans le compte-rendu de l'événement qu'il y poste ce jour-là, il ne décolère pas : « C'est tout simplement incroyablement stupide. La seule chose que nous pouvions comprendre était que l'un d'entre eux s'était imaginé, on ne sait pour quelle raison, qu'il pouvait éclaircir le trafic avec du gaz CS. Je n'arrive pas à comprendre comment quelqu'un peut être persuadé qu'un conducteur ayant les yeux qui pleurent, le nez qui brûle et la figure qui lui fait mal puisse faire autre chose que de s'arrêter*. » Dans un tout autre registre, Blackwater a attiré l'attention des services fiscaux.

En ce 22 octobre 2007, le représentant Henry Waxman, encore lui, a décidé de prendre la plume pour écrire une lettre à Erik Prince. Élu démocrate d'un district situé dans la région de Los Angeles, il a pris en 2007 le poste très convoité de président du Committee on Oversight and Government Reform, le plus influent de la Chambre. Et ce qu'il écrit ce jour-là est, à ses yeux, extrêmement grave. Au contraire de DynCorp et de Triple Canopy, Blackwater a déclaré ses gardes en tant que travailleurs indépendants et non en tant qu'employés. Ce jeu d'écritures n'est pas sans importance : il aurait permis à la société de réaliser de substantielles économies car cette requalification permet d'esquiver le versement à l'administration

* James Risen, « 2005 Use of Gas by Blackwater Leaves Questions », *The New York Times*, 10 janvier 2008.

fiscale des taxes et retenues de sécurité sociale obligatoires. À la clé, un différentiel de 31,8 millions de dollars pour la période comprise entre mai 2006 et mars 2007 : une paille[43]... Une dernière affaire met en exergue avec quel cynisme les responsables du groupe Blackwater abordent le règlement des litiges.

27 novembre 2004. Un petit avion bimoteur Casa-212 Aviocar décolle de la base aérienne de Bagram, en Afghanistan, à destination de Farah. Outre les trois membres d'équipage qui sont des employés civils, l'appareil emporte trois passagers, des militaires américains, ainsi qu'une cargaison d'obus de mortier. Le vol répond au nom de code « Blackwater 61 » car l'aéronef n'appartient pas à l'US Air Force mais à Aviation Worldwide Services ; il est mis en œuvre par Presidential Airways. Au début, tout se passe normalement. Mais après quatorze minutes de vol, le pilote commence à s'interroger : « J'espère que j'ai emprunté la bonne vallée ». C'est avec désinvolture que son copilote lui répond : « Celle-là ou une autre... » Encore quelques minutes et c'est au tour du mécanicien en vol d'éprouver quelques doutes : « D'habitude, ce n'est pas cette route-là que l'on prend. » Circonstance aggravante, le pilote descend plus bas qu'il n'est nécessaire, simplement pour le « fun ». Après quarante minutes en l'air, ne sachant plus trop bien où il est, le pilote décide de faire demi-tour. C'est le drame : l'avion décroche et s'écrase. Les sauveteurs ne retrouveront aucun survivant. Le mémorandum rédigé par le comité de la Chambre des représentants en charge de l'affaire mentionnera, entre autres, « une conduite imprudente de la part des pilotes de Blackwater ainsi que de multiples erreurs de Blackwater incluant l'embauche de pilotes non qualifiés et manquant d'expérience[44] ». L'affaire aurait pu en rester là mais les trois veuves des militaires ont porté plainte. Et c'est là que l'on reparle de cynisme : à deux reprises, en utilisant deux argumentations différentes, les juristes de Blackwater vont tenter d'obtenir le non-lieu. La première fois, ils arguent de ce qu'il est juridiquement impossible aux soldats de porter plainte contre le gouvernement et qu'en l'occurrence la société agissait en tant qu'agent du

gouvernement : ils sont déboutés. La seconde argumentation est plus spécieuse encore. C'est Erik Prince, propriétaire de Blackwater ainsi que de Presidential Airways, qui pose la question devant des journalistes : « Où l'avion s'est-il crashé ? En Afghanistan ! » Donc, l'affaire doit être jugée conformément à la Sharia, la loi islamique qui, heureux hasard, ne reconnaît pas une société commerciale responsable des erreurs commises par ses employés même dans le cadre de leurs fonctions[45]… À l'heure où ces lignes sont écrites, la décision avait été mise en délibéré.

Finalement, il ne restait plus que la rubrique des chiens écrasés à ne pas avoir été concernée par les frasques de Blackwater. C'est désormais chose faite. En décembre 2007, les services de l'ambassade américaine en Irak ouvrent en effet une enquête. But : découvrir dans quelles conditions un maître-chien de la société a tué Hentish, le quadrupède canin tenant lieu de mascotte au bureau local du très respecté *New York Times*[46]…

4

L'entraînement, un secteur juteux

« Allahu Akhbar ! » Drapé dans sa djellaba, le cheikh, une figure religieuse charismatique, s'adonne à l'une des cinq prières quotidiennes. Tout croyant respectueux des principes sacrés sait qu'il s'agit là d'un des cinq piliers de l'islam. À plusieurs reprises, l'homme vêtu de blanc se prosterne en direction de La Mecque, puis il se relève, enroule le tapis réservé à ses dévotions et, sans transition, s'avance presque jusqu'à toucher la sentinelle. Là, il devient véhément. Presque agressif. Petit à petit, une foule silencieuse s'agglutine : ce ne sont tout d'abord que quelques curieux. Puis les slogans vengeurs commencent à fuser. « Mort aux Américains qui ont souillé les lieux sacrés de l'islam ! » « George Bush, le Grand Satan, périra de notre main ! Allah est grand ! » Les soldats de l'US Army sont jeunes et manquent d'expérience. Devant cet étalage de haine, ils deviennent rapidement très nerveux. Déjà, le spectre de la bavure rôde. Il n'est pas nécessaire de comprendre la langue arabe : l'hostilité du groupe parle d'elle-même. Quelques heures auparavant, deux jeunes garçons ont été tués par des GI après avoir été pris pour des terroristes. Ils fuyaient par peur. Des soldats à la gâchette facile ont interprété leur fuite comme un aveu de culpabilité, ils ont ouvert le feu sans sommation. Depuis, rien ne va plus. Jusque-là relativement épargné selon les critères irakiens, le poste isolé a tout d'abord essuyé des tirs sporadiques. Puis ce personnage est venu se planter juste devant l'entrée du cantonnement pour faire ses dévotions quotidiennes ; maintenant, c'est une foule vociférant qui menace. Soudain, l'impensable se produit. Un terroriste lance un engin explosif improvisé qui détone, tuant sur le coup deux contestataires en djellaba. Les Occidentaux appellent cela un *drop and pop*, littéralement « jeter et exploser », c'est-à-dire une grenade de bric et de broc. Ça manque de sophistication, ça ne remplit pas les poches des actionnaires du lobby militaro-industriel, mais c'est terriblement efficace. Et surtout, c'est simple : n'importe qui peut en bricoler une dans l'arrière-cour de sa mechta. D'un seul coup, allez savoir pourquoi, l'ardeur vengeresse de la foule s'évanouit. Crainte de voir une deuxième bombe exploser ? Peur de la réaction américaine ? Toujours est-il qu'en moins de temps qu'il n'en faut pour le dire, c'est le sauve-qui-peut général.

Des Irakiens plus vrais que nature

Tel un arbitre à la fin d'un match de football, un gradé s'époumone dans son sifflet. Allah est grand et le prouve : les morts ressuscitent. Sauf que morts, ils ne l'étaient pas vraiment. C'était un exercice d'entraînement à la guerre contre-insurrectionnelle organisé au profit de soldats américains promis à un séjour en Irak. Nous ne sommes pas à Bagdad mais aux États-Unis, à Fort Bragg, ville de garnison située en Caroline du Nord et surnommée « la Mecque des parachutistes et des forces spéciales ». Elle abrite l'état-major du 18e Corps aéroporté ainsi que celui du commandement des opérations spéciales de l'armée de Terre. Quant aux Irakiens plus vrais que nature, ils ont été recrutés par Akem, une société dont le siège social est domicilié en Alaska [1].

Le 15 février 1991, lors de *Tempête du désert*, la première guerre du Golfe, George Bush père ordonne à ses troupes d'interrompre leur chevauchée fantastique vers Bagdad puis appelle les militaires ainsi que le peuple irakiens à renverser Saddam Hussein. Tout en laissant le parti Baath à la tête du pays car il s'agit d'assurer la continuité, cela va sans dire.

À Washington, la nuance est d'importance et bien comprise dans les cercles du pouvoir où les habitués en font des gorges chaudes un verre de whisky à la main. Sur le terrain, c'est une autre histoire : le Coran interdit l'alcool. Et les chiites au ventre vide ne fréquentent pas les salons cossus. Ce qu'ils retiennent avant tout, c'est l'appel au soulèvement. Ils en déduisent que les États-Unis, dont les troupes campent à deux pas l'arme au pied, vont les aider. Le 3 mars, un chef de char irakien revenant du Koweït tire à bout portant un obus dans un des portraits de Saddam Hussein « ornant » un square de Bassora. C'est le coup d'envoi : de la ville chiite aux faubourgs de la capitale Bagdad, le pays s'embrase. Les mollahs brandissent l'étendard de la révolte et entraînent les fidèles derrière eux. Parmi les insurgés, Abid Saeed, un fantassin de l'armée irakienne, natif de Bassora. Il décide de rejoindre l'insurrection après avoir eu en main un tract affirmant que le soutien américain allait venir. Sauf que le soutien ne vient pas.

Car à Washington, on ne l'entend pas de cette oreille. Cette opposition irakienne qui se rebelle, l'administration américaine ne la connaît pas. Vu de la capitale fédérale, tous les chiites sont des suppôts de Téhéran : il est permis d'instrumentaliser ces gens-là mais impensable de les aider ostensiblement. Dans la vallée de l'Euphrate, où campent les unités américaines, pas un GI ne bouge. Les religieux envoient des émissaires pour tenter d'infléchir les généraux de l'Oncle Sam : peine perdue. L'ordre du Pentagone est clair : circulez, il n'y a rien à voir. Mieux ou pire, c'est selon. Drapé dans sa gloire, le général Schwartzkopf s'était montré très ferme face aux pontes étoilés de l'armée de l'Air irakienne. Il leur avait tenu ce langage dénué d'ambiguïté : si vous volez, vous mourrez ! Malgré cet avertissement, les Américains laissent les hélicoptères d'assaut de Saddam Hussein prendre l'air. Bientôt, les unités de la Garde républicaine entrent dans la danse. Le résultat s'apparente à un génocide : les centres historiques des villes chiites sont rasés, les mosquées bombardées. Entre mars et septembre, la répression fait 100 000 victimes [2].

Abid Saeed préfère prendre la poudre d'escampette tandis que sa mère et deux de ses frères sont tués. Il finit par échouer dans les lignes américaines où une unité le prend en charge avant de le remettre aux Saoudiens qui l'internent dans un camp où il passe six années. En 1997, il émigre aux États-Unis et s'installe à Lexington, dans le Kentucky, pas très loin d'un patelin qui porte un nom célèbre, Versailles. Quelques années plus tard, pour préparer les troupes américaines à livrer bataille en Irak, le Pentagone s'adresse à des sociétés commerciales, à charge pour elles de trouver des volontaires plus vrais que nature. Il s'agit de recréer un environnement couleur locale. Lorsqu'Abid Saeed apprend qu'il peut gagner 12,50 dollars (8 euros) de l'heure simplement pour jouer le rôle d'un Irakien, il n'hésite pas un instant. Sa faconde, sa prestance, son aisance le prédestinent à jouer des rôles de notables. Il y gagne un surnom : « Hollywood ». Un journaliste en goguette préférera le décrire comme « un Al Pacino des petits boulots militaires* ».

D'autres acteurs économiques, officiels ceux-là, concurrencent les sociétés privées dès lors qu'il s'agit d'exporter le savoir-faire en matière d'entraînement. Ils ont compris l'avantage financier qu'il y avait à proposer leurs services pour rentabiliser expertise et infrastructures. C'est ainsi que le commandement des forces terrestres israélien s'est adjoint une branche commercialisant de l'entraînement à l'international. L'offre consiste à louer aux forces armées étrangères qui en font la demande un tout nouveau centre d'entraînement aux opérations en zone urbaine implanté à Ze'elim. Celui-ci est l'exacte réplique d'un village palestinien et inclut en particulier une mosquée dotée du minaret réglementaire. La promotion d'un package d'entraînement a même été effectuée par le général Gabi Ashkenazi devant les galonnés réunis à Bruxelles dans le cadre d'une conférence réservée aux chefs d'état-major de l'OTAN. Les militaires israéliens offrent également six stages spécifiques concernant par exemple la psychologie du combat ou la lutte contre les engins explosifs improvisés. En décembre 2007, un septième stage est en cours de mise en

* Bill Sasser, « Iraqi expatriates play civilian roles to help train US troops for battlefield conditions », *The Christian Science Monitor*, 15 novembre 2007.

place qui se déroulera au sein de l'école militaire de contre-terrorisme. Déjà, à Tel-Aviv, le ministère des Affaires étrangères israélien a requis l'appui de son homologue de la Défense pour envoyer au Vietnam deux spécialistes chargés d'enseigner aux sapeurs locaux l'art et la manière de désamorcer les bombes semées par les Américains [3].

L'apprentissage des tactiques propres au combat terrestre n'est certes pas le seul à bénéficier d'une bonne maîtrise de la langue et de la culture mise au service du réalisme des scénarios. Il est un autre domaine où cette maîtrise se révèle indispensable : celui de l'interrogation des prisonniers. « Depuis que la guerre en Irak a débuté, l'armée de Terre américaine a quadruplé le nombre des soldats qu'elle entraîne chaque année pour en faire des interrogateurs [...]. L'année prochaine [NdA : 2007], ce sont 1 200 interrogateurs qui doivent être formés au sein du Centre de renseignement de l'armée de Terre implanté à Fort Huachuca dans l'Arizona, par rapport à seulement 300 en 2003*. » Cette frénésie pose un problème : où trouver les instructeurs compétents ? Au pays du capitalisme triomphant, la solution ne peut passer que par l'attribution de contrats de sous-traitance à des sociétés méritantes. En août 2006, trois d'entre elles se partagent un gâteau de 50 millions de dollars sur cinq ans. Coût annuel d'un instructeur extérieur : environ 100 000 dollars, soit au moins 20 000 dollars de plus qu'un instructeur « maison ». La première société à profiter de cette manne qui n'a rien de céleste est Integrated Systems Improvement Services (ISIS). Le hasard fait bien les choses : Pat Gromek, son responsable du développement des marchés, a un pedigree exemplaire puisqu'il a passé vingt-trois ans de sa vie à officier dans les rangs de l'US Army en tant que spécialiste du renseignement. En la matière, MTC Technologies, une autre heureuse élue, est encore mieux lotie. L'ex-lieutenant général Kenneth Minihan est membre de son conseil d'administration. Or, le personnage a été en d'autres temps directeur de la Defense

* Walter Pincus, « As Army Adds Interrogators, It Outsources Training », *The Washington Post*, 23 septembre 2006.

Intelligence Agency, l'agence de renseignement du Pentagone, puis de la National Security Agency. La troisième et dernière société impliquée est Oak Grove Technology qui a embauché en tant que responsable des opérations l'ex-lieutenant général Philip Kensinger. Sa carrière a été couronnée par le poste de commandant des forces spéciales de l'armée de Terre. Ces trois sociétés sont loin d'être les seules concernées : depuis 2001, les attributions de contrats couvrant les besoins ressentis par les forces armées en matière de formation linguistique des espions ont eu tendance à se multiplier. Aujourd'hui, Anteon, pour ne citer qu'elle, est partie prenante dans une « grande variété de cours concernant l'entraînement initial au sein de l'école du renseignement qui va du cours de base référencé 96B aux cours de formation individuelle avancée tels que l'entraînement au contre-espionnage (97B), l'interrogation (97E), le renseignement d'origine électromagnétique (98C), le renseignement électronique (98J)[4] et l'analyse des transmissions (98K)* ».

Aller aussi loin que possible dans le réalisme de l'entraînement militaire a poussé les fantassins du Corps des Marines américain à fréquenter assidûment les studios Stu Segall Productions où les effets spéciaux hollywoodiens font merveille. Il ne faudrait pas en déduire pour autant que l'entraînement, c'est du cinéma. Là comme ailleurs, la sueur ruisselle sur les « nuques de cuir[5] ». Jusques et y compris sur celles des plus qualifiés d'entre eux.

Les élites militaires à l'école des contractors

Nonchalamment installé dans sa Toyota Land Cruiser, James Asti discute avec son passager. Lors de la reconnaissance matinale, la piste en terre était gelée. Depuis, le soleil s'est levé et la chaleur de ses rayons a transformé le chemin en un

---

* Pratap Chatterjee, « Military Interrogation Training Gets Privatized », *CorpWatch*, 10 mars 2005.

bourbier qui grimpe la colline de plein fouet, sur la ligne de plus grande pente. Bien téméraire qui chercherait à franchir tout cela même avec quatre roues motrices et les crabots enclenchés. C'est justement ce que doivent aujourd'hui faire les stagiaires. Pour réussir cette gageure, une seule solution : descendre et treuiller. La manœuvre est simple. Il faut tout d'abord trouver un arbre d'une circonférence respectable et y ancrer le treuil manuel. Le reste est affaire d'huile de coude. Certes, il existe des treuils électriques et les engins opérationnels en sont pourvus. Mais ce serait trop facile : les stagiaires sont là pour s'aguerrir, pas pour se la couler douce. C'est une tâche éreintante : la longueur du câble de traction ne fait qu'une vingtaine de mètres et la pente à franchir est beaucoup, beaucoup plus longue. Au bout de 20 mètres, il faut donc démonter le treuil, l'installer 20 mètres plus loin et répéter la manœuvre. Les stagiaires s'attellent pourtant à la tâche sans regimber : ce sont des paras, et parmi les meilleurs que produit l'establishment militaire de l'Oncle Sam. Ils appartiennent au Commandement des forces spéciales du Corps des Marines américains.

Instructeur certifié de l'International 4-Wheel Drive Trainers' Association, James Asti est un vétéran de l'US Navy. En 2004, il participe à la création de la Back Country Driving School (BCDS). La société se taille rapidement une réputation enviable dans le petit monde des « spéciaux » et des organismes de police. Son créneau : la navigation terrestre, le pilotage, la réparation des véhicules avec les moyens du bord, la conduite opérationnelle en environnement à haut risque, voire les stages combinés de tir et de conduite. Car les trois compères de BCDS ont créé une filiale commune avec une autre société quant à elle spécialisée dans l'entraînement au maniement des armes, PFT Consulting. Logique : les terrains d'entraînement des deux entreprises sont contigus…

C'est James Asti qui a décidé que les stagiaires se passeraient de treuil électrique. Pour regonfler les pneus après un passage en terrain meuble, il leur refuse de la même manière l'utilisation d'un compresseur. « Vous partez avec un engin à 45 dollars qui ne vaut même pas la place qu'il prend lorsque vous l'expédiez en Afrique. Nous vivons dans une société pétrie de technique et faisons semblant de croire que l'argent et la haute technologie constituent des réponses infaillibles à tous les problèmes. Je ne sais pas comment le dire autrement que de cette manière : pour l'amour du ciel, notre ennemi part au combat à dos de cheval* ! » Le cheval, justement.

Lorsqu'en fin d'année 2001 les forces spéciales américaines foulent le sol afghan, leur première mission consiste à encadrer l'Alliance du Nord. Mais voilà : ces gens-là ne se déplacent qu'à dos de cheval. La seule solution pour les commandos de l'Oncle Sam consiste à prendre sur le tas des cours d'équitation. Quand tirant les leçons de cet anachronisme les stratèges américains résolvent d'entraîner leurs forces spéciales à ce genre de sport, ils s'aperçoivent que plus personne n'a les connaissances requises au sein des forces armées. D'où, dans un premier temps, le réflexe de sous-traiter l'entraînement auprès du secteur commercial. C'est l'exemple emblématique d'un besoin marginal inopiné nécessitant une solution rapide que seules les sociétés privées peuvent fournir à un coût raisonnable. Réactivité, donc, mais aussi capacité à coller au plus près des exigences du client.

Ainsi, dès lors qu'il s'agit de tenir un volant dans des conditions opérationnelles, on pourrait croire qu'il suffit de proposer un stage standardisé. Pas du tout, répond Dave Gengenbach, un des propriétaires de Security Operator Driving Instruction (SODI) Tactical. Par exemple, les nageurs de combat américains, les SEAL, négligent souvent l'entraînement aux opérations terrestres. Ils ont de ce fait un niveau moindre que les bérets verts, leurs homologues de l'armée de Terre. Il existe même des différences notables entre les différentes unités de bérets verts : « La mobilité des équipes du 3e Groupe de forces spéciales est d'un très haut niveau. Ils sont très rapides. Ils utilisent le Hummer[6] chaque jour toute la journée. Ils vivent littéralement avec. Le profil de leurs missions consiste généralement à être capables de s'insérer rapidement dans une zone puis de s'en éclipser sans que qui que ce

* Everett Arnold, « Shopping for Special Skills », *Special Operations Technology*, 12 mars 2007.

soit ne les détecte ou, s'ils sont détectés, d'être capables de distancer leurs poursuivants. » Quant aux détachements du 7e Groupe de forces spéciales, ils se déplacent plus généralement en gros convois et l'entraînement est très différent. Mais, ajoute Dave Gengenbach, quelle que soit l'unité, il faut des instructeurs à la mesure des stagiaires. Car lorsque vous entraînez des opérateurs issus des forces spéciales, si l'intensité de votre prestation n'est pas à la hauteur de ce qu'ils espèrent, ils vont voir ailleurs. Et il est très difficile de les ramener au bercail lorsqu'ils s'en sont éloignés. C'est pourquoi, après chaque stage, les instructeurs de SODI Tactical se réunissent entre eux pour une séance de débriefing intense. Il s'agit de mettre noir sur blanc ce qu'eux-mêmes ont appris de leurs élèves, histoire de coller au plus près de leurs desideratas lorsqu'ils reviendront [7]. En Irak, ce processus d'adaptation est mené en temps réel, au plus près de la réalité du terrain.

Dans une vie antérieure, celui que nous appellerons Ali – pour des raisons compréhensibles, il tient à garder l'anonymat – était footballeur professionnel. Le joug de Saddam Hussein recouvrait alors l'Irak d'une chape de plomb mais Ali avait droit aux faveurs du régime, il était une vedette. C'était il y a longtemps. Maintenant, Ali a 24 ans et son visage est entièrement recouvert d'une cagoule où percent des yeux d'un noir de jais. L'ancien sportif est membre de l'Unité de réponse d'urgence irakienne, une troupe d'élite principalement chargée des interventions ponctuelles à haut risque, arrestation de terroristes, coup de main ou libération d'otage. Sous le contrôle étroit des forces américaines, bien entendu. Mais Ali ne regrette nullement sa vie d'avant et s'est forgé une philosophie, un mensonge en velours qui l'aide à survivre et à rester sain d'esprit. Si tant est que ce soit possible dans toute cette folie guerrière. Pour lui, son boulot actuel ressemble à un match de football. Sur le terrain de sport, il s'agit de marquer des buts. Dans l'Irak contemporain, il y a aussi des buts à atteindre : capturer des terroristes [8]. Sauf qu'en l'occurrence, le ballon est remplacé par un engin explosif improvisé. Et ça fait une sacrée différence. Mais pour l'heure, ce qui préoccupe Ali, c'est d'améliorer sa technique de tir à l'arme de poing en espace clos.

Le terroriste brandit un pistolet automatique à bout de bras. Une cible difficile à atteindre : la silhouette du criminel disparaît presque entièrement derrière le corps d'une femme qui lui sert de bouclier humain, seules émergent sa tête et l'arme. Face à lui, un binôme d'une équipe de forces spéciales chargée d'investir l'immeuble de vive force. En une infime fraction de seconde, les deux opérateurs prennent leur décision, visent et tirent de concert : cet enchaînement, ils l'ont répété des milliers de fois à l'entraînement. L'automatisme des gestes : là est le secret de l'efficacité. C'est la seule manière de s'accommoder du surcroît de stress qui survient inévitablement lors d'une opération réelle. Son pistolet encore fumant, l'un des deux hommes en noir annonce d'une voix de stentor : « Pièce 4, claire ! » Des annonces semblables se succèdent jusqu'à ce que le chef d'équipe intervienne à son tour : « Immeuble clair ! » Légèrement en retrait, James Neil Carpenter, un « conseiller », observe la scène, le visage impassible. Son treillis, son crane rasé à la manière des Marines, ses lunettes noires genre forces spéciales, tout en lui proclame l'ex-militaire. Même si sa paye est celle d'un civil. Avec un sens inné de l'autorité que confèrent des années d'expérience, il prend la parole, révélant au passage un accent trainant fleurant bon le Middle West : « OK ! Aux résultats ! » Il aurait pu s'épargner cette peine : sur toutes les cibles en carton, le visage du terroriste est littéralement réduit en dentelle par une grêle d'impacts concentrés avec une précision diabolique sur le front juste au-dessus de l'arête du nez. En revanche, pas une balle n'a ne serait-ce qu'égratigné l'otage.

Les spécialités de James Neil Carpenter, ce sont la protection rapprochée et les opérations contre-terroristes. Là-dessus, il en connaît un rayon : il a notamment été garde du corps du P-DG de Sony ainsi que celui du président du Mexique, Vicente Fox Quesada. Lorsqu'il apprend que la société United States Investigation Services recherche des volontaires pour l'Irak, il n'hésite pas une seule seconde. Il pose sa candidature qui est acceptée : il effectue deux séjours sur place, tout d'abord du 15 juin au 2 octobre 2004 puis du 6 novembre 2004 au 31 mars 2005 [9].

Lorsque la situation s'y détériore au printemps 2004, il devient évident que ni la police ni les forces armées irakiennes ne sont à la hauteur de la tâche. À Fallujah, le 5 avril, plusieurs centaines de soldats, un bataillon au total, refusent purement et simplement de combattre et laissent les unités de Marines se débrouiller seules. Pire : un film montre des soldats irakiens entraînés par les Américains faire le coup de feu aux côtés des miliciens chiites de Moqtada al-Sadr [10]. Dès lors, dans les états-majors de l'Oncle Sam, c'est l'affolement. Toute la stratégie concoctée au Pentagone repose sur la participation des forces de sécurité irakiennes qui, à terme, doivent assumer seules le poids du maintien de l'ordre dans le futur État « démocratique ». On est loin du compte. Après l'effervescence vient le temps de la réflexion. Comment faire en sorte qu'une telle mésaventure ne se renouvelle pas ? Au sein de l'Autorité provisoire de la coalition dirigée par Paul Bremer, un projet prend forme : il s'agit de créer une unité irakienne dont les commandos seraient capables de tenir le rôle de force d'intervention. La mise sur pied de cette formation spéciale présente un avantage : elle ne nécessite qu'un effectif relativement limité, il est donc aisé de trier les candidats afin de s'assurer de leur valeur. La création de l'Unité de réponse d'urgence est bientôt annoncée. Effectif : 370 hommes répartis en trois compagnies de 60 hommes plus les unités indispensables au commandement, au soutien logistique ainsi qu'au support. Mais comment entraîner les volontaires ? La réponse est simplissime : en passant un contrat de sous-traitance. Contre toute attente, la manne tombe dans l'escarcelle d'US Investigation Services (USIS).

À cette époque en effet, USIS n'a rien d'une société militaire privée. C'est en 1883 qu'elle est créée par le gouvernement fédéral en tant qu'organisme officiel sous la dénomination de Commission du service civil. Son rôle est d'enquêter afin de contrôler la moralité de ceux qui se destinent à une carrière au sein de l'administration ; elle est rattachée au Bureau de gestion du personnel. Plus d'un siècle après, en 1996, l'administration Clinton décide de privatiser ce bureau dont les actifs sont conjointement rachetés par le Carlyle Group d'une part ainsi que par une société d'investissement new-yorkaise d'autre part. Rien de bien militaire là-dedans à ceci près qu'USIS est accoutumée à enquêter sur des individus ; c'est par ce biais qu'elle prend pied au Moyen-Orient. Depuis, le contrat attribué à USIS a été renouvelé à deux reprises. Et pourtant, les débuts ont été difficiles.

Car d'emblée, le gouvernement irakien d'Ayad Allawi exprime son hostilité envers ce projet. Il refuse de considérer les recrues de l'unité spéciale comme appartenant à la police irakienne et, donc, de prendre en charge les salaires. C'est finalement le Pentagone qui sort le carnet de chèques. Des bruits commencent à circuler : l'Unité de réponse d'urgence ne serait finalement qu'une milice sur laquelle les militaires américains se déchargent du sale boulot. Comme souvent, c'est l'ignorance qui fait le lit de la rumeur : même si c'est le département à la Défense qui éponge les factures, au sein des états-majors, ils sont peu nombreux à savoir quel est le rôle exact de ce détachement très spécial. Puis un corbeau fait irruption comme un chien dans un jeu de quilles. La lettre anonyme qu'il envoie affirme que les formateurs recrutés par USIS font le coup de feu lors des combats. Et que des opérations qualifiées de scabreuses sont menées grâce à des renseignements fournis par les forces spéciales officielles. La machine s'emballe : ces allégations composent une atmosphère délétère et la rumeur ne cesse d'enfler. Il faut attendre la mi-2005 pour que la situation s'assainisse : c'est à cette époque que la nouvelle administration irakienne accepte d'intégrer l'Unité de réponse d'urgence dans le giron du ministère de l'Intérieur national [11]. À la suite de quoi plus rien ne s'oppose à ce que ses détachements spéciaux ne donnent leur pleine mesure. Comme en ce 20 juillet 2007, jour au cours duquel l'un d'entre eux capture à Sadr City trois membres présumés de la milice Jaysh al-Mahdi [12] lors d'une opération d'assaut menée à l'aube simultanément contre deux résidences. Au total, en ce qui concerne la seule capitale Bagdad, les équipes de l'Unité de réponse d'urgence ont, entre la date de leur création et le mois d'avril 2006, accompli 117 missions de reconnaissance rapprochée d'objectif et capturé 236 suspects. L'entraînement des commandos s'étend sur huit semaines intensives au cours desquelles environ 70 % des volontaires sont écartés.

Dès lors qu'il s'agit d'entraîner les espions ainsi que les membres des forces spéciales, les Israéliens répondent encore une fois présents. Ces dernières années, de nombreux cadres issus du Shin Bet, le service de contre-espionnage et de sûreté intérieure, « ont créé des sociétés de sécurité privées très actives à l'international ». Les catalogues de ces entreprises proposent des savoir-faire acquis au sein de l'organisme, certains étant très pointus : contre-espionnage industriel, tests de sûreté (le « red teaming » anglo-saxon) ou encore formation des commandos contre-terroristes de la police. Or, « ces sociétés de sécurité demeurent très liées aux structures gouvernementales », les cadres gardant des liens étroits avec leurs anciens services officiels d'appartenance. Citons, entre autres, le Sdema Group, Athena GS3, l'International Security Academy Israel ou encore Multi Tier Solutions [13]. Les barbouzes de l'État hébreux font face à une concurrence acharnée. Lorsque les Émirats arabes unis décident de créer un groupe de nageurs de combat, ses amiraux s'adressent tout d'abord à la France puis à d'autres nations occidentales. Ils essuient partout un refus poli mais ferme : on ne badine pas avec des techniques, tactiques et procédures aussi sensibles. Sans doute les capitales occidentales craignaient-elles peu ou prou l'infiltration de l'unité émiratie par des taupes d'al-Qaeda. Les autorités des EAU sont donc contraintes de lorgner vers les capacités d'instruction propres à certaines sociétés américaines. Une initiative susceptible de faire tache d'huile : pour d'autres états-majors des pays du Golfe ayant des ambitions comparables, la solution du privé présente des avantages non négligeables [14].

Mais les capacités d'expertise très pointue intrinsèques des sociétés militaires privées ne s'arrêtent pas à entraîner les hommes-grenouilles pour qu'ils puissent faire quelques ronds dans l'eau, fût-ce avec un appareil respiratoire en circuit fermé.

C'est bien de savoir s'infiltrer en palmant mais encore faut-il que cela serve à quelque chose.

Les cambrioleurs de l'Oncle Sam

La lune éclaire la scène d'une lueur blafarde, irréelle. Cela pourrait être un décor de villégiature mais, au pied des pontons, l'eau charrie des tonnes de détritus. Et puis il y a l'odeur. Plus que le repos et la quiétude, l'endroit suinte la pauvreté et la saleté. C'est un coin désolé comme il en existe beaucoup autour de La Nouvelle-Orléans, en Louisiane, un de ces terrains vagues en bordure de mer où les oubliés du capitalisme américains tentent de survivre. Une société de damnés où règnent la drogue, la combine, l'alcool frelaté, une société à mille lieues de celle des milliardaires texans aux poches bourrées de dollars fleurant bon l'or noir. La seule activité consiste à pêcher pour ramener une maigre friture qui tient lieu de repas du soir. Et les coques de noix amarrées aux pontons n'ont rien des yachts luxueux de Miami. Pourtant, l'un de ces rafiots fait tache. Sans être digne des ports de Floride, il se distingue cependant des autres : plus grand, il est aussi manifestement mieux entretenu.

Il n'y a pas de vent, mais l'eau n'en frissonne pas moins très légèrement. Lentement, comme à regret, une forme sombre émerge. Sa combinaison noire ajustée, son appareil respiratoire bombé porté sur le ventre et ses palmes font ressembler l'homme à un batracien géant. En faisant un minimum de bruit, le nageur grimpe dans le bateau. Pendant ce temps-là, son alter ego rampe sur la rive et se dissimule dans l'ombre d'un pick-up. Bientôt, les gants tombent et des doigts agiles s'attaquent qui au circuit électrique du bateau, qui au cache en plastique dissimulant la colonne de direction du véhicule après en avoir subrepticement ouvert la porte. Il ne leur faut que quelques instants pour y poser puis raccorder les boîtiers noirs conditionnés dans un emballage étanche. Ensuite, ils s'en retournent vers l'eau glauque, cet abri qui est leur domaine, les accueille, les rend invisibles, presque invulnérables. Le lendemain, le briefing confirme la qualité de l'entraînement auquel ils se sont astreints. L'exercice avait pour but de vérifier s'ils étaient capables, après une infiltration subaquatique, d'accomplir leur mission de « surveillance par moyens techniques ». Une telle mission consiste à poser un mouchard permettant de suivre les mouvements d'un véhicule à l'insu de son conducteur. Chacun le sait : quelques heures à palmer dans une eau sombre et glauque fait monter le rythme cardiaque tandis que le stress rend les doigts malhabiles. C'est une tâche difficile à laquelle il faut être parfaitement accoutumé. Il est même prévu de recommencer l'entraînement avec aboiements de chiens et rafales d'armes automatiques afin d'affoler le palpitant au moment le plus critique. Mais cela, les stagiaires ne le savent pas encore. Où les hommes-grenouilles du Commandement naval de guerre spéciale américain ont-ils été formés à se comporter en mauvais génies subaquatiques de la cambriole ? Dans une école de l'US Navy ? Que nenni : c'est Technical Surveillance Sciences (TSS) Incorporated, une société spécialisée, qui s'en est chargée. Une des caractéristiques de la « boutique » est d'avoir embauché des instructeurs top niveau.

Kenneth Wagoner appartient à l'équipe dirigeante de Patriot Executive Protection. L'homme est une pointure. Il commence sa carrière militaire avec une affectation au laboratoire de recherche et de développement de l'AFOSI, le bureau de l'US Air Force chargé des investigations très spéciales relatives à la sûreté. Là, il participe à la mise au point ainsi qu'à l'emploi de matériels électroniques innovants servant à collecter les éléments de preuve ayant trait aux affaires sur lesquelles il enquête en clandestin. Dans le courant de l'année 1978, il est muté à Athènes où il s'occupe principalement de trafic de drogue. Il regagne les États-Unis en 1981 pour être nommé instructeur au sein de la Division de l'entraînement technique de l'AFOSI. Dix ans plus tard, on le retrouve sur la base aérienne de Wright-Patterson où il prend en charge les services techniques du bureau. Puis il accède au rang de Chief, Special Field Branch et a la haute main sur tout ce qui, au sein de l'AFOSI, concerne non seulement la surveillance par « moyens spéciaux » mais aussi les opérations clandestines et ce, pour une zone administrative couvrant 11 États. En tout, une carrière de vingt-deux ans au cours de laquelle il a accumulé une vaste expérience de la surveillance spéciale. Or, l'homme cumule son appartenance à Patriot Executive Protection avec un poste d'instructeur senior au profit de Technical Surveillance Sciences [15].

Lorsque l'état-major des forces spéciales américaines éprouve le besoin d'entraîner ses hommes à ce genre d'opérations, ses responsables s'adressent directement à TSS sans passer par un appel d'offres en bonne et due forme. Pour mériter le chiffre porté sur le contrat, il revient à la société d'être capable d'organiser, à partir d'octobre 2004 et sur cinq ans, entre 6 et 45 « cours ». Au menu : les méthodes de vidéosurveillance discrète, les techniques d'entrée subreptice dans un véhicule, le crochetage des serrures et la connaissance des circuits électriques propres aux bateaux. Pour les travaux pratiques, les salles de cours doivent renfermer un volume de matériel suffisant pour permettre à 20 « étudiants » de s'accoutumer « à l'enregistrement en direct de séquences vidéo ou audio, à la transmission des séquences vidéo et audio par câble, micro-ondes ou ondes à ultra-haute fréquence, au démontage/remontage des radios ainsi que des colonnes de direction des automobiles ». Ils doivent aussi apprendre à « manipuler » serrures, verrous et cadenas si besoin est au moyen d'outils de fortune bricolés sur place avec les moyens du bord. Accessoirement, la société a obligation de fournir des maquettes de colonnes de direction et de câblages électriques propres aux modèles d'automobiles les plus couramment utilisés en Asie, en Europe ainsi que sur le continent américain. Mieux : Technical Surveillance Sciences doit prévoir un accès à au moins trois casses où les stagiaires pourront s'entraîner à loisir sur des carcasses de voitures. Sans oublier, bien entendu, la possibilité d'exercer leurs talents de « bricoleurs » à bord de quelques yachts et autres navires commerciaux [16].

La salle des ventes ne paie pas de mine mais le lot mis aux enchères en ce mois de juin 2007 sort de l'ordinaire. Les enchérisseurs, des intermédiaires, ont tous un téléphone collé à l'oreille pour écouter une voix de son maître aux accents argentés. Sous le marteau, rien de moins qu'un îlot des Bahamas à 500 kilomètres au large des côtes de Floride. De grandes plages de sable fin bordées d'une mer aux reflets turquoise, des palmiers plein les yeux, une lumière éblouissante. Sur l'île, 19 bâtiments résidentiels et dépendances, une jetée munie d'une grue, une piste d'atterrissage, des réservoirs d'essence enterrés, des réservoirs d'eau douce ainsi qu'une installation de désalinisation de l'eau de mer. Un câble sous-marin procure le courant électrique. Si le câble casse, des groupes électrogènes prennent le relai. Si les groupes électrogènes flanchent, il reste les panneaux solaires. Bref, un nid douillet pour milliardaire que, de mémoire d'homme, pas un seul ouragan n'a osé abîmer. Mise à prix : 12 millions de dollars. Tout irait pour le mieux si l'île n'était pas inutilement enlaidie par deux verrues. L'une prend la forme d'un entrepôt où l'on peut stocker suffisamment de nourriture pour satisfaire les besoins d'une tribu familiale exigeante pendant cinq ans. Quant à la seconde, il s'agit ni plus ni moins que d'une station radar capable de prédire la météo tout autant que de détecter navires et avions croisant ou volant à moins de 220 kilomètres à la ronde. Quel magnat a-t-il eu l'idée saugrenue de transformer cette île paradisiaque en sanctuaire ultra-protégé ? Et pourquoi ?

Pendant toute sa jeunesse, Jack Holcomb a été en manque. Manque d'argent pour remplir son ventre qui criait famine : nous sommes dans les années de la « grande dépression » causée par le krach boursier d'octobre 1929. Manque d'affection, aussi : son père, tenancier d'une boutique de pompes funèbres, décède alors que l'enfant n'a que 4 ans. Il est élevé par sa mère au fin fond du Kentucky et le rire n'est pas souvent l'hôte de la maison. Parvenu à l'âge scolaire, il devient le pensionnaire assidu d'écoles militaires rigoristes avant de devenir lui-même soldat puis officier de police. Mais il fait preuve là-dessus d'une discrétion qui sent le soufre. Car dans les années 1960, il fonde à Fort Lauderdale une société, Audio Intelligence Devices (AID). En 1984, un de ses commis voyageurs est un ancien de la Central Intelligence Agency. Du reste, des rumeurs circulent : Jack Holcomb serait lui-même un agent de la Centrale. Quant à sa société, elle servirait d'écran pour camoufler « certaines » opérations. C'est en 1986 qu'il se porte acquéreur de son île des Bahamas pour la modique somme de 225 000 dollars ; il y fait immédiatement pour 25 millions de dollars de travaux [17]. Financés par qui ? Au profit de qui les radars ont-ils tourné ? Pourquoi ne débuter qu'à 12 millions de dollars les enchères concernant une île ayant coûté plus du double ? Mystère. Les activités d'AID sont elles aussi entourées de mystère. Les catalogues des systèmes qu'elle produit ne sont jamais envoyés par la poste mais donnés de la main à la main. Et malheur à ceux qui ne rendraient pas l'exemplaire de l'année précédente : ils se verraient irrémédiablement privés du catalogue de l'année en cours [18]. Finalement, Jack Holcomb revend Audio Intelligence Devices à Westinghouse Electric en 1992. En janvier 1998, AID est une nouvelle fois mise en vente et cette fois-ci rachetée par une holding, le Liberty Associates Management Group. Il faut deux procès intentés par l'entreprise contre deux de ses anciens cadres pour que cette très discrète société surgisse soudain sur le devant de la scène. La première de ces deux actions en justice l'oppose à Charles Goforth. Après avoir quitté AID, celui-ci monte une boîte concurrente, Digital Security Solutions Incorporated. Le scénario du second procès est étrangement ressemblant à celui du premier. Dans le rôle principal, un dénommé Laurie Thurmond, ex-administrateur de la filiale « entraînement » d'AID, la National Intelligence Academy. Il se défroque pour rejoindre l'équipe d'encadrement du Law Enforcement Technology Center rattaché à la société Innovative Surveillance Technology. Mais ces péripéties ne nuisent en rien au chiffre d'affaires d'Audio Intelligence Devices dont la plus grande part provient de contrats signés avec le FBI, la CIA ou encore les services fédéraux de lutte contre le trafic de drogue. But : entraîner les agents de ces différents organismes et de beaucoup d'autres aussi à utiliser les produits d'AID lors des opérations clandestines qu'ils accomplissent. Techniques concernées : le crochetage des serrures et les méthodes à mettre en pratique pour pénétrer discrètement dans divers locaux et en repartir sans laisser de traces. Pour ce faire, AID crée la National Intelligence Academy qui peut s'enorgueillir du bilan suivant : entre 1971, l'année de sa création, et 2002, un total de 17 000 « étudiants » provenant de 1 200 agences et départements répartis dans 50 pays sont passés entre les mains de ses 24 instructeurs [19]. Mais comment est-il possible qu'Audio Intelligence Devices puisse faire son beurre tout en restant aussi furtive ? Tout simplement parce que les systèmes que produit la société sont tellement « exotiques » qu'elle est souvent la seule à pouvoir les développer au profit des clients gouvernementaux qui en font la demande. Dans un tel cas, le code des marchés publics américain prévoit que les procédures d'acquisition puissent être réduites au strict minimum. Cela favorise la discrétion [20].

Finalement, en 2004, la National Intelligence Academy tombe dans l'escarcelle d'Innovative Surveillance Technology qui, restructurée pour l'occasion, devient International Surveillance Technology (IST). Quant au reste des actifs d'Audio Intelligence Devices, il est racheté par Law Enforcement Associates. Actuellement, International Surveillance Technology commercialise non seulement des gadgets pour barbouzes mais aussi toute une gamme de véhicules destinés aux organismes de sûreté. Parallèlement, IST coiffe l'académie qui organise à destination des militaires ainsi que des civils des stages « non disponibles par ailleurs » notamment relatifs à l'apprentissage des techniques clandestines. Enfin, IST contrôle Vizion Surveillance Systems dont le catalogue concerne principalement divers types de caméras de surveillance.

Dans tout cela, on notera l'étrange absence de la National Security Agency (NSA), les « grandes oreilles » de l'Oncle Sam. Est-ce à dire qu'elle n'éprouve pas le besoin de recourir à des sociétés privées dès lors qu'il lui faut former ses espions ? Pas du tout. Mais dans ce cas, elle s'adresse à d'autres organismes et en particulier à Mitretek Systems : une collaboration en ce sens est initiée en 1989. Officiellement, Mitretek est une société d'ingénierie à but non lucratif qui « aide » *(sic)* la NSA dans le cadre de la formation de ses employés en matière

armées égyptiennes pour prendre un poste d'agent de sécurité dans la société Egypt Air. Au cours de la même année, il entre également en contact avec la Central Intelligence Agency. Là commencent les invraisemblances. Jugé peu fiable par Langley, il est placé sur la liste rouge du département d'État. Ceci ne l'empêche nullement d'être recruté en 1985 par l'état-major des forces spéciales américaines qui en fait un instructeur de culture arabe à Fort Bragg. Par deux fois, un officier supérieur émet des doutes à son sujet et rend compte à ses supérieurs. Ali Mohamed n'est pas inquiété. Mieux : il quitte l'armée en 1989 avec des états de service élogieux vantant son patriotisme ainsi que ses qualités professionnelles. La même année, les Soviétiques quittent l'Afghanistan où Ali Mohamed dit avoir « séjourné », officiellement pendant ses congés. On voit d'ici le tableau : un béret vert des forces spéciales américaines originaire d'Égypte demandant des permissions pour aller guerroyer à l'autre bout de la Terre à l'insu de sa hiérarchie. On croit rêver.

Redevenu civil, il reste réserviste pendant cinq ans mais n'en fréquente pas moins l'Afghanistan, le Kenya ainsi que la Somalie. Dès lors, son parcours au sein du cercle des fidèles de Ben Laden en fait une taupe dont rêverait tout service d'espionnage. Justement : un ancien de la CIA n'hésite pas à confirmer publiquement qu'Ali Mohamed était un « honorable correspondant » du FBI. Sa participation à l'attentat contre l'ambassade américaine de Nairobi lui vaut finalement d'être arrêté le 10 septembre 1998. À la suite de son arrestation, il est mis au secret pendant plus d'un an. C'est précisément au cours de ce laps de temps que la présence au Pakistan de la Delta Force est mentionnée dans le cadre d'une opération ensuite annulée visant à appréhender Ben Laden. Un détail : bien que les autorités militaires américaines aient toujours refusé de le confirmer, l'état-major de la Delta Force est implanté à Fort Bragg…

Pourtant, dès lors qu'il s'agit d'examiner le pedigree d'un prétendant à la nationalité américaine, les services officiels, FBI en tête, prennent leur temps. On pourrait implicitement croire qu'il s'agit de ne pas laisser passer un espion à travers les mailles du filet. Il n'en est rien.

Ali al-Lati a un parcours qui rappelle celui d'Abid Saeed, notre Irakien plus vrai que nature. À 18 ans, Ali refuse d'être incorporé dans les forces armées de Saddam Hussein qui se préparent à envahir le Koweït. En Irak, on ne badine pas avec ce genre d'attitude passible de la peine de mort. Lorsque des soldats de la Garde républicaine viennent l'arrêter, ils lui logent une balle dans la jambe pour lui faire comprendre qu'ils ne rigolent pas. Contre toute attente, le juge qui s'occupe de son cas se montre inexplicablement clément : Ali échappe à la corde et écope de dix années de prison. Six mois après sa condamnation, les avions de la coalition ont la bonne idée de bombarder la base militaire où il croupit dans un cul-de-basse-fosse. Deuxième coup de chance : le garde-chiourme qui les surveille prend pitié des prisonniers et ouvre les cellules. Libéré, Ali participe comme bien d'autres au soulèvement chiite de 1991 à la suite de quoi il est interné par les troupes américaines pendant six ans. Puis émigre aux États-Unis.

Il ne faut pas longtemps à Ali al-Lati pour être recruté par SMI Global Mission Support. Il passe haut la main les quelques vérifications préliminaires. Les services américains de l'immigration mènent une enquête de sécurité qui ne révèle rien d'anormal dans son pedigree. Il est ensuite très fréquemment requis pour jouer son rôle d'Irakien lors des manœuvres organisées par le centre d'entraînement de Fort Polk. Encouragé, il se risque à demander la nationalité américaine. C'est là que les choses se gâtent. Car à ce stade, la décision repose entre les mains du FBI et de l'USCIS, le service américain de la citoyenneté et de l'immigration. Or, les deux organismes sont dépassés par l'ampleur de la tâche : en juillet 2007, près de 150 000 demandes de ce genre ont un temps d'attente supérieur à six mois, confirme Maria Elena Upson, porte-parole de l'USCIS. Quant au FBI, 27 000 demandes lui parviennent chaque semaine de l'USCIS et, pendant le même laps de temps, le bureau vérifie en moyenne 62 000 identités. Mais les bases de données sont dispersées, de nombreux dossiers se présentent encore sous forme de fiches cartonnées et des recherches effectuées sur un seul patronyme peuvent générer plusieurs réponses qu'il s'agit de vérifier une par une. Un travail de bénédictin. Pour certaines identités très usitées, ce sont plusieurs centaines d'enregistrements qu'une requête élémentaire peut retourner. Ali al-Lati a quant à lui attendu cinq années avant de se décider à porter l'affaire devant les tribunaux. Car être citoyen américain, c'est pour lui la possibilité de dépasser son simple statut de figurant en briguant une place d'interprète en Irak. Avec un salaire très différent, cela va sans dire[24]... Outre-Manche, l'ouverture de ce genre de boulevard permettant aux espions à la solde des terroristes de s'infiltrer au cœur des forces armées provoque un malaise grandissant au sein des troupes.

À la grande époque de l'IRA, les bâtiments servaient à imiter l'aspect d'une bourgade nord-irlandaise. Depuis, les infrastructures du terrain d'entraînement de Stanford dans le Norfolk ont été adaptées ; elles recréent maintenant l'atmosphère si particulière d'un village de la province d'Helmand, en Afghanistan. Pour faire encore plus vrai, des réfugiés afghans sont payés jusqu'à 200 livres sterling par jour (environ 252 euros) afin de jouer le rôle des insurgés. À lui seul, ce niveau de rémunération fait déjà jaser : pensez donc, il représente quatre fois la solde d'une recrue anglaise de base ! Mais ce n'est pas tout. De plus en plus souvent, les soldats expriment leur anxiété de voir ces auxiliaires à l'allégeance douteuse observer leurs moindres faits et gestes. Qui sait dans quelles oreilles intéressées ces renseignements-là tombent... « Le problème est que ces Afghans peuvent faire preuve de loyauté à l'égard de la Couronne, nous ne savons pas auprès de qui ils se confient ensuite et à qui ceux auxquels ils se confient parlent à leur tour. [...] Les gars n'aiment vraiment pas côtoyer des étrangers qui peuvent voir exactement comment ils opèrent sur le terrain. Cela leur laisse un sentiment de vulnérabilité*. » Encore tout ceci pourrait-il être estimé relever d'une gravité toute relative. Il y a pire.

---

* « Afghan refugees on – 200 a day – to pose as Taliban », *This is London*, 14 juillet 2007.

Avril 1989. Les autorités colombiennes ont décidé de frapper un grand coup : ce matin, les policiers tendent une embuscade à Jose Gonzales Rodriguez Gacha, un des chefs du cartel de Medellin. Le trafiquant est tué et, au cours de la même opération, son hacienda est fouillée de fond en comble. Surprise : les fins limiers de Bogota y découvrent 178 fusils d'assaut de facture israélienne, des Galil flambant neufs. Avec les numéros, il ne faut pas longtemps pour retrouver la trace de ce trésor de guerre. Les armes font partie d'un lot régulièrement exporté par la société Israeli Military Industries vers Antigua à l'automne 1988. Une lettre du ministre de la Sécurité nationale de l'île en fait foi. Mais il y a un problème : contactées, les autorités d'Antigua nient avoir commandé et reçu ces fusils-là. Le fond de l'affaire ne tarde pas à être révélé par NBC News. Les Galil ont atterri en Colombie grâce aux bons soins d'un réseau de trafiquants d'armes israélien comprenant un businessman, un agent de renseignement et Yair Klein, ancien officier de Tsahal. Entre autres, celui-ci dirige Hod Hadanit, une société militaire privée. Dans le cadre de ses activités, il a entraîné entre 1987 et 1989 les membres d'une milice colombienne d'autodéfense désirant se protéger des attaques de la guérilla gauchiste. Du moins est-ce là ce que Yair Klein affirme. Mais la réalité qui émerge est tout autre. Les membres du groupe de vigilance ayant bénéficié de ses conseils se sont eux-mêmes rendus coupables de crimes. Pire : certains d'entre eux ont loué leurs services au cartel de Medellin. Pour la justice de Bogota, l'affaire est entendue. Elle émet un mandat d'arrêt international en février 1998 [25] puis, en 2001, Yair Klein est jugé par contumace et condamné à dix ans de prison. Sur une information transmise par Interpol, il est finalement arrêté à l'aéroport de Moscou en 2007 alors qu'il était à deux doigts d'embarquer sur un vol à destination d'Israël. Les autorités russes ont depuis décidé d'accéder à la demande d'extradition formulée par Bogota [26].

Voilà ce qui arrive lorsque le laxisme ambiant laisse le champ libre à la seule loi que respectent certains dirigeants d'entreprises sans scrupule, à savoir la loi du marché. La privatisation des fonctions d'entraînement des forces dans un contexte de concurrence capitaliste exacerbée pourrait à la rigueur se comprendre si chacun tenait le rôle qui lui revient, celui des autorités étant alors de réguler et de contrôler. Ce n'est pas toujours le cas, loin s'en faut. Dans les capitales où les antichambres du pouvoir politique sont phagocytées par les lobbyistes, on a compris que réguler et contrôler coûte cher, rapporte peu et contrarie souvent les intérêts des industriels bailleurs de fonds finançant les campagnes électorales. Alors tant que l'existence des dérives est gérable parce que connue de manière marginale, pourquoi s'en inquiéter ? C'est *business as usual.*

5

Le commerce de l'espionnage

La vidéo est de piètre qualité, mais l'alignement des tentes ne trompe pas : il s'agit d'un camp militaire. Pour l'instant, tout y est calme. Pas pour longtemps : une alerte le transforme en ruche bourdonnante. Les images sont géoréférencées ; dans le jargon militaire, cela signifie que les indications portées dans la marge sont les coordonnées du terrain filmé. Dès lors, il ne faut pas être grand clerc pour trouver de quoi il s'agit : la séquence transmise en direct et sans aucun cryptage concerne les activités du camp Blondsteel, à Urosevac. C'est là qu'est implanté l'état-major des forces américaines opérant au Kosovo. Ces images-là proviennent d'un avion espion [1].

John Locker est ingénieur et britannique de surcroît. Certains sont passionnés par les échecs, d'autres par le sport, pas John Locker. Son truc à lui, c'est la télévision par satellite. Mais pas n'importe comment. Ce n'est pas son genre de s'affaler sur la banquette avec une bière à la main et la zapette dans l'autre. Il n'est certes qu'un amateur, mais un amateur très éclairé, presque un semi-professionnel. En ce jour de novembre 2001, comme souvent, il scanne les ondes jusqu'à accrocher les émissions d'un oiseau qu'il connaît bien, *Telstar 11*. Le satellite est opéré par Loral Skynet, il « arrose » l'Europe et l'Amérique du Nord. Mais ce que John Locker voit sur l'écran ne ressemble en rien à ce que diffuse habituellement l'engin. Il lui faut un peu de temps pour comprendre de quoi il s'agit. Quatre nouveaux canaux ont été ouverts et mis à la disposition des forces armées américaines qui les utilisent pour transmettre, sans cryptage et en temps réel, les images des drones et des avions de surveillance opérant en ex-Yougoslavie et plus particulièrement dans les espaces aériens de Bosnie et du Kosovo. Habituellement, ces informations sont classées secret-défense. Un membre des services de renseignement militaire ira jusqu'à dire : « Potentiellement, c'est comme si nous transmettions directement ces informations à nos ennemis. » Adrian Weale, un ancien du SAS britannique ayant servi en Irlande du Nord, renchérira : « Je pense que je serais extrêmement irrité de constater que le long et pénible travail de préparation entrepris en vue de monter une opération contre, par exemple, un suspect de crimes de guerre ou un trafiquant d'armes est compromis simplement parce que ces images sont, sous cette forme, librement accessibles à tout un chacun*. » Parmi les séquences diffusées, il en est une qui retient tout particulièrement l'attention de John Locker ; elle va lui permettre de faire une autre découverte surprenante.

Si l'on en croit les coordonnées, le bâtiment sur la vidéo est situé près de Skopje, en Macédoine. Est-ce un repérage pour une opération future ? Est-ce la demeure d'un criminel de guerre qui vit ses derniers instants de liberté ? Mystère. La séquence est relativement courte : l'objectif de la caméra aérienne se déplace jusqu'à zoomer sur la carlingue de l'appareil porteur ainsi que sur l'équipage de deux hommes. Pas de doute : il s'agit d'un Cessna 337 Skymaster. Problème : l'armée de l'Air américaine n'en possède plus... Mais l'objectif continue sa course et, l'espace d'un court instant, filme l'immatriculation de l'aéronef : N731AS. Fébrilement, John Locker saute sur son ordinateur et effectue quelques recherches. Une poignée de secondes après, la réponse tombe. Il ne s'agit pas d'un avion espion militaire mais d'un appareil mis en œuvre par AirScan Incorporated, une société civile dont le siège social est situé à Titusville, en Floride[2]. Il opère

* Duncan Campbell, « Now showing on satellite TV : secret American spy photos », *The Guardian*, 13 juin 2002.

depuis l'aéroport macédonien de Petrovec où le 15e Bataillon de renseignement militaire a pris ses quartiers[3].

L'espionnage aérien, un secteur commercial florissant

C'est en 1989[4] que la société est portée sur les fonts baptismaux par Walter Holloway, un homme dont on sait très peu de choses. Il est aidé dans cette tâche par John Mansur qui prend au sein de la nouvelle entreprise les fonctions de responsable des opérations. Pendant la guerre du Vietnam, John Mansur était membre d'un groupe ultrasecret, les Raven. À bord d'avions légers Cessna L-19/O-1 Bird Dog décollant depuis des pistes de fortune perdues dans la jungle, ils opéraient dans l'espace aérien laotien pour fournir des cibles à l'aviation d'attaque américaine[5]. Plus tard, le personnage prend les fonctions éminentes d'assistant militaire au secrétaire d'État à l'armée de l'Air puis de commandant du centre spatial de la base aérienne de Patrick. Il raccroche l'uniforme en 1987 avec le grade de colonel. Et puisque nous en sommes aux présentations, profitons-en : Michael Remm, vice-président d'AirScan en charge des opérations européennes, a été « opérateur senseur » à bord d'un AC-130. Ces canonnières volantes du commandement des opérations spéciales emportent un armement impressionnant allant jusqu'à l'obusier de 105 mm. Elles opèrent une fois la nuit tombée et utilisent de ce fait des systèmes de vision nocturne performants. C'était la tâche de Michael Remm que de les mettre en œuvre, ce qui fait de lui un homme lige pour AirScan. Très vite, la société se fait connaître en assurant la sûreté du Centre spatial Kennedy et de la base aérienne de Vandenberg, là où sont respectivement lancées les navettes et les fusées mettant sur orbite des satellites top secret. Mais ce sont surtout ses opérations en ex-Yougoslavie qui font émerger AirScan en tant que société de premier plan sur le tout nouveau marché de la sous-traitance en matière de surveillance aérienne.

Après avoir opéré dans les Balkans, AirScan fait irruption sur le théâtre des opérations irakien grâce à un contrat de 10 millions de dollars attribué en décembre 2003 pour assurer la surveillance nocturne des pipelines. Ce contrat est signé dans le cadre d'un effort de protection des infrastructures pétrolières portant le nom de code de Task Force Shield. AirScan opère quatre avions en Irak. Outre le survol des précieux tuyaux acheminant l'or noir, on lui demande aussi d'aider à la détection des engins explosifs improvisés. Pour Michael Remm, il n'est pas nécessaire d'utiliser pour cela « des senseurs extraordinaires. Il s'agit juste pour l'exploitant de faire, à la base, un bon travail d'analyse de l'imagerie, c'est-à-dire de repérer par exemple de nouveaux tas d'immondices, là où il n'y avait rien auparavant* ». AirScan Incorporated n'est pas la seule société à se positionner sur ce juteux marché.

Sur la base aérienne de Maxwell, c'est jour de fête. Nous sommes en 1997 et Lex Thistlethwaite, le président d'Aviation Development Corporation, y accueille en grande pompe les notables de la chambre de commerce locale à laquelle il vient d'affilier sa société. Au micro, il confirme l'information : il vient de signer avec le Pentagone un contrat de 10 millions de dollars. Sous couvert de ce contrat, sa société va tester et évaluer différents types de senseurs de surveillance. Ceux-ci seront montés à bord de biréacteurs d'affaires Cessna Citation V dont cinq exemplaires vont être basés à Maxwell. Pour la région, c'est une bonne nouvelle même si sa portée s'avère finalement assez limitée : à terme, Aviation Development Corporation va compter un effectif de 45 personnes, et il est prévu de ne recruter localement qu'un tiers de ce total. Mais même pour un résultat aussi limité, les collectivités locales ont dû mettre la main à la poche : l'extension de la piste d'atterrissage a coûté 5,7 millions de dollars principalement à la charge de la ville de Montgomery. Le maire a cependant bénéficié d'un appui de poids en la personne du

* Chris Pocock, « Picking up the slack – Commercial aviation operators complement and replaces UAVs in the military ISR market », *C4ISR-Journal.com*, 2 mars 2007.

sénateur républicain de l'Alabama Richard Shelby, président depuis 1995 du comité du Sénat en charge du renseignement.

Fin avril 2001, changement de décor. Chez Lex Thistlethwaite, on est aux abonnés absents. Pourtant, toute une cohorte de journalistes aimerait bien lui fourrer un micro sous le nez. Car un appareil où avaient pris place trois employés d'Aviation Development Corporation est mêlé à une sale histoire. Un avion civil a été abattu par les militaires péruviens après avoir été pris par erreur pour un aéronef impliqué dans le trafic de drogue ; deux innocents ont été tués. Or, ce sont les employés de la société qui ont initialement classé l'appareil comme suspect et, selon les premiers éléments de l'enquête, ils étaient sous contrat de cette bonne vieille Central Intelligence Agency. À tel point que certains observateurs s'interrogent : ADC ne serait-elle pas une société écran de l'Agence ? La CIA est une habituée de ce genre de procédé dès lors qu'il s'agit d'opacifier ses opérations, et de nombreuses raisons sociales apparaissent avoir été liées de près ou de loin aux barbouzes de Langley. Citons Air America bien sûr, mais aussi la Civil Air Transport Company, Corporate Air Services, Intermountain Aviation ou encore Southern Air Transport[6]. Plus récemment, les affaires relatives aux transferts clandestins de ceux que Washington a très opportunément désignés des « ennemis combattants » n'ont fait qu'allonger la liste. Dans le cadre de l'affaire péruvienne, l'avion à bord duquel les contractors d'ADC avaient pris place est généralement présenté comme un avion-radar. Inexact, répond Juan Tamayo, le correspondant local du *Miami Herald* basé à Bogota, en Colombie. Pour lui, cela va beaucoup plus loin : « Ils ne volent pas seulement pour empêcher les avions suspectés de trafic de drogue de le faire eux-mêmes. Ils emportent toutes sortes de systèmes électroniques et peuvent être utilisés pour accomplir une large palette de missions telles que surveiller les communications radio ou téléphoniques afin de localiser les gens au sol, par exemple des Américains qui auraient été kidnappés dans la région. Un membre des services de renseignement nous a même dit que des avions pouvaient repérer les fours à micro-ondes utilisés pour sécher la cocaïne. » Dans la suite de l'interview, le journaliste précise son interprétation des événements : l'appareil appartenait au département à la Défense qui ne possédait cependant pas les spécialistes indispensables à sa mise en œuvre, raison pour laquelle la CIA a hérité du programme. Langley a ensuite sous-traité sa réalisation auprès d'Aviation Development Corporation[7].

Qu'est-ce qui pousse les Américains à recourir encore aux services d'AirScan ou d'Aviation Development Corporation alors que l'époque est à la suprématie des drones ? Parmi plusieurs raisons, il en est une qui émerge : les robots aériens manquent encore de sûreté d'emploi, surtout dès lors qu'il s'agit de les faire cohabiter avec des avions civils dans un espace aérien très encombré. Cela, les forces armées de l'OTAN l'ont découvert lorsqu'elles ont pris en compte l'affaire yougoslave. Les appareils légers pilotés, eux, ignorent ces limitations. Ils s'insèrent parfaitement dans le trafic commercial et peuvent facilement changer d'altitude de vol si nécessaire. Et puis, comme le rappelle un opérateur ayant volé sur les Cessna 337 d'AirScan en ex-Yougoslavie, « nous n'avions pas à planifier des incidents tels que la perte des liaisons radio* ». S'agissant du seul mois d'opérations contre la Serbie en 1999, l'OTAN a en effet perdu pas moins de 22 drones, nombre d'entre eux ayant été réduits à l'état d'épaves par suite de la coupure de ce lien ombilical avec le contrôleur au sol. Bernard Zeller, un Français gérant et actionnaire majoritaire de CAE Aviation, une petite société basée au Luxembourg, surenchérit : « Nous nous sommes rendu compte de la grosse avance conservée par les avions sur les drones. Sans parler de leur réactivité car nous sommes capables de répondre à une demande de mission dans les cinq minutes. » Sa société opère, entre autres, quatre Cessna Caravan, appareils légers accomplissant dans les Balkans des missions de surveillance « au profit de certaines agences : l'Union européenne, l'OTAN, les Nations unies, et certains ministères de l'intérieur ». Avec un plus par rapport aux concurrents : CAE Aviation réalise les prises de vue aériennes

* *Ibid.*

mais est également capable de fournir le personnel indispensable à l'interprétation des images[8].

Mais à moyen terme, lorsque les ingénieurs auront réussi à concevoir des systèmes conférant aux drones un niveau de sécurité d'emploi minimum, alors sans doute ceux-ci évinceront-ils du ciel les avions légers de surveillance. Il s'agit là d'un marché d'autant plus alléchant que, autrefois cantonnés à des usages militaires, les engins inhabités s'apprêtent à investir la sphère civile. Conscientes de cette évolution inéluctable, certaines sociétés commencent à se positionner. C'est ainsi qu'Aerodyne Incorporated, une boîte d'Huntsville offrant des services de consultance technique en matière de drones aériens, a été rachetée par Abraxas Corporation[9], une société aux activités troubles réputée être très proche de la CIA.

Un repaire pour clandestins en mal de couverture

En ce jour de mars 2001, Richard Hollis Helms prend un nouveau départ dans la vie. Retraité de la Company qu'il a quittée dix-huit mois plus tôt, en octobre 1999 pour être précis, il a vécu une première expérience décevante dans le secteur commercial : la société qui l'avait embauché a été rachetée. Et puis ce n'est pas toujours facile de se couler du jour au lendemain dans le moule de l'Américain moyen quand on a traîné ses guêtres pendant trente ans dans le monde interlope des opérations clandestines. Ça façonne son homme, ça lui donne des habitudes difficiles à perdre. Et Richard Helms a excellé à ce petit jeu-là. Il est recruté par la CIA à la fin des années 1960 alors que son homonyme Richard McGarrah Helms dirige l'Agence. Sur trente années, il en passe douze au Moyen-Orient et en Asie. Il dirige la division « Europe » de la CIA et est l'un des premiers à rejoindre le Centre de contre-terrorisme dès sa création. Mais revenons au présent. Ce jour-là, le retraité a invité six de ses anciens collègues ; but : examiner s'il serait possible de réunir leurs forces pour créer leur propre entreprise. Après quelques heures de calculs savants, les six hommes décident de n'en rien faire car l'investissement initial leur paraît hors de portée. Richard Hollis Helms, lui, ne baisse pas les bras et décide d'aller de l'avant avec seulement 5 000 dollars de mise initiale. Sa société, encore faut-il lui donner une raison sociale et l'indiquer sur le formulaire qu'il tient à la main. Il fait irruption dans la salle à manger de sa résidence et lance à sa fille : « Vite, donne-moi un nom ! Je ne veux pas être à la tête d'une société qui porte banalement le mien ! » Celle-ci est en train de lire un livre sur la mythologie. Le nom de l'un des quatre chevaux trainant le chariot d'Hélios, le dieu du Soleil, attire son attention : « Abraxas ! » Abraxas Corporation est née. Plus tard, Richard Hollis Helms s'apercevra que ce nom est aussi celui d'un groupe de hard rock[10]... Le dirigeant d'entreprise tout frais émoulu se met alors en devoir de dénicher un petit nid douillet pour y domicilier le siège social de sa société. Il en trouve un, et de choix : le bâtiment est situé à 3 kilomètres de l'état-major de la CIA. Lorsque surviennent les attentats du 11 septembre, Richard Hollis Helms n'a pas beaucoup de chemin à faire pour rappeler à son ancienne hiérarchie qu'il existe encore. Son chiffre d'affaires s'en ressent : 2,3 millions de dollars en 2001, 19 millions de dollars en 2004...

En octobre 2006, son entreprise compte 225 employés, « pour la plupart des anciens de la CIA, ce qui [...] permet à la société de revendiquer un total de 3 000 années d'expérience en matière d'espionnage* ». Outre Richard Hollis Helms en tant que directeur, elle est présidée par Rodney Smith, un ancien du FBI. À son conseil d'administration siègent le général John Gordon et Tom Ridge. Le premier a été conseiller du président des États-Unis en matière de sécurité intérieure après avoir tenu des postes de première importance au sein de la CIA. Quant au second, il a été, excusez du peu, le premier directeur de la Sécurité intérieure. Mary Nayak, une autre recrue d'Abraxas, a quant à elle dirigé le groupe « Asie du Sud » rattaché à la Direction du renseignement de la CIA.

---

* « Abraxas Corporation », *Washington SmartCEO*, octobre 2006.

Les activités d'Abraxas Corporation comprennent un volet public voisinant avec un volet plus discret sinon secret. En façade, il s'agit d'une « boîte » opérant de manière très pointue dans le domaine de l'intelligence économique. Certes, la marque de fabrique « CIA » dont se prévalent ses cadres ajoute une note sulfureuse à un arôme fleurant bon la respectabilité. Mais c'est là un péché véniel auquel tout le monde sacrifie car le client perçoit cette revendication comme un gage de sérieux. Pour celui qui ose pousser la porte de la boutique à l'enseigne d'Abraxas, l'odeur de soufre se fait pourtant plus insistante. Le catalogue de la société propose en effet au chaland de l'entraîner, entre autres, à la « détection de déception », c'est-à-dire de lui apprendre l'art d'analyser le comportement à travers la communication verbale et non-verbale. Les sessions d'instruction sont organisées par des spécialistes ayant opéré contre « des officiers de renseignement étrangers, des terroristes ou des criminels* ». Bref, il s'agit pour le client d'être capable de déterminer si son interlocuteur lui ment ou pas lorsqu'il lui tire les vers du nez. En un mot comme en cent, c'est là ce qui constitue la base du métier d'espion, ni plus ni moins. Quand enfin saisissant son courage à deux mains on s'aventure dans l'arrière-cour de la boutique Abraxas, l'odeur de soufre prend à la gorge, il s'en faut de peu que l'on ne voie apparaître Lucifer en personne. Cela commence avec cette petite annonce pour un emploi à Fallujah, en Irak : « recherche analyste spécialiste du renseignement multisources, et/ou d'interrogation des sources humaines dans le cadre d'un travail de contre-espionnage, et/ou d'interception des ondes électromagnétiques ; s'adresser à Abraxas Corporation ; client : 1er Bataillon de renseignement du Corps des Marines [11] ». Cela continue avec le blog *Constant's pations.* Prenant des précautions oratoires qui font sourire, un texte affiché sur celui-ci décrit ainsi les activités de la société : « Abraxas agirait prétendument comme un pipeline. Le personnel assigné à Abraxas est dispatché tout autour du Globe, travaillant probablement sous couverture dans

* http://www.abraxascorp.com/, accédé le 16 décembre 2007.

d'autres sociétés en prenant soin de ne pas entretenir avec Abraxas des liens évidents. Lorsque les agents de la CIA prennent leur poste outre-mer, le réseau d'Abraxas implanté sur place devient le moyen par lequel les employés de la CIA sont transférés, reçoivent leurs documents d'accréditation et sont assignés à leur poste*. » RJ Hillhouse, une bloggeuse considérée comme une spécialiste avertie en matière de sous-traitance très spéciale, s'affranchit quant à elle du conditionnel : « De par des informations publiées dans des sources ouvertes, nous savons aussi que le phénomène de la sous-traitance s'étend au programme le plus sensible de la CIA, à savoir celui de l'établissement des couvertures non-officielles (NOC) qui est au moins partiellement dans les mains d'Abraxas Corporation. Le programme NOC recrute, réalise des enquêtes de sécurité et entraîne ceux connus dans le langage courant comme les espions implantés en profondeur et travaillant sous couverture (...) [qui] infiltrent les gouvernements étrangers, les sociétés commerciales ainsi que, du moins l'espère-t-on, les organisations terroristes**. »

Tous n'en mourraient pas, mais tous étaient frappés

Le cas d'Abraxas est emblématique : il révèle que plus une seule fonction autrefois considérée comme régalienne n'échappe désormais à l'appétit des actionnaires. Il met aussi en lumière l'ampleur atteinte par le phénomène : actuellement, « 50 % du National Clandestine Service – le cœur, le cerveau et l'âme de la CIA – ont été sous-traités à des entreprises telles qu'Abraxas, Booz Allen Hamilton, Lockheed

* « Abraxas Corp. Assumptions », *Constant's pations*, 30 septembre 2006. Accessible à http://constantpated.blogspot.com/2006/09/abraxas-corp-assumptions.html ; accédé le 16 décembre 2007.

** « Has the CIA Outsourced the Black Sites ? », *The Spy Who Billed Me*, 12 juin 2007.

Martin et Raytheon* ». On en arrive à une situation défiant l'imagination où « des privés sous contrat phagocytent des emplois qui étaient il n'y a pas si longtemps la chasse gardée d'employés de l'Agence ayant une solide formation : officiers des bureaux régionaux contrôlant les opérations clandestines dans le monde entier ; officiers assurant une veille vingt-quatre heures sur vingt-quatre dans le centre de crise ; analystes qui passent leur temps à manipuler des tonnes de données ; spécialistes du contre-espionnage dont le travail est de superviser les rencontres clandestines entre les officiers traitants et les sources qu'ils ont recrutées ; officiers dont la tâche est d'effectuer la liaison entre les agents de terrain et les analystes du siège** ». Les analystes, justement. Dans ce secteur aussi, les commerciaux ont les dents longues.

Prenons le cas de BAE Systems Incorporated, filiale américaine du groupe britannique. Afin de satisfaire les besoins ressentis par les organismes constitutifs de la Communauté du renseignement et en particulier de la CIA et du Centre national de contre-terrorisme, ses dirigeants décident de créer une division exclusivement dédiée à leur service, la Global Analysis Business Unit. Elle comprend maintenant plus de 800 cols blancs tous titulaires d'habilitations au secret. Selon une plaquette publicitaire distribuée en 2007 dans les allées d'une conférence, sa mission est de fournir aux organismes gouvernementaux des analystes capables de les « aider à comprendre la complexité des menaces auxquelles ils font face en matière d'espionnage*** ». Nul doute que fonctionnaires et cadres d'entreprises sont en l'occurrence sur la même longueur d'onde : bien souvent, ce sont les mêmes. À l'exemple de John Brennan, directeur exécutif d'Analysis Corporation. Avant de prendre ses fonctions, il appartenait au Centre national de contre-terrorisme américain. Jusque-là, rien de bien extraordinaire. Mais cela se complique dès lors que l'on

---

* R. J. Hillhouse, « Who Runs the CIA ? Outsiders for Hire », *The Washington Post*, 8 juillet 2007.

** James Bamford, « This Spy for Rent », *The New York Times*, 13 juin 2004.

*** Tim Shorrock, « Domestic Spying, Inc. », *CorpWatch*, 27 novembre 2007.

prend conscience qu'une partie du chiffre d'affaires d'Analysis Corporation provient de ce que la société fournit des analystes au même Centre national de contre-terrorisme. Sans doute est-ce pour cela que, chaque fois qu'il le peut, John Brennan prend soin de préciser que tous les contrats en ce sens avaient été signés avant qu'il ne pantoufle.

Que le National Clandestine Service soit littéralement phagocyté par des sociétés telles qu'Abraxas, Booz Allen Hamilton, Lockheed Martin et Raytheon, c'est un fait. Mais l'organisme n'est pas le seul à faire l'objet d'un tel traitement, loin s'en faut. Aujourd'hui, les espions à louer trustent environ la moitié des effectifs composant l'état-major de la National Security Agency, les « grandes oreilles ». À la Defense Intelligence Agency, service de renseignement du Pentagone, le pourcentage est de 35 % de l'effectif total. Mais l'organisme qui remporte la palme de la privatisation est très certainement le National Reconnaissance Office. Ayant pour mission de suivre au jour le jour les activités des satellites de reconnaissance photographique et d'interception des communications, il est composé à 90 % d'employés recevant leur fiche de paye d'organismes commerciaux[12]. Parfois, la situation est franchement caricaturale. Ainsi, la société Integrated Systems Improvement Services dont le cas est par ailleurs évoqué dans cet ouvrage a recruté Steve Manigault, un ancien du 304e Bataillon de renseignement militaire dont la mission est de préparer les officiers à tenir leurs emplois dans les « B2 » des niveaux tactique et opérationnel[13]. Et bien qu'ayant à peine raccroché son treillis, celui-ci est revenu travailler au 304, cette fois-ci en tant que civil[14]. Au total, on estime que 70 % du budget de l'Intelligence Community tombe directement dans les poches des contractors[15]. Voilà qui contraste avec une attitude britannique nettement moins enthousiaste, au moins s'agissant des deux principaux organismes de renseignement : au Royaume-Uni, le MI-5 tout autant que le MI-6 refusent de s'appuyer sur des prestataires de services privés. Fin mars 2008, ni Accenture, ni Booz Allen Hamilton, ni le Monitor Group, qui ont tous tenté de se positionner sur ce marché, n'ont signé le moindre contrat de sous-traitance. Les seules entreprises qui travaillent avec les deux organismes sont des fournisseurs d'informations tels que le groupe de défense Jane's ou bien Oxford Analytica [16].

À l'évidence, l'agressivité des chasseurs de têtes opérant au profit de certaines sociétés est génératrice de tensions. Retenir les joyaux de la couronne est pour la CIA un combat de tous les instants, les vautours recruteurs ne connaissent plus de limites. Ainsi, l'ex-directeur Porter Goss a dû sévèrement tancer plusieurs entreprises dont les représentants démarchaient jusque dans la cafétéria de l'Agence. Un ex-espion ayant opéré en Irak et dans tout le Moyen-Orient compare ces gens-là à des requins aux dents acérées. Il se souvient que dès qu'il a commencé à évoquer l'idée de partir en retraite, sa boîte aux lettres électronique a subitement été soumise à un assaut en règle. Le témoin « vous avez un nouveau message » clignotait comme la guirlande d'un sapin de Noël et il a passé une bonne partie de ses soirées à répondre à des offres téléphoniques. Ne pouvant enrayer le phénomène, les pontes de Langley se sont demandé s'il ne serait pas plus avisé de s'en accommoder. Ils ont donc créé « le Cadre », un réservoir de jeunes retraités susceptibles d'être rappelés à tout instant sur une base individuelle pour combler les trous laissés par les partants. Cela n'a pas suffi [17].

Cette poussée de fièvre capitaliste au pays des espions génère des gagnants mais aussi des perdants, de pauvres hères qu'il est trop facile de manipuler en leur faisant miroiter des montagnes de dollars. Les auxiliaires recrutés localement dans les zones de conflit sont de ceux-là.

Les interprètes, espions à l'insu de leur plein gré

Al-Sulaymaniyah, nord de l'Irak, 4 juillet 2003. Dans un bâtiment appartenant à une coterie nationaliste, un détachement de la 173e Brigade aéroportée américaine arrête 11 hommes des forces spéciales turques ; parmi eux, 3 officiers supérieurs. Pour l'état-major de la brigade, pas de doute :

la mission des commandos est de fomenter des troubles qui vont servir de prétexte afin de justifier le franchissement de la frontière par un corps expéditionnaire chargé de rétablir l'ordre. Suite à cette mésaventure, le téléphone n'arrête pas de fonctionner entre diplomates des deux bords. Finalement, les soldats d'élite sont libérés et reconduits à la frontière. La crise est évitée, mais l'escarmouche aura fait deux victimes collatérales.

En cette journée du 19 décembre 2005, Tunjay Celik erre sans but dans les rues de San Diego, aux États-Unis. Il y a quelques mois encore, il était chauffeur de taxi, mais cela n'a pas duré. Le moral est au plus bas : sa famille est à plusieurs milliers de kilomètres de là et il y a peu de chances qu'il puisse la revoir de sitôt. En février 2003, Celik travaille dans une chaîne de télévision turque. Un jour, il apprend que Titan Corporation, une société américaine, recherche des interprètes pour accompagner les unités de l'Oncle Sam qui ne vont pas tarder à se ruer vers Bagdad. Celik fait acte de candidature et se retrouve bientôt sur le tarmac d'une base aérienne américaine non loin de Kirkuk, au Kurdistan irakien, où il rejoint une quarantaine de traducteurs également recrutés par Titan Corporation. Là, il se lie d'amitié avec Savas Dalkilic, lui aussi de nationalité turque ; les deux hommes sont intégrés à la 173e Brigade aéroportée. Lorsqu'en juillet 2003 un détachement de l'unité part à l'assaut du bâtiment où se terrent les forces spéciales turques, les deux hommes se retrouvent plongés malgré eux dans une affaire qui les dépasse.

Menottés, habillés d'une combinaison orange rendue célèbre par les prisonniers de Guantanamo, la tête revêtue d'une cagoule opaque, les commandos faits prisonniers sont rapidement acheminés vers Kirkuk. Là, c'est Celik qui sert de traducteur lors d'un face-à-face tendu entre un colonel américain et un « observateur » prestement délégué par Ankara. Savas Dalkilic est quant à lui réquisitionné par les agents de renseignement militaire de l'Oncle Sam chargés d'interroger les membres des forces spéciales. Très rapidement, le colonel commandant le détachement capturé identifie Savas comme étant un compatriote turc. Il s'adresse alors directement à lui :

« Sais-tu que travailler comme traducteur dans ces circonstances est illégal ? Tu seras sévèrement puni pour cela ! » Puis tout s'accélère : les « observateurs » venus d'Ankara abordent tous les traducteurs de Titan Corporation impliqués dans l'incident et leur mettent le marché en main : soit ils fournissent des informations, soit ils seront considérés comme des traîtres en rentrant au pays. Avec tout ce que cela implique : emprisonnement, torture voire décès « accidentel ». Certains cèdent au chantage, mais Celik et Dalkilic refusent. Dès lors, tout se complique.

Car du coup, il n'est plus question pour eux de côtoyer des Turcs. Et Titan Corporation ne sait que faire de ces empêcheurs de traduire en rond ; la société envisage même de les renvoyer chez eux. Les deux hommes comprennent qu'ils ne peuvent s'en sortir qu'en mettant les autorités américaines devant le fait accompli. Le 31 juillet, en bénéficiant d'on ne sait trop quelles complicités, ils embarquent à bord d'un appareil de l'armée de l'Air américaine à destination de la base aérienne de Dover, dans le Delaware. Là, ils brandissent leur carte d'identification d'interprète et réclament l'asile politique. Quatre mois plus tard, un juge fédéral reconnaît le bien-fondé de leur requête [18]...

Celik et Dalkilic ne sont pas des cas isolés. Tenir un rôle qui, il n'y a pas si longtemps, aurait été la chasse gardée des services d'espionnage n'est pas de tout repos. C'est ce que confirme Drew Halldorson, manager de site pour Titan Corporation. Il avoue avoir lui-même accompagné des détachements de la 82e Division aéroportée alors que ceux-ci opéraient à Mossoul. Il a accompli plus de 40 missions de combat au cours desquelles il a même utilisé son arme. On lui a aussi tiré dessus. Comme Celik et Dalkilic, Goran Habbeb est une recrue de Titan Corporation officiellement embauchée comme traducteur civil. Son travail l'oblige toutefois à être en première ligne avec les détachements de la 173e Brigade aéroportée ou encore de la 64e Compagnie de police militaire. On a parfois recours à ses services pour faire un travail d'espion en lui demandant au besoin d'aller seul dans un village pour y chercher des indices attestant de la présence d'insurgés ou pour relever discrètement des coordonnées GPS. Sans doute cela s'est-il su car un jour, alors qu'il se rend sur la base de l'armée américaine où il travaille, des tueurs l'attendent. Il est touché de sept balles. À l'hôpital, les médecins déclarent d'emblée ne rien pouvoir faire pour lui. C'est sa chance : contre toute attente, il en réchappe mais, le croyant décédé, les assassins le laissent tranquille. Ils annonceront même sa mort à la télévision [19].

C'est pour aider ces laissés-pour-compte de la guerre globale contre le terrorisme que Paul Rieckhoff a fondé une association de vétérans d'Afghanistan et d'Irak. Les rues de Bagdad, notre homme les connaît, il les a sillonnées dans tous les sens avec la 3e Division d'infanterie. Mais quand il revient aux États-Unis, c'est pour constater que la guerre en Irak, le public américain s'en fout. Quant aux auxiliaires irakiens, c'est comme s'ils n'existaient même pas. Et pourtant, selon des chiffres rendus publics par Titan Corporation elle-même, ils sont 250 à tomber sous les balles des insurgés entre mars 2003 et mars 2008. « Nous étions sur place pour le constater : ces interprètes irakiens étaient nos yeux et nos oreilles sur le champ de bataille », lance, désabusé, l'ancien officier. En mars 2008, son association rassemble 85 000 membres psalmodiant ce mot d'ordre comme un mantra : il faut contraindre les politiciens à prendre en compte le sort de ces auxiliaires bien mal récompensés [20]. Car même si le président Bush a signé en janvier 2008 un oukase autorisant l'immigration de 5 000 d'entre eux, soit une multiplication par dix des quotas pour 2006 et 2007, les départements d'État et de la Sécurité intérieure se hâtent avec lenteur dès lors qu'il s'agit de publier les décrets d'application. Pour Ala'a Mohammed, l'Amérique n'est qu'un rêve inaccessible et qui va le rester longtemps encore. À tel point que le seul avenir qu'il peut envisager, c'est de revenir chez lui. Mais quand ? « Nous, les interprètes ainsi que tous ceux qui ont travaillé au profit des troupes américaines, nous sommes devenus des cibles légitimes pour les terroristes et les islamistes. Des collaborateurs et des espions : voilà comment ils nous voient. Dieu seul sait qui nous tuera lorsque nous reviendrons*. » L'histoire bégaye : les guerres insurrectionnelles ne sont pas tendres pour ceux qui ont l'audace de trahir « la cause ». Trahir, justement.

Sa demande d'asile politique ayant été acceptée, Noureddine Malki ne tarde pas à être naturalisé américain. Qui est-il ? D'où vient-il ? Là est le problème : il a cinq alias qu'il utilise tour à tour dans les pays qu'il a « visités » et qui vont de la Mauritanie au Maroc en passant par le Liban. Cela, les enquêteurs ne s'en apercevront que beaucoup plus tard. Mais pour l'instant, les connaissances linguistiques de Noureddine lui permettent d'être recruté par L-3 Communications-Titan Group ; il est affecté comme traducteur auprès de la 82e Division aéroportée en Irak où il est présent en 2003 et en 2004. La qualité de son travail au sein d'une unité de renseignement lui vaut les louanges de son employeur. Sans doute est-ce cela qui le pousse à se porter candidat à l'obtention d'une habilitation au secret. C'est là que tout se gâte pour lui.

Car en enquêtant sur son passé, les agents gouvernementaux font de bien étranges découvertes. Alors qu'il était en poste sur la base aérienne d'Al-Taqqadam à l'ouest de Bagdad en mars 2004, il s'est rendu coupable de faits d'espionnage en transmettant des informations classifiées aux insurgés sunnites. Quelle est la gravité des faits ? Les déclarations du lieutenant-colonel Michele Bredenkamp, de la 82e Division aéroportée, permettent d'en avoir un aperçu : les informations « sont tellement critiques que personne ne peut penser un seul instant vouloir les divulguer en dehors d'une stricte application d'un principe que l'on appelle "le droit d'en connaître". Le document était relatif, entre autres, aux itinéraires des convois ainsi qu'aux terroristes connus que l'armée voulait neutraliser. Entre 60 et 70 personnes avaient le droit de consulter ce document qui ne pouvait être accédé que par

---

* « Iraqi Aides Hope for New Life in U.S. », *The Associated Press*, 20 mars 2008.

l'intermédiaire d'un ordinateur protégé* ». Finalement, Noureddine Malki sera condamné à treize ans de prison, peine que d'aucuns jugent clémente au regard des dégâts provoqués : ils estiment que le forfait pourrait être à l'origine de plusieurs centaines de morts dans les rangs américains et irakiens. Mais l'on peut se demander : d'autres responsabilités ne sont-elles pas à rechercher au niveau des autorités militaires ou au niveau de l'employeur ? La question reste en suspens. Toujours est-il que, selon des « sources qualifiées ayant conduit des enquêtes de sécurité au sujet des personnels irakiens au camp Falcon au sud de Bagdad », le processus de vérification propre à Titan a conduit à écarter des candidats à un taux inférieur à 8 personnes sur 5 000 tandis que le taux constaté en ce qui concerne les militaires spécialistes du renseignement s'établit à 33 %[21]...

Pourtant, il ne fallait pas être grand clerc pour prévoir ce qui ne devait pas manquer d'arriver. En 2005, un site Internet présenté par les Britanniques comme affilié à al-Qaeda publie des « offres d'emploi » afin d'attirer des candidats dévots parlant et écrivant correctement la langue anglaise. Dès juin 2002, Saddam Hussein lui-même ordonne la mise en place d'un programme accéléré d'apprentissage de la langue de Shakespeare au profit de ses espions ainsi que de certains membres du parti Baath. Munis de leur bagage linguistique, ces individus sont ensuite insérés dans des réseaux dormants prévus pour être « réveillés » une fois les Américains maîtres du pays. Mission : infiltrer les unités de l'Oncle Sam pour procurer aux cellules insurrectionnelles du « renseignement à fin d'action », le seul qui puisse permettre de choisir des cibles en connaissance de cause[22]...

Il n'aura échappé à personne que, jusqu'à présent, seul le domaine du renseignement extérieur a été traité dans ce chapitre. Le FBI y a par exemple très peu été évoqué. Il est temps de combler cette lacune.

---

* Jerry Gordon, « The Transator Scandal Ripens », *New English Review*, mai 2008 ; Jerry Gordon, « An intelligence Disaster in Iraq », *WorldNetDaily*, 1er mars 2007.

Espionnage de sûreté intérieure : on brade !

Pour certains, cette mosquée n'est qu'une verrue dans le tissu urbain. D'autres sont sensibles à l'équilibre de ses volumes qui dégage une sobriété de bon aloi. Pour les deux gorilles cloîtrés dans une voiture banalisée et dont la seule occupation consiste à tuer le temps, c'est là une question futile. Si l'on en juge au nombre de mégots jonchant la moquette, ils sont là depuis plusieurs heures. Mais qu'importe : les « fed » ont de la patience à revendre. C'est leur fond de commerce.

L'affaire commence quelques semaines plus tôt lorsque les « grandes oreilles » de la National Security Agency interceptent des communications téléphoniques provenant d'une organisation non-gouvernementale située en Arabie saoudite. Elles sont adressées à un groupe de fidèles de la mosquée fichés par le FBI comme liés à une organisation « inamicale ». Chargés de l'enquête, les agents spéciaux ont requis et obtenu l'aide de la National Geospatial-Intelligence Agency (NGA). L'imagerie qu'elle fournit permet une surveillance prolongée du trafic allant et venant sur le parking de la mosquée ainsi que des mouvements dans une cour peu accessible située sur l'arrière. Les clichés proviennent des satellites mais aussi des avions de reconnaissance stratégique U-2, ceux-là même qui étaient, avant que l'affaire Gary Power ne mette un terme aux survols, chargés d'espionner l'Union soviétique. Occasionnellement, des drones militaires fournissent l'appoint. Pendant ce temps, la NSA continue à intercepter toutes les communications provenant ou à destination de la mosquée.

Finalement, ce scénario élaboré en fin d'année 2007 ne présente qu'un inconvénient : il est à l'époque irréalisable. Car cette année-là, ni la NGA ni la NSA n'ont encore théoriquement le droit de tremper dans des opérations d'espionnage domestique même si on a souvent l'impression qu'il ne s'agit là que d'une interdiction de pure forme : après tout, les services secrets n'ont-ils pas été créés pour agir en marge de la loi ? Certes, il existe des exceptions. Ainsi, de par des règles établies en 1970, les services géologiques ainsi que la NASA peuvent utiliser comme bon leur semble les produits classifiés provenant des satellites espions. De même, l'aide de la NGA a été ponctuellement requise pour des besoins intérieurs. Lorsqu'en 2002 deux snipers terrorisent Washington, le FBI demande des clichés pour mieux traquer les criminels. L'imagerie est également utilisée lors des opérations de secours consécutives à l'ouragan Katrina et aux incendies ayant, en octobre 2007, ravagé la Californie. Mais tout cela s'est fait en respectant une procédure lourde imposant la présentation d'une requête formelle émanant habituellement de l'Agence fédérale de gestion des situations d'urgence.

Dès 2005, cette lourdeur motive la réalisation d'une étude par les services du Bureau du directeur du renseignement national en vue de répondre à cette question : que peut-on faire pour alléger la procédure ? On aurait pu s'attendre à ce que les services officiels du tsar de l'espionnage américain aient eux-mêmes pris cette étude en compte. Pas du tout : sa réalisation est confiée à Booz Allen Hamilton qui figure parmi les sociétés de premier plan dans le secteur de la sous-traitance en matière de renseignement. Dès le début donc, les dés sont pipés : Booz Allen Hamilton est à la fois juge et partie. Doublement juge et partie, du reste, puisque juste avant d'être intronisé directeur du renseignement national le 20 février 2007, Michael McConnell tenait les fonctions de vice-président senior chez... Booz Allen Hamilton[23] ! Le reste de l'équipe chargée de prendre à son compte la rédaction du rapport est à l'avenant. On y trouve Keith Hall, vice-président de Booz Allen Hamilton et ex-directeur du National Reconnaissance Office. Il y a aussi le lieutenant général à la retraite Patrick Hughes, ancien directeur de la Defense Intelligence Agency et vice-président de la sécurité intérieure pour L-3 Communications. Arrêtons là cet inventaire, il ne sert à rien d'en rajouter. Pour Tim Shorrock, contributeur de CorpWatch, un organisme spécialisé dans la surveillance des activités gouvernementales et corporatistes, Booz Allen Hamilton est tellement truffée d'anciens des services de renseignement américains qu'elle mérite ce surnom : la « Shadow Intelligence Agency », soit l'agence de renseignement de l'ombre. En 2006, son chiffre d'affaires s'élève à 3,7 milliards de dollars ; 50 % de ce total sont réalisés avec les agences gouvernementales et plus particulièrement celles de la Communauté du renseignement américain. Selon des données qu'il faut aller exhumer dans un des recoins de son site Internet, on apprend que 10 000 des 18 000 employés de la société sont titulaires d'une habilitation au niveau « Top Secret/Sensitive Compartmented Information (TS/SCI) », l'une des plus élevées. Cela place Booz Allen Hamilton dans le peloton de tête des organismes à but lucratif américains les plus riches en la matière[24].

Achevée en mai 2005, l'étude commanditée par le Bureau du directeur du renseignement national prescrit la création du National Applications Office (NAO), un organisme chargé de superviser l'utilisation des moyens propres à la Communauté du renseignement pour satisfaire les besoins en matière de sûreté intérieure. En mai 2007, tout juste trois mois après avoir été nommé directeur du renseignement national, Michael McConnell tente de faire passer la réforme aux forceps. Échéance : 1er octobre de la même année pour une entrée en fonction du NAO. Mais le Congrès regimbe. Et pas question de passer outre : le plan est finalement remis *sine die*[25]. Jusqu'à quand ? Car du côté des industriels, on salive. C'est un marché pesant plusieurs milliards de dollars qui joue à l'épée de Damoclès : dès que l'administration tranchera le crin retenant le glaive, le bruit du tiroir-caisse commencera à résonner joyeusement dans les assemblées d'actionnaires.

En matière de renseignement intérieur cependant, l'affaire qui démontre le mieux l'aspect délétère du pantouflage est celle gravitant autour de la personnalité sulfureuse de Stephen Cambone. Pour bien comprendre, relatons-la de façon chronologique.

En mai 2003, Donald Rumsfeld, le secrétaire à la Défense américain, décide de réorganiser le renseignement au sein de son fief ; il crée en conséquence un Bureau du sous-secrétaire à la Défense pour le renseignement. But : contrer, dans les antichambres du pouvoir, l'influence d'une mafia toute entière dévouée aux intérêts de la CIA. Le premier à être intronisé dans ces nouvelles fonctions est Steve Cambone. Il a autorité sur l'ensemble des organismes de renseignement rattachés aux forces armées et en particulier sur la très discrète Counterintelligence Field Activity (CIFA). Créée par une directive datant du 19 février 2002[26], il lui revient en particulier de préserver les installations de la Défense américaine contre toute action de malveillance. Sa mission concerne toutes les infrastructures des forces armées, y compris celles implantées sur le territoire continental des États-Unis. La remarque est d'importance car il est théoriquement interdit aux militaires d'y opérer sauf cas très particulier. Au passage, la CIFA elle aussi ne tarde pas à être littéralement phagocytée par les sociétés de sous-traitance à l'exemple de Lockheed Martin Corporation qui, en mars 2006, recherche un analyste en contre-espionnage pour « créer et animer des briefings, écrire des rapports, et [la] représenter[27] ». En 2003, la Counterintelligence Field Activity contrôlée, rappelons-le, par Stephen Cambone, attribue à la société Analex Corporation un premier contrat. Les employés de la société dépêchés au sein de la CIFA sont chargés de ratisser une montagne d'informations provenant de toutes sortes de fournisseurs allant des sources ouvertes aux renseignements top secret afin d'en tirer la substantifique moelle. But : détecter les menaces. En 2006, Stephen Cambone quitte son poste de sous-secrétaire à la Défense en charge du renseignement. En novembre 2007, il est recruté par la société QinetiQ North America qui en fait son vice-président senior responsable de la stratégie commerciale. Une part de ses responsabilités consiste à aider ses collègues dès lors qu'il s'agit « d'identifier les nouvelles opportunités » de contrats[28]. QinetiQ North America ne tarde pas à racheter Analex Corporation pour en faire son « Mission Solutions Group ». Dernier acte de ce jeu de chaises musicales : le 7 janvier 2008, soit moins de deux mois après l'arrivée de Stephen Cambone au sein de QinetiQ, le Mission Solutions Group de celle-ci décroche auprès de la CIFA un contrat de 30 millions de dollars sur cinq ans. L'objet de ce contrat reste très mystérieux, il concerne la fourniture d'une « palette de services non spécifiés en matière de sécurité* ».

Ce qui précède révèle l'acuité des problèmes posés par le pantouflage des élites dans le secteur de la Défense : aux États-Unis, le phénomène atteint des sommets. En fait, bon an mal an, tous niveaux hiérarchiques confondus, ils sont environ 200 000 à quitter le Pentagone. Voulant en avoir le cœur net, le Government Accountability Office décide d'enquêter. Ses analystes choisissent un panel de 2 500 cadres de haut niveau et examinent ce qu'ils sont devenus. Les conclusions du rapport rendu public en mai 2008 sont édifiantes : presque les deux tiers d'entre eux ont très vite retrouvé un emploi à la hauteur de leurs capacités dans seulement sept sociétés tentaculaires : Booz Allen Hamilton, General Dynamics, L-3 Communications, Lockheed Martin, Northrop Grumman, Raytheon et Science Applications International Corporation. Or, six de ces sociétés (Booz Allen Hamilton fait exception) appartiennent au club très fermé des 10 industriels ayant réalisé en 2007 les plus gros chiffres d'affaires avec le département à la Défense. Le total s'élève à 87 milliards de dollars[29]… Un véritable marché s'est par ailleurs constitué autour du reclassement des anciens militaires, un marché avec ses sites Internet ayant pour activité exclusive de favoriser le pantouflage des ex-espions. Avec, aussi, des sociétés qui ne font rien d'autre que trouver des postes aux défroqués de l'uniforme ; citons entre autres Bradley-Morris Incorporated ou encore Orion International. À chaque fois qu'un contrat est signé grâce à leurs soins, le montant de la facture adressée à la société qui embauche est de 30 % des émoluments annuels concédés à la personne faisant l'objet de la transaction. RecruitMilitary est quant à elle spécialisée dans l'organisation de « foires aux retraités » exclusivement réservées aux anciens militaires où ceux-ci prennent contact avec leurs futurs employeurs. En 2007, elle en a organisé 45, total qui, en 2008, devrait passer à 104[30]…

* Tim Shorrock, « QinetiQ Goes Kinetic : Top Rumsfeld Aide Wins Contracts From Spy Office He Set Up », *CorpWatch*, 15 janvier 2008.

On le voit : tout cela compose un complexe militaro-industriel où chacun trouve son intérêt à ce que les guerres perdurent au grand dam du contribuable américain. Avec un danger : que la collusion entre donneurs d'ordres et marchands d'armes ne finisse par constituer de par elle-même un modèle économique autonome s'étant affranchi de toute règle éthique pour le plus grand bonheur des actionnaires. Sans doute est-ce ce qu'a voulu dire Frida Berrigan, une analyste spécialisée dans l'étude des politiques de défense, lorsqu'elle pose la question : « Mais de quel Pentagone parle-t-on* ? »

Revenons maintenant à la sous-traitance des tâches de renseignement dans le domaine de la sécurité intérieure. En l'occurrence, les Britanniques se distinguent encore une fois par un pragmatisme qui va très certainement conduire les autorités à multiplier les initiatives. Au risque de créer une situation de fait qui verrait anciens barbouzes et anciens des forces spéciales jouir d'un pouvoir délétère lié à une quasi-monopolisation des fonctions de sûreté. C'est ce type de situation qui prévaut en Russie où, dans la lutte que se livrent gendarmes et voleurs, on ne sait plus vraiment à quel bord appartiennent certaines sociétés.

Quand les barbouzes frayent avec les flics

Fin d'année 2000. Les résidents d'Egghill Estate, un lotissement de logements sociaux non loin de Birmingham, en Grande-Bretagne, sont dans une colère noire et ils le font savoir. Depuis quelque temps, un groupe de jeunes délinquants, toujours les mêmes dit-on, s'en donne à cœur joie. Les cambriolages se multiplient au grand dam du conseil municipal. Débordée, manquant d'effectif, dépourvue du matériel qui pourrait permettre d'accumuler les preuves pour traduire les voleurs en justice, la West Midlands Police ne peut

* Frida Berrigan, « Trouble at the Pentagon », *Foreign Policy In Focus*, 11 juin 2008.

qu'avouer son impuissance. Du côté des victimes, la colère le dispute à l'abattement. Car un cambriolage, c'est aussi et avant tout un viol de la vie privée : les objets sont remplaçables mais cette impression-là met beaucoup de temps à s'effacer dans les mémoires. Ce que reconnaît Dennis Minnis, le responsable du logement social pour la ville : « C'est déjà dur d'être victime d'une agression dans la rue mais quand quelqu'un s'introduit dans votre espace de vie privée et y apporte le chaos, c'est de détresse dont il convient de parler*. » De l'avis général, quatre mots résument la situation : trop c'est trop !

L'homme est couleur passe-muraille. Sales, usagés, ses vêtements témoignent de sa piètre condition sociale. Son dos courbé, son regard las achèvent de composer le portrait d'un laissé-pour-compte. Sans éveiller la moindre attention, il se glisse dans un immeuble, achève sa bière d'un seul trait et pose négligemment la cannette d'aluminium vide. Il sonne à une porte et attend. Personne ne répond. Il sonne une nouvelle fois : même résultat. Ses épaules s'affaissent un peu plus. Sans un mot, il tourne les talons et s'en va cuver ailleurs son désarroi. Plusieurs jours durant, deux immeubles d'Egghill Estate reçoivent de semblables visites, toutes plus furtives les unes que les autres. Qui soupçonnerait cet agent de nettoyage, ce livreur de pizza ou ce démarcheur d'être une barbouze ? Personne. Et pourtant.

La police ne peut réunir suffisamment de preuves ? Qu'à cela ne tienne : d'autres vont s'en charger. D'autres, en l'occurrence, ce sont d'ex-membres du Special Air Service ainsi que du Special Boat Service embauchés par The Surveillance Group, une société spécialisée dont le siège social est fort opportunément implanté à Hereford, ville où est encaserné l'état-major du SAS. Comment s'y prennent-ils ? En utilisant les mêmes gadgets qu'ils mettaient en œuvre alors qu'ils accomplissaient leurs missions d'espionnage dans les forces armées. Prenez par exemple cette boîte de bière négligemment

---

* Neil Connor, « SAS hunts down estate yobs », *Birmingham Post*, 22 février 2002.

posée dans le hall d'un immeuble d'Egghill Estate : elle contient en fait une caméra miniature. Pendant onze jours, elle et quelques autres vont enregistrer non-stop. Les images seront jugées recevables par le tribunal de la Couronne de Birmingham devant lequel comparaîtront trois jeunes hommes suspectés d'être les auteurs des vols. Âgé de 20 ans, le plus vieux sera condamné à deux ans de prison. Ses complices de 17 et de 19 ans seront quant à eux emprisonnés pour vingt mois.

Début d'année 2002. David Blunkett, le ministre de l'Intérieur britannique, est contrarié. Il a promis à ses concitoyens de réduire le niveau de la criminalité en Grande-Bretagne mais est en passe de perdre son pari : le chiffre des agressions est en forte hausse. Alors il tance ses conseillers, leur enjoint de secouer un peu les services de police ainsi que les élus locaux : à eux de faire des propositions originales voire osées. Un peu surpris par la véhémence du propos, les hauts fonctionnaires observent un silence prudent. L'un d'eux se lance :

– Le principal problème est d'obtenir des preuves pour traduire les criminels en justice. La police n'a pas assez de moyens ni d'hommes suffisamment entraînés. Il serait très intéressant d'explorer certaines méthodes de surveillance légales et autres techniques d'obtention des preuves allant au-delà de ce que les policiers sont capables de faire…

– Qu'entendez-vous par là ?

– J'ai eu connaissance d'une opération montée à Birmingham par la police locale qui a confié à une société la tâche consistant à obtenir les preuves. La société en question est The Surveillance Group, elle n'embauche que des anciens des forces spéciales. Les méthodes qu'ils mettent en œuvre sont plutôt efficaces !

– Combien cela a-t-il coûté ?

– Environ 10 000 livres, si ma mémoire est exacte… Mais pour ce prix, les résultats sont là. Et la situation à Birmingham menaçait d'échapper à tout contrôle.

– Convoquez-moi tous ceux qui sont intervenus dans cette affaire. Je veux qu'ils me présentent tout cela [31].

Les images ne sont pas de très bonne qualité mais la scène qui se déroule est sans équivoque. Tous feux éteints, la voiture volée s'immobilise dans le parc. Un groupe de jeunes délinquants s'en extrait. Rejoints par des complices, ils démontent les jantes en alliage et mettent le feu au véhicule. On pourrait s'attendre à ce qu'ils s'enfuient pour ne pas risquer d'être pris par la police. Pas du tout : leur seule préoccupation semble être de profiter du spectacle[32]. Rien d'étonnant à cela car ils sont nombreux parmi les habitants des 7 000 propriétés gérées par la Carlisle Housing Association à penser que leur quartier est devenu une zone de non-droit. Là, voleurs, gangs et trafiquants de drogue tiennent le haut du pavé. Ils ne craignent rien ni personne. En 2006, les autorités dépassées font appel à Tim Young et à ses « spéciaux » de The Surveillance Group. Les résultats ne sont pas longs à venir. Les informations recueillies permettent l'arrestation de l'ensemble des membres du gang : 14 délinquants avec à leur tête Brian O'Neil et sa femme Linda. Ils « tenaient » le trafic de drogue, noyant la ville sous un flot d'héroïne. Les deux individus écopent respectivement de douze ans et demi et de sept années de prison. Quant à leurs complices, ils totalisent à eux 12 quarante-sept années derrière les barreaux. La morale de cette histoire ? Employer des sociétés privées pour réunir les preuves d'un forfait présente un avantage majeur, ainsi résumé par Steve Harrison, cadre de la Carlisle Housing Association : « Chaque fois que nous déposons une plainte, nous avons besoin de témoignages et souvent, les gens sont effrayés et peuvent même faire l'objet de manœuvres d'intimidation. Lorsque vous avez affaire à des trafiquants de drogue de premier plan, beaucoup de gens refusent d'être impliqués. Ces experts en surveillance sont des témoins professionnels, les preuves dont ils font état sont recevables par un tribunal*. »

Les ambitions du ministère de l'Intérieur britannique ne se sont pas arrêtées en aussi bon chemin. Des agents privés ont été engagés par ses soins pour mener des missions de « reconnaissance » afin de débusquer les criminels d'origine étrangère,

* « Former soldiers help tackle crime », *BBC*, 5 février 2007.

les immigrants illégaux ainsi que les candidats ayant vu leur demande de droit d'asile rejetée. Avec, à la clé, la possibilité pour ces « enquêteurs » très spéciaux d'accéder à certaines informations sensibles détenues par les services de police. Dès décembre 2007, un contrat pilote est signé avec la société Serco[33]. Celle-ci travaille depuis l'an 2000 avec le National Crime Squad entre-temps rattaché à la Serious Organised Crime Agency. Cette dernière, de même que les services de l'immigration, utilise le système informatique Athena développé par la société. Ce système permet la gestion ainsi que le contrôle du déroulement des enquêtes[34]. Serco assure également la gestion au jour le jour d'un site à proximité de Preston. Celui-ci servirait de centre de communications clandestin au Secret Intelligence Service, organisme plus connu sous le sigle MI-6[35]. Serco apparaît enfin dans la liste des sociétés rattachées au consortium Trusted Borders dirigé par Raytheon Systems Limited et ayant remporté en novembre 2007 un contrat de 650 millions de livres sterling (environ 821 millions d'euros) pour la fourniture du système informatique e-Borders dédié à la gestion de l'immigration. Ce contrat est partie intégrante d'un programme global pesant 1,2 milliard de livres sterling (1,52 milliard d'euros) qui vise à sécuriser les frontières britanniques. Un communiqué précise que le contrat pilote a permis de suivre à la trace 35 millions de passagers, de vérifier les antécédents de 15 000 suspects et de capturer plus d'un millier de criminels[36].

À l'évidence, les capacités en matière d'opérations clandestines acquises par les espions ainsi que par les membres des forces spéciales intéressent les policiers britanniques. Comment interpréter autrement la prise en compte par Cedric Delves des opérations de renseignement propres à la Serious Organised Crime Agency ? Ayant été un des plus fameux chefs de corps du 22 Special Air Service, il est connu pour avoir directement pris part aux opérations de surveillance des troupes argentines à proximité de Port Stanley pendant la guerre de reconquête des îles Malouines. Sans doute attend-on de lui que son entregent soit de nature à ouvrir toutes grandes les portes de Hereford[37]. En tout cas, l'offre est là et les sociétés prolifèrent. Le besoin, lui, ne cesse de croître. Et il pourrait, à moyen et long termes, exploser jusqu'à concerner des domaines inattendus. Ainsi, on ne peut suspecter les amis des bêtes d'avoir une réputation de militaristes. Bien au contraire : ils partent souvent en guerre contre les emprises militaires dès lors qu'elles gênent la vie sauvage de leurs protégés. Cela n'a pas empêché les membres de la Société royale d'Écosse pour la protection des oiseaux de signer avec les forces spéciales britanniques un « Partenariat pour l'action contre les crimes envers la vie sauvage ». Sous l'égide de l'opération *Artémis*, il incombera aux commandos de renseignement des Royal Marines basés à Faslane d'effectuer une surveillance clandestine des nids de rapaces afin d'empêcher le vol des œufs [38].

Gareth et Yasmin sont britanniques. Ils vivent dans le Londres de 2016 et ont trois enfants. Sans avoir quoi que ce soit à se reprocher, ils n'en sont pas moins tous les cinq sous la surveillance constante des autorités. « Si Toby, 10 ans, passe son temps sur des jeux de réalité virtuelle, son comportement dans le jeu est enregistré par des sociétés qui étudient le marché des joueurs. Mais aussi par la police qui veut détecter les tendances criminelles*. » C'est là que le bât blesse et le cas de la Grande-Bretagne est emblématique à ce sujet : en avril 2007, on y recensait pas moins de 4,2 millions de caméras de vidéosurveillance servant véritablement à tout. Votre chien a envie de se soulager sur une pelouse, là où c'est interdit ? Une caméra est là pour enregistrer l'odorant délit. Et quand ce n'est pas une caméra, un autre type de système y pourvoit. Étourdi, vous jetez par erreur un déchet recyclable dans la mauvaise poubelle ? Une puce électronique vous rappelle à l'ordre. Souvent en pure perte, car des petits malins ont trouvé la parade : ils se trompent à l'insu de leur plein gré dans la poubelle du voisin [39]. Ce flicage généralisé avec l'aide intéressée des sociétés bénéficiaires aboutit *in fine* à un monde à la Big Brother constituant un terreau idéal au foisonnement

* Aurélie Blondel, « Le Royaume-Uni, champion de la surveillance », *Plus-news.fr*, 6 avril 2007.

des dérives. Qui vérifie que l'activité des sociétés spécialisées est licite ? Qui contrôle l'usage qui est fait des informations acquises par des moyens clandestins ? Comment sont pourchassés, poursuivis et réprimés les extras commerciaux des fonctionnaires encore en activité, ce que les policiers, dans leur jargon, appellent la « tricoche » ? Forçons le trait : qui s'assure que, pour augmenter leur chiffre d'affaires, certaines sociétés ou individus ne sont pas tentés de se vendre au plus offrant même si ce plus offrant-là est manifestement animé de mauvaises intentions ? Eh bien ce monde où toutes les barrières ont sauté existe, il a pour nom Russie.

À l'Est, c'est le Far West

Alexandre et Sergueï Larionov sont frères. À la fin des années 1980, ils travaillent au sein de l'une des plus grandes associations de producteurs de Vladivostok, la Vostoktransflot. Lors de la grande vague de privatisations ayant suivi la chute de l'URSS, ils en rachètent un gros paquet d'actions et en profitent pour y implanter un service de sécurité, le Système SB. Comment en recrutent-ils les employés ? Simple : leurs nervis font « le tour des bases militaires de la flotte du Pacifique, contactant les commandants ou les responsables du personnel » afin d'attirer leur attention sur le fait qu'ils recrutent « les hommes sur le point d'être versés dans la réserve, afin de constituer les unités spéciales du Système SB ». Ce faisant, les missi dominici de la fratrie ne s'intéressent pas au menu fretin mais au contraire aux anciens membres des unités de sabotage, l'élite parmi l'élite. Tout cela, officiellement dans le noble but de lutter contre le crime organisé. Au final, le Système SB finit par avoir une structure équivalente au fameux GRU, le service de renseignement des forces armées, avec « ses sections de renseignement et de contre-espionnage, ses "nettoyeurs", ses propres brigades de surveillance, ses sapeurs-démineurs et ses analystes ». Pour équiper ces gens-là, du matériel électronique dernier cri est importé du Japon. Certes, le Système SB commence bel et bien par travailler la main dans la main avec la branche navale du GRU ainsi qu'avec la section locale du FSB, le service de sûreté intérieure russe. Petit à petit cependant, une épidémie de décès brutaux frappe les caïds de la pègre locale. Personne ou presque ne verse une larme sur leur sort malgré la manière expéditive utilisée pour les envoyer *ad patres*. Mais les frères Larionov ne s'arrêtent pas en si bon chemin : subrepticement, ils en profitent pour s'emparer des entreprises que les caïds subitement décédés contrôlaient[40]...

Du côté de l'Oural, c'est donc la loi du plus fort, de celui qui dégaine le plus vite, de celui qui s'assure des soutiens les plus puissants, de celui qui est à la fois le plus féroce et le plus rusé. L'assassinat d'Alexandre Litvinenko et le brassage médiatique entretenu autour de l'élection présidentielle de 2008 ont soulevé un coin du voile qui recouvre ordinairement un système institutionnalisé érigeant la magouille et le meurtre au rang d'outils de gouvernance. La Russie semble ne plus être qu'un ersatz d'État où les *siloviki*, ces anciens des services de sécurité ayant fait allégeance au clan Poutine, se sont arrogé le haut du pavé. Finalement, dans ce pays à l'échelle d'un continent tenu d'une main de fer par le Kremlin, l'on ne sait plus très bien qui fait quoi, tant les espions officiels, les barbouzes officieuses travaillant au profit d'officines privées, les gangsters et les hommes de pouvoir y entretiennent des liens louches. Chacun manipule l'autre à son profit au gré des intérêts du moment en attendant d'être manipulé par plus puissant que lui, le tout au sein d'un scénario où se multiplient rebondissements et coups fourrés.

À l'origine de cette situation, l'écroulement de l'URSS et de ses forces armées. Du jour au lendemain, de nombreux membres des forces spéciales et des services de renseignement se retrouvent sans emploi. Ils se recyclent soit en profitant des opportunités offertes par la transition vers le capitalisme sauvage, soit en trouvant une oreille attentive chez les criminels intéressés par leurs capacités très spéciales. L'impéritie du gouvernement russe fait le reste. Un officier supérieur ayant participé à la première guerre de Tchétchénie dans les rangs d'une unité spéciale constate ainsi : « Mes hommes et moi étions payés quand il y avait de l'argent dans les caisses, c'est-à-dire rarement. Résultat : mes meilleurs éléments n'ont pas été rares à foutre le camp ! Décrocher un emploi dans une société civile de sécurité est nettement plus lucratif. Et il y a pire : j'ose espérer qu'ils ne sont pas trop nombreux à offrir leurs services aux bandes criminelles. » En 1996, la revue *Special Warfare*, bulletin de liaison de l'École des forces spéciales de l'armée de Terre américaine, recueille les confidences du président d'une association d'anciens commandos soviétiques puis russes. Celui-ci estimait qu'une bonne moitié des anciens spetsnaz s'étaient recyclés comme hommes de main d'organisations criminelles diverses. Au final, on en arrive à ne plus savoir qui est qui.

Cette violence omniprésente, Elena Andreeva y est habituée : elle sait que son pays reste une jungle. Elle considère « les intimidations, les OPA hostiles et les crimes commandités comme des données presque "météorologiques" du monde des affaires ». En 1993, pour protéger son entreprise de confection et ses stocks de fourrure, elle crée Bastion, devenue depuis l'une des 10 premières sociétés de sécurité privées en Russie. C'est une époque au cours de laquelle les entreprises comprennent vite l'intérêt d'être défendues par de tels organismes à but lucratif gardant des liens avec les services de sûreté officiels. Pour trouver du personnel, Elena récupère « l'élite de nos services secrets et de notre police » que le gouvernement débauche en masse. Depuis, la sémillante quadragénaire a délaissé les chiffons et recentré son activité sur la gestion de Bastion. En Russie, on estime à 20 000 le nombre de sociétés de sécurité privées, dont 3 000 pour la seule ville de Moscou, pour la plupart liées de près ou de loin à un organisme officiel, FSB (sûreté intérieure), GRU (renseignement militaire) ou SVR (renseignement extérieur « civil »). Dans la capitale russe, un meurtre commandité est facturé entre 5 000 et 150 000 dollars en fonction de l'importance de la cible. Alexandre Boukhsman, le procureur général adjoint, estime que la corruption engloutit annuellement en Russie la somme d'environ 240 milliards de dollars[41]...

Excès du copinage capitaliste aux États-Unis, dérives à la Big Brother en Grande-Bretagne, brutalité style Far West à Moscou : les dérives propres à la sous-traitance des tâches considérées il n'y pas si longtemps comme régaliennes s'étalent sous nos yeux. Nous ne pourrons pas dire : on ne savait pas ! Prenons garde à ce qu'une évolution furtive mais réelle de cette situation ne nous condamne un jour à ne pas savoir répondre à cette question du petit dernier : « Dis, papa, c'est quoi la démocratie ? »

6

La globalisation ou le mercenariat à vil prix

Les sociétés militaires privées, on l'aura compris, profitent sans vergogne de la globalisation pour arrondir leurs chiffres d'affaires. Cette logique mercantile passe par le recrutement de cohortes de pauvres hères invités à aller se faire trouer la peau pour un salaire de misère souvent amputé des prébendes versées sous la contrainte à des intermédiaires peu scrupuleux. Car ne nous y trompons pas : si les sociétés font des ponts d'or aux anciens du Special Air Service et consorts, elles payent souvent à coups de trique les va-nu-pieds embauchés dans le tiers-monde. Ceux-ci ont-ils le choix ? Quelles sont leurs motivations ? Quelles sont celles des contractors occidentaux mieux lotis ?

Cachez ces affreux que je ne saurais voir !

Le ministre péruvien des Affaires étrangères a du mal à maîtriser une irritation croissante. Depuis quelque temps déjà, Gestion de Seguridad Anonima Cerrada, une société de sécurité locale, recrute des volontaires dans son pays. Une période d'entraînement organisée par Gun Supply et Triple Canopy joue le rôle de sélection après quoi les « heureux » élus sont pris en charge par Global Solutions Incorporated qui les emploie en Irak. Or, il y a plus d'une semaine que le ministre a réclamé des éclaircissements à Washington : en cas de dérapage, qui est censé assumer ? Les États-Unis ou le Pérou ? Le département d'État fait la sourde oreille. Et voilà que c'est maintenant Marciano Rengifo, le ministre de la Défense, qui est sur la sellette. Le congrès péruvien lui reproche d'avoir autorisé Gun Supply et Triple Canopy à utiliser les infrastructures appartenant aux forces armées pour leurs sessions d'entraînement. La presse locale en fait ses choux gras. Et pourtant, la loi autorise tout à fait les militaires à passer ce genre de contrat. Du reste, ils y trouvent leur compte : l'utilisation des stands de tir au profit de quatre « promotions » a rapporté 435 000 dollars[1]. Marciano Rengifo a cependant tenu à préciser que ni les munitions ni les instructeurs n'avaient été fournis par son ministère. Il s'est en revanche abstenu de dire si ce type de collaboration avait été à l'ordre du jour des entretiens qu'il a eus avec Donald Rumsfeld dans le cadre de leur rencontre à Lima en août 2005.

Basée à Herndon, en Virginie, Triple Canopy présente avec Blackwater Worldwide certains points communs. Le premier d'entre eux : quatre de ses employés sont aussi, en Irak, tombés dans un guet-apens. Ronald Hyatt, Robert McCoy, Robert Pole et Ryan Young (un ancien instructeur de plongée chez les nageurs de combat SEAL) effectuaient une mission de protection au profit du département d'État dans la région de Bassora lorsque, le 7 septembre 2005, leur véhicule a été mis en pièces par un engin explosif[2]. Le second point commun est d'avoir été au centre d'une polémique.

Shane Schmidt est un ancien tireur d'élite du Corps des Marines tandis que Charles Sheppard a appartenu au 75e Régiment de rangers, une unité de forces spéciales. Recrutés par Triple Canopy, ils sont commis en ce 8 juillet 2006 à la protection d'un employé de KBR qu'ils doivent récupérer à l'aéroport de Bagdad. Jacob Washbourne, le superviseur qui les accompagne, est sur des charbons ardents. Normal, pensent-ils : c'est son dernier jour en Irak, demain, il rentre chez lui. Mais les choses se gâtent : ils l'entendent s'écrier « aujourd'hui, je vais tuer quelqu'un ! » Puis tout se précipite. Alors que le véhicule est aux portes de l'aéroport, l'homme descend et, sans crier gare, tire au fusil d'assaut M4 dans le pare-brise d'un camion arrêté alors que celui-ci ne représente aucune menace. En regagnant sa place, il lance : « Ce qui vient de se passer n'est jamais arrivé, compris ? » Quelques instants après, *bis repetita* : après s'être exclamé « je n'ai encore jamais tiré sur quelqu'un avec mon pistolet ! », Jacob Washbourne descend une fois encore, se dirige vers un taxi, en ouvre la porte et fait feu à sept ou huit reprises dans le pare-brise. Interloqués, les deux hommes se taisent néanmoins. Ils craignent de perdre leur boulot et puis les incidents n'ont fait aucune victime connue. Ce n'est que le 10 juillet, soit deux jours après les faits et vingt-quatre heures après le départ de leur superviseur vers les États-Unis, qu'ils décident finalement de rapporter ce qu'ils ont vu. Ils sont congédiés. Pour eux, pas de doute : Triple Canopy a brutalement mis un terme à leur contrat parce qu'ils ont rendu l'affaire publique. S'estimant lésés, ils portent plainte pour licenciement abusif. La justice les a déboutés en première instance : Triple Canopy a prétendu les avoir remerciés non pas parce qu'ils avaient rendu compte mais pour l'avoir fait avec quarante-huit heures de retard[3]... Quant au fond de l'affaire, après avoir enquêté, la société s'est déclarée incapable de déterminer les circonstances exactes ayant induit l'utilisation des armes. Elle n'en a pas moins reconnu que, ce jour-là, elles avaient effectivement servi. Jacob Washbourne, lui, nie tout en bloc mais n'en a pas moins aussi été licencié. Comme pour compliquer encore une affaire déjà bien embrouillée, Isireli Naucukidi, le quatrième homme dans le véhicule, charge Shane Schmidt et Charles Sheppard sans pour autant disculper le superviseur[4].

À part ces deux affaires, force est de constater que Triple Canopy fait rarement la une des médias. Normal : ses fondateurs ont été élevés au biberon du secret. La société est créée en 2003 par trois hommes : Thomas Katis, Matthew Mann et John Peters. Ce qui surprend lorsque l'on examine de près le pedigree des cadres composant ses instances dirigeantes, c'est la proportion d'entre eux ayant appartenu au 1st Special Forces Operational Detachment-Delta (1st SFOD-D). Plus connue sous l'appellation de « Delta Force », cette unité est considérée comme l'équivalent américain du SAS britannique : c'est tout dire. Sur les quatre membres du conseil d'administration, deux personnalités de la société y ont fait leurs classes. Ignacio Balderas y a tenu des fonctions de première importance. En tant que Command Sergeant Major, il lui revenait de gérer tous les personnels non officiers de l'unité : il avait pouvoir de décision concernant les admissions ainsi que les renvois. Sur vingt-trois années de carrière militaire, Matt Mann en a quant à lui passé six dans les rangs de la Delta Force. En ce qui concerne l'équipe de direction, le ratio est de deux anciens membres du 1st SFOD-D pour un total de six hommes et femmes. Lee Van Arsdale, le directeur général de Triple Canopy, a commandé un escadron opérationnel de l'unité d'élite. Après cela, il a dirigé la division « contre-terrorisme et projets spéciaux » au bureau du secrétaire à la Défense ; il a enfin été le conseiller militaire de Ridley Scott lors du tournage au Maroc du film *Black Hawk Down*[5]. Bref, que du beau linge. Triple Canopy n'est cependant pas la seule entreprise à avoir investi le continent sud-américain ou l'Amérique centrale pour y recruter des hommes de main à des tarifs avantageux. Au Honduras, une société militaire privée a eu quelques déboires à ce sujet : placé devant le fait accompli, le gouvernement de Tegucigalpa a réagi de manière très peu consensuelle.

Un instructeur arbore sa gueule des mauvais jours : « Là où vous allez, tout le monde sera votre ennemi et vous devez considérer chaque personne que vous rencontrerez comme un ennemi parce qu'elle voudra vous tuer, vous et les Américains. Vous devez être sans pitié dès lors qu'il s'agit de tuer quelqu'un, même si c'est un enfant*. » Une fois formés, les hommes doivent être envoyés en Irak sous contrat de la société Your Solutions dont le siège social est implanté à Chicago. Pour l'instant, on leur demande de suer sang et eau dans un camp situé à proximité de Lepaterique sur une propriété de la Société de développement forestière du Honduras, un organisme étatique. Malheur aux vaincus, aux mous, aux

* Bill Weinberg, « Honduras : Iraq mercenaries recruited », *World War 4 Report*, 27 septembre 2005.

bedonnants : pour eux, les rêves de fortune s'évanouiront sans rémission. Mais voilà : Wilmer Ruiz, un sergent, s'estime lésé. Et il vend la mèche à un quotidien local, *La Tribuna*. Ce que met au jour l'enquête officielle diligentée par le ministre de la Défense Federico Breve se passe de commentaire. Dans le camp, 105 volontaires chiliens subissent le même sort que les recrues honduriennes. Et les 105 Chiliens sont entrés dans le pays avec des visas touristiques... À la limite, l'opinion publique locale pourrait s'accommoder de ce péché véniel. Mais il y a une circonstance aggravante : la garnison de Lepaterique est loin d'être anodine.

Florencio Caballero appartient au Bataillon 316, une unité hondurienne spécialisée en matière de guerre contre-insurrectionnelle. Au Nicaragua voisin, le Front sandiniste de libération nationale est au pouvoir depuis 1979 avec le soutien des Soviétiques. Ceci ne fait pas l'affaire de l'exécutif américain : la CIA est priée d'y mettre bon ordre. Afin de faciliter ses opérations au Nicaragua, la centrale s'implique au Honduras où elle participe à l'entraînement des hommes du bataillon. C'est ainsi qu'en 1980, Florencio Caballero embarque dans un avion avec 25 de ses camarades. Destination : les États-Unis, plus précisément une base militaire qu'il croit être située au Texas, du moins est-ce ce que disent les officiers. Mais il n'en est pas certain et pour cause : être l'hôte de la CIA, c'est vivre en reclus pour des raisons de sécurité. « Il n'y avait pas de télé, ni hertzienne ni par câble, seulement des vidéocassettes. [...] Cela ressemblait à un collège. Il y avait tout ce dont nous avions besoin : de la nourriture, de quoi boire, une piscine. » Là, les « invités » apprennent comment surveiller les habitations des opposants en utilisant des caméras dissimulées, comment se déguiser pour passer inaperçus ou encore comment poser des bretelles sur les lignes téléphoniques. On leur inculque aussi les méthodes à utiliser pour faire parler les gens. Les espions américains, un certain « Mr Bill » en tête, leur déconseillent cependant de torturer les suspects. « Les instructeurs de la CIA nous ont enseigné que la torture permettait rarement d'atteindre le but désiré. À la place, les instructeurs ont démontré aux étudiants certaines formes de pression psychologique : comment disséquer la personnalité des prisonniers, comment découvrir ce qu'ils aimaient et ce qu'ils haïssaient, et ensuite retourner cette connaissance contre eux*. » Mais le général Gustavo Alvarez Martinez, le commandant de la police militaire hondurienne auquel le Bataillon 316 est hiérarchiquement subordonné, ne veut rien savoir : pour lui, la torture est indissociable de toute séance d'interrogation rondement menée. On torturera donc : au moins 184 victimes présumées mortes, sans doute à petit feu. Les cadavres n'ont pas été retrouvés. Quelques années plus tard, en 1988 pour être précis, les liens entre le bataillon et la CIA sont confirmés par Richard Stolz, le directeur adjoint de la CIA responsable des opérations, lors d'une audition devant le comité du Sénat en charge du renseignement [6].

Changement de décor : nous sommes à la fin du mois d'avril 2004, au Sénat des États-Unis. Choisi par George Bush pour être le prochain ambassadeur en Irak, John Negroponte est auditionné en préalable à sa confirmation. Les questions se succèdent jusqu'à ce que, dans la salle, un homme se lève tel un diable à ressort surgissant de sa boîte. Avant d'être expulsé *manu militari* par les vigiles, Andres Thomas Conteris, un activiste très impliqué dans les questions relatives aux droits de l'homme, a le temps de lancer à l'adresse des sénateurs : « Demandez-lui de parler du soutien qu'il a accordé à une équipe de tueurs ayant opéré au Honduras ! Qu'avez-vous à dire au sujet de l'unité de tueurs n° 316, M. Negroponte ? » Car avant de faire ses valises destination Bagdad, celui qui sera ensuite nommé directeur national du renseignement a, entre 1981 et 1985, occupé les fonctions d'ambassadeur américain au Honduras. À ce poste, le respect des droits de l'homme a été le cadet de ses soucis. Et pourtant : malgré ses dénégations, on ne peut concevoir qu'il ait ignoré les activités du Bataillon 316, en particulier pour s'être entretenu à de nombreuses reprises avec le général Gustavo Alvarez Martinez qui était le supérieur hiérarchique direct du capitaine Alexander

* Ginger Thompson & Gary Cohn, « Torturer's confessions », *The Baltimore Sun*, 13 juin 1995.

Hernandez, le chef du bataillon[7]. Ah, un détail : l'un des camps d'entraînement de cette unité de sinistre mémoire était situé à Lepaterique, là où volontaires chiliens et honduriens ont des années plus tard été entraînés en prélude à leur envoi en Irak au profit de la société Your Solutions...

Le Pérou et le Honduras sont cependant des terrains de jeu trop étriqués pour satisfaire pleinement l'appétit des sociétés militaires privées. Leur terrain de chasse n'allait pas tarder à englober l'ensemble de l'Amérique centrale et de l'Amérique du Sud.

Les prolétaires du mercenariat...

S'il y avait un enfer en ce bas monde, sans doute est-ce là qu'il faudrait le chercher. C'est comme si tous les maux de la terre s'étaient donné rendez-vous dans ce bidonville de San Salvador. Même la nature s'en mêle. Dans les temps anciens, le Salvador était appelé « El Valle de las Hamacas », la vallée des hamacs, car vouloir s'y reposer dans un lit était et reste encore un vœu pieux à cause de l'activité sismique. Et quand ce ne sont pas les tremblements de terre, c'est du ciel que viennent les mauvaises nouvelles. En octobre 2005, l'ouragan Stan balaie le Salvador : dans la capitale, 70 000 habitants entassés dans des cahutes à flanc de montagne sont contraints à l'exil. 95 % des familles touchées vivaient en-dessous du seuil de pauvreté. Ajoutez à cela un taux de criminalité battant tous les records et vous aurez un aperçu succinct des conditions d'existence dans un pays où la vie n'est que trop rarement un long fleuve tranquille. Sauf pour quelques rares privilégiés. Et encore : même les quartiers huppés de l'ouest de la capitale ne sont plus à l'abri des maras. À la nuit tombée, ces gangs ultraviolents écument désormais les complexes résidentiels de Zona Rosa, Colonia San Benito et Colonia Escalon.

Juan Nerio, lui, n'a rien d'un privilégié, et les quartiers huppés, il ne fait qu'y passer. Sa demeure n'est qu'une masure faite de briques de terre séchée hâtivement entassées. Elle est perchée sur les pentes du volcan San Salvador, là ou les éboulements se multiplient lorsqu'il pleut un peu trop fort un peu trop longtemps. Et pourtant, la pluie est pour lui pain bénit car il n'a pas les moyens de s'offrir l'eau courante. Son seul luxe, c'est d'avoir l'électricité. Enfin si l'on peut dire : un simple fil apporte jusqu'à sa cahute de quoi allumer une ampoule faiblarde, parfois deux mais jamais plus. Philosophe, il reconnaît que cela pourrait être pire : il gagne 200 dollars par mois. Ce n'est pas le Pérou, cela suffit à peine pour vivre et choyer ses petits-enfants. À 44 ans, il en a six… Dans ces conditions, se payer tous les jours le journal local, il n'y pense même pas. Aussi est-ce avec un peu de retard qu'il tombe sur une petite annonce qui va changer sa vie : une société américaine recrute des volontaires pour l'Irak. Que recherche-t-elle ? Des soldats expérimentés ayant servi dans les forces spéciales. Juan, lui, a certes porté l'uniforme mais seulement pendant vingt-quatre mois et c'était il y a vingt ans. Qu'importe : il décide de tenter sa chance. S'il est pris, il gagnera 1 240 dollars mensuels. C'est là un argument massue, car personne ne peut espérer toucher un tel magot en restant au pays. Contre toute attente, sa candidature est retenue et, six semaines plus tard, il se retrouve en Irak à garder un bâtiment officiel américain, une Kalachnikov à la main.

À San Salvador, George Nayor est surtout connu pour être le tenancier d'un restaurant karaoké, le *George's*. Mais l'homme a une double vie : il est aussi le représentant sur place d'une société militaire privée américaine dont le siège social est implanté à Washington. Chaque matin, c'est une longue file d'attente qui se forme à l'entrée de son restaurant. Nous sommes en décembre 2004 et il a déjà épinglé 300 Salvadoriens à son tableau de chasse ; il espère dépasser les 1 000 recrues avant mai 2005. Bien entendu, la pêche aux volontaires est un sport aléatoire : dans ses filets, George Nayor ramène beaucoup de menu fretin et peu de bonnes prises. Un matin, il a pourtant la chance de voir arriver deux individus sortant de l'ordinaire. À 32 ans, Mario Antonio Sanchez est sergent dans les forces spéciales mais sa solde, 280 dollars par mois, ne lui suffit plus. Domingo Hector Navarro Lopez est un peu plus vieux ; lui aussi peut justifier d'une solide expérience militaire dans les unités d'élite. Et surtout, son salaire mensuel d'agent de sécurité est inférieur à celui du sous-officier. Cerise sur le gâteau, ces deux-là ont déjà fait un séjour en Irak avec le contingent national [8].

Julio « George » Nayor est un bon exemple de ces personnages parfois louches et peu scrupuleux qui font leur beurre en jouant les intermédiaires. Il commence par tremper dans le trafic de stupéfiants en fricotant avec Pablo Escobar : au début des années 1990, il s'en faut de peu qu'il ne soit arrêté aux États-Unis. Il réussit à prendre la poudre d'escampette grâce à un faux passeport. Réfugié au Salvador, il y ouvre une salle de sport et une chaîne de restaurants, dont le *Karaoke George*. En 2004, il recrute au profit de sociétés militaires privées américaines. En septembre 2006, il est arrêté après avoir, dit-on, trempé dans une sombre histoire de coup d'État. Il aurait formé le projet d'abattre l'hélicoptère présidentiel au moyen d'un missile sol-air léger. Sans doute n'était-ce là qu'un prétexte : une demande d'extradition émise par la justice américaine est prestement avalisée par les autorités locales. À Miami, un juge exhume son dossier dans lequel figure toujours la mise en examen au chef de complicité avec Pablo Escobar. Il est finalement condamné à onze années de prison [9].

La société employant George Nayor n'est pas la seule à faire du business sur place. C'est également le cas de Triple Canopy. Salaire : très variable et directement fonction de l'expérience. En principe, 1 700 dollars par mois au minimum mais certains candidats se voient promettre seulement 900 dollars mensuels. À ce niveau, c'est une arnaque : 11 800 dollars par an alors que les « ex » des unités de forces spéciales occidentales émargent parfois à hauteur de 150 000 dollars... Pour les sociétés militaires privées, la globalisation a du bon, elle permet d'exploiter la misère humaine. Mais pas question de le reconnaître. Le discours de Joe Mayo, le porte-parole de Triple Canopy, est à ce sujet bien rodé : « Le Salvador est encore un partenaire de la coalition en Irak et c'est quelque chose que nous respectons*. »

---

* Eloy Aguilar, « U.S. Company Recruits Salvadorans for Security Jobs in Iraq », *Associated Press*, 8 octobre 2004.

En fait, la possibilité de réduire les salaires à la portion congrue est certes une raison expliquant la virulence des campagnes de recrutement menées par les SMP en Amérique du Sud et en Amérique centrale mais elle n'est pas la seule. La détérioration de la situation en 2004 dans l'ancienne Mésopotamie met les gouvernements en émoi. Les autorités de la Bulgarie et des Philippines, pour ne citer qu'elles, déconseillent fermement à leurs ressortissants d'aller y travailler : c'est là que des sociétés telles que Triple Canopy recrutaient. D'où la recherche de nouveaux eldorados. Les entreprises militaires privées y perdent-elles au change sur le plan des capacités militaires ? Cela dépend. Certes, un Juan Nerio ne vaut pas un « ex » du Special Air Service britannique ou de la Delta Force américaine. Mais pendant douze ans entre 1979 et 1992, une guerre civile ensanglante le Salvador. Les combats opposent les forces gouvernementales au Front de libération nationale Farabundo Marti avec, en arbitres, les trop fameux escadrons de la mort ainsi que cette bonne vieille CIA. Et dans le pays, ils sont encore nombreux à avoir l'expérience de ces combats féroces menés à la machette dans la jungle. Non loin de là, d'autres combats ont endurci d'autres combattants.

Norman Alfonso Solano a déjà connu l'enfer irakien, plus précisément Bassora, la grande ville du Sud autrefois quadrillée par les troupes britanniques. Il a de ses yeux vu certains de ses camarades tomber sous les balles des insurgés. À chaque fois, il a serré les dents tandis que dans sa tête il se récitait sans cesse, pour ne pas tout laisser tomber, cette antienne lancinante : « J'ai besoin du fric ! » Alors quand on lui propose de retourner en Irak pour exercer ses talents à Bagdad, il accepte sans l'ombre d'une hésitation. Il n'y a pas photo : son salaire de la peur sera de 1 000 dollars par mois. À Bassora, la paye était la même, soit 100 dollars payés de la main à la main et 900 dollars envoyés directement à sa famille. En restant au Pérou, il ne peut espérer, au mieux, que 200 dollars mensuels. Et encore : à condition qu'il trouve du travail. Pour Triple Canopy qui le recrute à Lima, Norman Alfonso Solano est un candidat intéressant : c'est un vétéran de la sourde lutte qui, entre 1980 et 2000, a opposé le gouvernement au Sentier lumineux, en fait le Parti communiste péruvien, une guérilla maoïste. Dans le pays, ces anciens combattants de cette guerre d'un autre âge sont tellement nombreux que Triple Canopy a ouvert un centre de recrutement dans la capitale à l'enseigne TCLA Internacional. Auparavant, la société américaine avait recours à une autre entreprise locale, Defion Internacional. Qu'arrivera-t-il si Norman Alfonso Solano estime que les termes du contrat qu'il signe ne sont pas respectés ? Ce sera dommage pour lui : les clauses prescrivent que tout recours judiciaire contre Triple Canopy ne peut être déposé qu'auprès du tribunal de Fairfax, en Virginie. Le problème est de savoir combien de Péruviens peuvent se payer le voyage aux États-Unis si cela devient indispensable… Au total, les autorités de Lima estiment que, entre 2005 et mars 2008, les sociétés américaines embauchent sur place au moins 1 600 volontaires[10].

Même s'ils ne valent pas ceux du SAS, les anciens des unités d'élite latinos sont appréciés. Car en Irak, la qualité du recrutement local laisse parfois à désirer. Lorsque les infrastructures de l'Autorité provisoire de la coalition sises à Al-Kut sont attaquées au début du mois d'avril 2004, c'est la société Triple Canopy qui en assure la sécurité depuis le 15 mars. Moyens humains : 69 Irakiens embauchés sur place. Dès le premier coup de feu, ceux-ci s'enfuient comme des lapins. Même chose pour un détachement de renfort qui ne tient pas bien longtemps les positions qui lui sont assignées. Encore faut-il préciser que trois sociétés privées, Triple Canopy, KBR et Global Security, avaient tour à tour jugé insuffisantes les mesures défensives et recommandé leur durcissement. Sœur Anne ne verra rien venir : pour les « décideurs », la sûreté est le moindre des soucis. La construction d'un mur sur le flanc sud sera en particulier refusée par Mars Etherington, le coordinateur local, au motif que les éléments de béton préfabriqués auraient bouché la vue bucolique sur la rivière proche depuis l'immeuble de bureaux[11]…

La première motivation de Juan Nerio et de ses compatriotes est donc d'échapper à la pauvreté voire à l'indigence. Travailler en Irak est pour eux une bouée de sauvetage inespérée qu'ils ne peuvent que saisir même au péril de leur vie.

Le danger, ils n'y pensent guère. Ou quand ils y pensent, c'est pour l'écarter d'un vague haussement d'épaule : mourir de faim au Salvador ou mourir en Irak suite à l'explosion d'une bombe improvisée, quelle différence ? Bref, pour les prolétaires du mercenariat, l'Irak, vu de loin, prend l'apparence d'un eldorado qui va les aider à résoudre tous leurs problèmes. Ça, c'est la théorie. Mais la réalité est souvent moins reluisante.

Mario Urquia a tout pour intéresser les sociétés militaires privées qui écument les Amériques du centre et du Sud. Il a servi dans les unités spéciales de l'armée hondurienne trente années durant et revêt encore parfois le treillis pour effectuer des périodes dans une unité de réserve. Il commence certes vieillir mais il est loin d'être impotent. Et puis s'il en croit les promesses mielleuses du recruteur, sa tâche en Irak se limitera à assurer le gardiennage de l'ambassade américaine. C'est une offre qui ne se refuse pas : il a cinq enfants à nourrir. Il signe son contrat à l'été 2005 avec, dit-il, l'assentiment de sa hiérarchie militaire et la promesse de se voir attribuer la nationalité américaine. C'est ainsi qu'un beau matin d'août, il débarque avec son maigre bagage sur le tarmac de l'aéroport international de Bagdad. Là, on lui fait cadeau d'un uniforme et, luxe suprême symbolisant son accession au monde du capitalisme doré, on lui remet une carte de crédit liée à un compte bancaire sur lequel ses gages sont censés être versés. Son expérience lui vaut du galon : il est chargé d'encadrer une douzaine de soldats honduriens. Six mois après son arrivée, l'une de ses ouailles est blessée lors d'une attaque au lance-roquettes antichar. Sur place, la victime est prise en charge par les troupes américaines et la qualité des soins prodigués lui sauve la vie. Mais une fois le blessé rapatrié au Honduras, il n'a plus que ses yeux pour pleurer. Il ne peut que survivre chichement dans l'indifférence générale. Pendant ce temps-là, Mario Urquia, lui, est resté à Bagdad : son contrat ne s'achève qu'en août 2006. Pour lui aussi, les ennuis ne font que commencer.

Un beau jour, en effet, il veut utiliser la carte de crédit. Mauvaise pioche : elle ne fonctionne pas et il n'est pas le seul à qui cela arrive. Devant l'avalanche de récriminations, les responsables temporisent : l'argent sera disponible lors du retour au pays. Les Honduriens n'ont pas le choix : ils obtempèrent. Dans l'intervalle, Mario Urquia vivote en empruntant de l'argent aux soldats américains. En août 2006, toujours pas le moindre versement sur son compte. Un an plus tard, l'homme a ceci de commun avec sœur Anne qu'il ne voit rien venir. Car entre-temps, Your Solutions a mis la clé sous la porte. Luis Angel Mendez, son représentant au Honduras, a pris la poudre d'escampette et Triple Canopy déclare avoir rompu ses relations avec la société en début d'année 2006. Furieux, Mario Urquia alerte les médias. C'est l'époque à laquelle fait rage le scandale tournant autour de l'utilisation des infrastructures sises à Lepaterique pour entraîner les « touristes » chiliens. C'est dire si les journalistes se ruent comme des vautours sur les déclarations de cet ex-soldat arnaqué. Dans un pays où l'opinion publique a majoritairement pris position contre la présence des forces armées américaines en Irak, sa confession tombe à point nommé. *El Heraldo*, un quotidien local, ira jusqu'à décerner à Mario Urquia le titre de « héros du jour ». Mais cette campagne médiatique ne plaît pas à tout le monde. Le héros en question commence par recevoir des menaces puis, un jour, en sortant d'un immeuble, il aperçoit plusieurs hommes armés s'éjecter d'une voiture aux vitres teintées. Il arrive à leur échapper mais, pour lui, il n'y a plus qu'une échappatoire s'il veut sauver sa peau : s'exiler aux États-Unis dont il espère toujours obtenir la nationalité. Au poste-frontière texan séparant le Mexique de la Terre promise, il arbore un sourire de conquérant : il est en règle, il a un visa en bonne et due forme. Mais les consignes ont changé et l'officier des services d'immigration l'annule purement et simplement sans autre forme de procès. Il proteste, trépigne, le ton monte : on lui répond de la fermer. Alors Mario Urquia devient un immigré clandestin. Comme de nombreux Mexicains, il paye un passeur pour traverser illégalement le Rio Grande. Survivant de petits boulots, il espère gagner assez d'argent pour louer les services d'un avocat, porter l'affaire en justice et installer sa famille aux États-Unis[12]. Un bien maigre espoir. Car l'emballement du marché de la sécurité privée dans un contexte marqué par la multiplication des conflits génère sa cohorte de cocus. Et Wall Street a horreur de ceux qui gênent et ne rapportent rien. Le constat est indéniable : dans les Amériques du tiers-monde, les chemins de la globalisation sont souvent pavés de mauvaises intentions.

... et autres forçats de la globalisation

Au XVIe siècle, l'État du Kerala situé dans le sud-est de l'Inde était une plaque tournante du commerce des épices. Aujourd'hui, c'est le tourisme qui domine : pour le *National Geographic Traveler*, un magazine spécialisé, c'est l'un des 10 paradis au monde et l'une des 50 destinations devant obligatoirement figurer sur le carnet de voyages de tout globe-trotter qui se respecte. Au pays des maharadjahs, les traditions ont cependant la vie dure. Sur le marché de Kollam, la plus ancienne ville de la côte du Malabar autrefois dénommée Quilon, on trouve encore des noix de coco, toutes sortes d'épices, d'innombrables variétés de thé, un peu de café et des tonnes de riz en sacs. Le tourisme, donc, les épices encore mais aussi la main-d'œuvre : plusieurs millions d'habitants de l'État du Kerala se sont exilés principalement vers les pays du Golfe persique pour trouver du travail. Parmi eux, beaucoup d'ouvriers peu qualifiés mais aussi des jardiniers voire des médecins.

Dharmapalan Ajayakumar, lui, n'est ni jardinier ni médecin. À 29 ans, il gagne difficilement sa vie comme homme à tout faire dans une boutique de tapis. Depuis longtemps, divers chasseurs de têtes quadrillent la région, ils font leur beurre en recrutant des habitants au profit des multinationales étrangères ayant besoin de main-d'œuvre. Dharmapalan ne s'étonne donc nullement lorsque, en juin 2003, on lui propose de lui vendre un job. Car c'est bien de vente dont il s'agit : contre 1 800 dollars, une fortune, un démarcheur habile lui procure un visa de travail de deux ans. Destination : le Koweït où une société de restauration manque de factotums. Pour réunir la somme demandée, Dharmapalan doit emprunter à des usuriers. Mais avec un salaire de 200 dollars par mois soit cinq fois ce qu'il gagne au pays, il ne se fait pas de souci : il n'aura aucun mal à rembourser « l'emprunt ». C'est ainsi que l'homme entreprend son long voyage vers le Moyen-Orient.

Première étape : Mumbai, par le train. Dans le wagon brinquebalant où il a trouvé une place, il lie connaissance avec quelques-uns de la centaine de volontaires qui partagent son sort. Parvenu dans la grande ville du nord, il est pris en charge par les représentants d'une société locale, Subhash Vijay Associates. On lui fournit un billet d'avion et direction l'aéroport pour un vol vers Koweït City. Là, Dharmapalan et ses coreligionnaires sont embarqués dans un bus dont les vitres sont obscurcies par des rideaux. Officiellement, il s'agit de les emmener jusqu'à la frontière sur le chantier où ils travailleront et les rideaux servent à dissimuler leurs visages à d'éventuels terroristes recherchant des cibles. Bizarrement, une fois la frontière atteinte, le bus continue à rouler. En fait, il ne s'arrêtera qu'après avoir pénétré dans l'enceinte de Q-West, un camp abritant des unités de la 101e Division aéroportée américaine situé près de Mossoul. Ils partaient pour travailler en sûreté au Koweït et les voilà à la merci des insurgés en Irak…

Dharmapalan Ajayakumar ainsi que ses concitoyens auraient pu se rebeller. Mais à quoi bon ? L'argent qu'il va gagner ici, il en a besoin. Il lui faut rembourser les usuriers auxquels il a emprunté de l'argent au pays, il n'a pas le choix. Et puis comment rentrer quand ce sont les employeurs qui détiennent les passeports ? Alors l'homme retrousse ses manches et prend la serpillière qu'on lui tend. Mais au fait, qui est son employeur ? Il s'agit de KBR, une société américaine dont le siège social est implanté à Houston. 30 000 travailleurs de 38 pays s'éreintent dans le cadre d'un contrat de soutien logistique qu'elle a signé avec les forces armées américaines. Mais KBR a sous-traité auprès d'Event Source, une société de Salt Lake City. Qui a à son tour sous-traité auprès de l'Alargan Group, de Koweït City. Qui a à son tour sous-traité auprès de Gulf Catering, de Riyad, en Arabie saoudite. Qui a à son tour sous-traité auprès de Subhash Vijay Associates, de Mumbai, en Inde ! ! ! La globalisation dans toute sa splendeur... Une globalisation dont Dharmapalan Ajayakumar et ses compatriotes sont devenus les forçats, les esclaves, les galériens enchaînés au même banc de misère.

Sur place, en Irak, la ségrégation est la norme. Les électriciens américains, des employés civils, ont des vestes pare-balles ainsi que des casques pour les protéger de la ferraille du champ de bataille. Pas leurs homologues sud-coréens. Certains Philippins se plaignent : à titre de pitance, on leur sert les restes dont les autres ne veulent pas. Alors que Dharmapalan Ajayakumar et ses compagnons rejoignent leur destination en bus avec tous les risques que cela comporte, d'autres bénéficient d'un transport par avion qui les met de fait à l'abri des engins explosifs improvisés. Les Indiens sont logés dans des tentes où l'atmosphère est irrespirable alors qu'à deux pas les contremaîtres américains boivent leur whisky avec glaçons en se prélassant dans des conteneurs équipés de l'air conditionné. L'eau en bouteille n'est pas pour ces pauvres hères recrutés au Kerala. Mais ils travaillent douze à seize heures par jour sept jours sur sept pour la misérable somme quotidienne de 7 malheureux dollars [13]. Se révolter ? D'autres l'ont fait. Ou plus exactement ont tenté de le faire. On les a matés l'arme à la main.

42 hectares, de quoi loger 5 500 personnes, 21 immeubles, une véritable petite ville engoncée dans la « zone verte » : ainsi peut-on présenter succinctement l'ambassade que les Américains font édifier à Bagdad. Coût : 592 millions de dollars. Plus un surcoût de 144 millions de dollars. En fait, personne ne connaît véritablement le montant de l'ardoise et les chiffres les plus fantaisistes circulent, on parle de 1 milliard de dollars. Car le contribuable américain n'est pas regardant dès lors qu'il s'agit d'assurer le confort de ses diplomates. Qu'on en juge : une piscine à l'ombre des palmiers, un complexe sportif, des fast-foods, des boutiques. Sans oublier l'élégance de ces messieurs-dames : un coiffeur ainsi qu'un salon de beauté y pourvoiront. Les loisirs, c'est tout aussi important : un cinéma, un

théâtre, un centre de distraction seront là pour ça. Un supermarché, des restaurants, des écoles compléteront le tableau. Les bâtiments s'inséreront dans une « zone verte » entièrement reliftée et très glamoureusement rebaptisée le « Village international de Bagdad », l'ensemble sous l'égide d'un plan de développement touristique de 5 milliards de dollars. Un dessin d'architecte permet d'ores et déjà de se faire une idée du très luxueux « golf et country club des étendues boisées du Tigre » qui sera érigé sur les rives du fleuve : on y voit un bâtiment futuriste aux lignes élancées. Les investisseurs sont déjà sur les rangs. La chaîne hôtelière Marriott International a déjà signé tandis que MBI International, un groupe saoudien, étudie la question de près. À l'étude également : un parc de loisirs tandis qu'un site de skateboard est prévu pour ouvrir à l'été 2008 [14]. Tous ces beaux projets n'attendent plus qu'une accalmie durable de la situation pour véritablement démarrer. L'ambassade, par exemple : elle devait ouvrir ses portes en fin d'année 2007 mais les retards s'accumulent. Car ils ne sont pas nombreux à vouloir travailler à sa construction. Pensez donc : entre février et juillet 2007, 85 roquettes et obus de mortier s'écrasent dans la « zone verte ». Bilan : 16 morts. Sur place, c'est la société First Kuwaiti General Trading & Contracting Co qui a raflé le contrat pour l'édification de l'ambassade.

Rory Mayberry est technicien en médecine d'urgence. Dans le cadre de ses activités professionnelles, il est appelé à faire un court séjour sur le chantier dans le courant de l'année 2006. L'avion dans lequel il a pris place décolle et, comme il se doit, le commandant de bord s'adresse à ses passagers en rappelant que la destination est Bagdad. Dans l'appareil, de nombreux passagers se regardent les uns les autres, comme effarés. Puis commencent à s'agiter. Il ne faut pas longtemps pour que l'agitation se transforme en une véritable révolte. Déjà rôde le spectre du détournement. C'est ce moment que choisit un homme portant l'écusson de la société First Kuwaiti pour brandir un pistolet-mitrailleur. À grands coups de gueule, il ramène un semblant d'ordre. Interloqué par l'attitude des passagers, Rory Mayberry entame une discussion avec l'un d'entre eux. C'est là qu'il découvre le pot aux roses : ces gens sont des Philippins recrutés pour travailler aux Émirats arabes unis, ce dont fait foi leur billet d'avion. Ils ne verront jamais Dubai… Aux États-Unis, l'affaire fait grand bruit. Tant et si bien qu'Howard Krongard, l'inspecteur général du département d'État, se voit contraint d'ouvrir une enquête, laquelle enquête aboutit à des conclusions dédouanant First Kuwaiti à cause du manque de preuves. Mais ce faisant, l'enquêteur ne peut que reconnaître qu'il a inspecté *a minima* et que la société était prévenue trois mois à l'avance qu'il allait se rendre sur place[15]…

Le processus de globalisation touche donc le tiers-monde où des recruteurs sans scrupule s'allient avec des sociétés ayant pignon sur rue afin de faire du dollar sur le dos de pauvres hères. Pour les sociétés américaines, c'est tout bénéfice. Le schéma de fonctionnement est toujours le même : les représentants locaux jouent le rôle de fusibles, ils sautent quand cela sent le roussi, quitte à reprendre leurs activités un peu plus tard, après s'être plus ou moins fait oublier. Pour mériter leur commission, à eux de dégoter la main-d'œuvre bon marché. Ils se remplissent alors les poches jusqu'à ce que leur petite affaire connaisse la crise parce que d'autres, plus malins, ont trouvé encore moins cher. C'est ce qui est arrivé à José Miguel Pizarro : Greystone et Triple Canopy étaient les clients de sa société Grupo Tœctico qui recrutait à Santiago tout en étant enregistrée en Uruguay pour échapper aux lois chiliennes très strictes en la matière. Mais soudain, patatras : les Américains sont allés voir ailleurs. José Pizzaro a vite compris : « Vous pouvez louer cinq porte-flingues colombiens pour le prix d'un seul Chilien*. »

Ces damnés du mercenariat sont avant toute chose manipulés par des sociétés dénuées de tout scrupule sachant les appâter en leur faisant miroiter de rondelettes sommes d'argent exprimées en dollars. Des promesses qui ont sur ces prolétaires vivant dans un contexte de pauvreté extrême le même effet qu'une bouffée d'oxygène sur un asphyxié. Autres

---

* Bruce Falconer & Daniel Schulman, « Blackwater's World of Warcraft », *Mother Jones*, 20 mars 2008.

lieux, mêmes mœurs à une nuance près. Les billets verts alignés cette fois-ci par milliers font aussi rêver les volontaires occidentaux. Une différence cependant : pour ces derniers, il ne s'agit pas de survie mais du maintien d'un certain standing social.

Le dieu dollar

Au Texas, Austin est une ville où il fait bon vivre. En 2006, elle est classée par le magazine *Money* au deuxième rang des métropoles américaines où l'existence est la plus agréable. Un autre classement la consacre comme la ville la plus verte. Qualité de vie, donc, mais aussi dynamisme : entre 2000 et 2006, son taux de croissance est le troisième des États-Unis. La majorité de sa population est constituée de gens aisés aux revenus supérieurs à la moyenne : professeurs d'université, politiciens, musiciens, hauts fonctionnaires et ingénieurs dans les industries high-tech y tiennent le haut du pavé. Autrement dit, là plus qu'ailleurs le fait d'être un laissé-pour-compte du rêve américain est difficile à vivre.

Monsieur et madame Petty sont un couple de Texans moyens, très moyens même si l'on en juge au salaire d'Allen : à 31 ans, il gagne un peu plus de 1 700 euros mensuels comme chauffeur routier. Quand on a six filles âgées de 4 mois à 14 ans, il faut compter au plus juste et les fins de mois sont souvent difficiles. Le couple ne peut se permettre aucune fantaisie : pas de crédit, pas d'assurances sociales, pas de cinéma, pas de vêtements neufs, pas d'économies. Quant à la voiture, c'est le père de Sylvia qui en éponge les traites. Souvent, cette chienne de vie est au centre de leurs conversations lorsque, tard le soir, ils prennent un peu de temps pour eux après une longue, très longue journée de labeur. À Marble Falls, une ville toute proche d'Austin, deux chauffeurs routiers ont démissionné pour aller en Irak conduire des poids lourds au profit de KBR. Cette solution, cela fait plusieurs semaines qu'ils y pensent. Mais le risque est réel : en ce printemps 2004, l'affaire de Fallujah est dans toutes les mémoires, les photos des corps carbonisés de ce qui a été des employés de Blackwater ont fait le tour de la Terre. Dans les jours qui ont suivi, d'autres contractors ont été tués. Mais ce soir-là, le blues s'en mêle et l'avenir leur paraît plus incertain que jamais. Sylvia reste songeuse, préoccupée. Elle murmure pour elle-même : « C'est une ville superbe, mais nous sommes en train de perdre la partie. » Un silence s'installe, pesant. Ont-ils encore le choix ? Peut-être, s'ils acceptaient d'aller vivre ailleurs, d'aller rejoindre ces cohortes de miséreux, de transporter meubles et mômes dans un de ces bas quartiers miteux où s'entassent les sans-le-sou. Mais ils ne peuvent s'y résoudre. Lentement, dans un souffle, Sylvia finit par prononcer la phrase tant redoutée : « Allen, tu dois y aller. » Son époux ne pipe mot. Il s'enferme dans un silence douloureux [16].

Le lendemain, Allen fait acte de candidature chez KBR. Il sait où s'adresser : sur les cinq premiers mois de 2004, 51 recruteurs de la société écument littéralement le territoire, participant à 30 salons professionnels. En moyenne, les services d'embauche traitent 400 à 500 dossiers par semaine et les cadavres rapatriés d'Irak n'y changent rien. Certes, ils dissuadent ceux qui hésitaient déjà mais les images provoquent aussi un sursaut de patriotisme qui amène de nouveaux candidats, ceci compensant cela. Les recruteurs de KBR ne sont pas les seuls à s'en apercevoir : ceux de Blackwater Security Consulting dressent un constat analogue. Mieux : ils accueillent encore plus de volontaires, pour la plupart des anciens militaires furieux que les foules irakiennes aient pu agir avec tant de cruauté. Les mots ne sont pas prononcés mais chacun les entend : c'est un sentiment de revanche voire de vengeance qui les anime. Tant et si bien que Chris Bertelli, le porte-parole de Blackwater, croit devoir mettre les choses au point : ces mots n'appartiennent pas au vocabulaire de la société. Du reste, les contractors ne sont autorisés à faire feu qu'après qu'ils ont été eux-mêmes pris pour cibles [17]. Sans doute cette consigne sera-t-elle oubliée trois ans et demi plus tard.

Après l'enregistrement de son acte de candidature, Allen Petty participe à l'entraînement quasi militaire d'une semaine que tout employé américain de KBR doit suivre avant d'être envoyé en Irak. Là, il discute avec ses camarades. Leurs motivations ressemblent étrangement aux siennes. En premier lieu, l'attrait du gain et l'espérance de mettre cette manne à profit pour prendre dans la vie un nouveau départ vers des lendemains qui chantent. James Watkins a lui aussi six enfants. Pour cet employé de l'industrie alimentaire, les dollars sont bons à prendre, mais il parle aussi de fierté et d'un certain sens du devoir. C'est le discours qu'il a tenu à ses enfants, un discours où percent les valeurs que l'homme de la rue ressent comme appartenant au patrimoine américain. Et puis, ajoute James, en tant que parent, il s'agit de mettre en pratique ce qu'on enseigne à sa progéniture. Surtout qu'en l'occurrence, mettre en accord ses actes avec ses mots va lui rapporter gros. Il va doubler le salaire qu'il gagnait chez Cysco Foods.

Pour attirer le chaland, les recruteurs de KBR ont leur méthode bien à eux. À l'exemple de Chris Ward qui les met au pied du mur lorsqu'il répand la bonne parole devant une cinquantaine de « curieux » : « Ce n'est pas Disneyland, c'est une zone de guerre ! » Pour ce qui est des risques, il n'en dira pas plus. Après tout, les chaînes de télévision s'en chargent par images chocs interposées. Mais en ce qui concerne le manque de confort, il en rajoute : « La température moyenne est de 49°. L'année dernière, les causes les plus fréquentes de rapatriement ont été la déshydratation et le coup de chaleur. Vous dormirez sur des lits de camp dans des tentes collectives de 8 à 10 hommes. La salle de douche et les lavabos ne sont pas ce que nous installons en premier dans un camp de base. Attendez-vous à être sales la plupart du temps. Là-bas, il y a de la poussière partout. Vous en aurez dans les yeux et elle ira se nicher jusque dans des endroits de votre corps dont vous n'aviez pas encore pris conscience qu'ils existaient*. » Tous ces inconvénients, plus quelques autres et en particulier celui d'être transformés en cibles mobiles, ne rebutent nullement ceux qui se pressent dans ces grands-messes de l'embauche. La

* Jackie Spinner, « War Dangers Don't Deter U.S. Workers », *The Washington Post*, 17 mai 2004.

puissance évocatrice des liasses de billets verts est telle qu'elle tient même parfois lieu de cure de jouvence.

Aux inconvénients soulignés par le sergent-recruteur de KBR, Rick Stager en ajouterait un autre : l'impossibilité d'avoir une vie privée. Lui aussi a besoin d'argent, il ne s'en cache pas et c'est pourquoi il a signé. Mais pas seulement. L'Irak, cela fait quatre ans qu'il en entend parler et la curiosité le ronge. Pourquoi l'Amérique envoie-t-elle ses fils mourir là-bas ? Les troupes de l'Oncle Sam ont-elles une chance de gagner ? Il décide d'y aller voir par lui-même tous frais payés. Lorsqu'il débarque à Al-Asad, ce qui s'offre à son regard, c'est avant tout un ersatz d'Amérique où 25 000 soldats et des milliers de contractors vivent reclus. À l'intérieur du mur d'enceinte, c'est le parler du Middle West qui impose son lourd accent traînant, le dollar est la monnaie officielle et le hamburger la norme culinaire. On y cause du temps qui fait, du dernier match vu à la télé la veille au soir, de politique, de ce que l'on va faire aux prochaines vacances quand on sera rentré aux States, de la manière dont on va dépenser les montagnes de billets verts que l'on gagne ici. On y parle de tout sauf de l'Irak. Rick Stager n'est pas un soldat, il n'a aucune idée de la manière dont il faudrait s'y prendre pour vaincre l'insurrection. Mais il est au moins sûr d'une chose : ce n'est pas comme cela qu'on la gagnera, cette sale guerre. Sauf si Washington décide d'un retrait, les fils de l'Amérique vont continuer à mourir. Car ces mômes de 25 ans qui tombent sous les balles d'un ennemi souvent insaisissable pourraient bel et bien être les fils de Rick Stager : il a 66 ans… S'il est là, c'est beaucoup pour l'argent, un peu pour la curiosité mais aussi pour une autre raison qu'avec un peu de coquetterie il appelle le « déni de vieillesse ». Il a envie de crier à l'adresse de ceux qui le rangent dans la catégorie « troisième âge » : « Regardez-moi, je travaille ! Je n'ai pas encore été relégué au fond d'une cave avec pour seule occupation de construire des perchoirs pour oiseaux ! J'ai un boulot, comment pourrais-je être vieux ? » Et pourtant il l'est. Car si la guerre en Irak n'avait pas obligé KBR à racler les fonds de tiroirs pour trouver des candidats, il aurait très certainement eu beaucoup plus de mal à dénicher un emploi [18].

Grand-père s'en va-t-en guerre est cependant une exception. Pauvres, moins pauvres, curieux, patriotes : le mercenariat des temps modernes est le reflet d'une humanité déboussolée. Les volontaires composent un kaléidoscope, une image virtuelle trop souvent enlaidie par la présence de ces chiens de guerre dont les nerfs ne vibrent qu'au son du canon.

Vivre sur le fil du rasoir

Ce sont des soldats. Ils sont accoutrés de treillis usés jusqu'à la corde. Et leurs armes ont manifestement connu des jours meilleurs. Elles ont été neuves, certes, mais c'était il y a longtemps. En revanche, elles sont propres, cela ne fait aucun doute. Mais ce qui surprend, c'est l'intensité de leurs regards : elle en dit long sur la détermination qui habite ces hommes-là. Ce sont des prédateurs d'une dureté incroyable. Parfois, le manque d'hélicoptères les contraint à s'infiltrer plusieurs jours durant à travers la jungle avec leurs pieds pour seul moyen de locomotion. Jamais ils ne se plaignent. Dans un film aux accents hollywoodiens narrant par le menu l'impitoyable sélection qu'endurent les nageurs de combat américains SEAL, un instructeur éructe : « Je n'ai jamais vu une bête sauvage s'apitoyer sur son sort. » Eh bien, ces gens-là sont des bêtes sauvages, une horde de tigres prête à se lancer sur les traces des terroristes du Front Moro islamique de libération. Leur terrain de chasse : l'île de Mindanao, la deuxième des Philippines en étendue. À leur tête, un Canadien.

Au sein de la société locale Grayworks Security, très peu de gens sont au courant de l'opération. C'est une précaution élémentaire : certains employés sont des ex-insurgés ayant tourné casaque et la confiance ne règne pas. Il en est de même en ce qui concerne la police et les forces armées. C'est pourquoi les 90 hommes de troupe embarqués dans des camions se dirigeant vers le village de Pikit en ce mois de novembre 2002 ignorent leur destination. La bourgade compte un millier d'âmes et on y suspecte la présence d'un camp d'entraînement terroriste ainsi que d'un laboratoire de transformation de la drogue. Aux côtés des Philippins, quelques « conseillers » à la peau blanche, des Canadiens et plus particulièrement un homme dont nous ne connaîtrons que le prénom, William. Arrivé sur place, il est parmi les premiers à sauter à terre, son fusil d'assaut M16 à la main. Dans la première cahute qu'il investit, deux hommes et deux femmes, quatre épaves, émergent à peine du paradis artificiel où les a conduits leur trip. Ils ont consommé du *shabu*, un produit local comparable à la cocaïne. Puis, dans une autre pièce, William et ses hommes tombent sur le pactole : 2 000 dollars en espèces, des lance-grenades, des fusils d'assaut ainsi que des manuels d'entraînement du Front. L'opération *Séminole* est un succès.

La société opère dans l'île depuis 1996. Elle entraîne les détachements de sécurité des grandes entreprises, conseille les hommes d'affaires préoccupés par la menace d'un kidnapping, fournit une expertise indiscutée en matière de neutralisation des engins explosifs et effectue des enquêtes de moralité concernant certains employés. Mais son rôle va au-delà : elle organise aussi des stages au profit des équipes contre-terroristes de la police. Ainsi, l'équipe de libération d'otages de la province du Nord-Cotabato a été entraînée par William. Mais ce qui distingue Grayworks Security de la plupart des autres sociétés militaires privées, c'est que ses employés accompagnent les troupes sur le terrain et font le coup de feu avec elles. C'est là que se trouve la motivation de William. Bien que se présentant comme un contractor indépendant, il est associé d'une manière très étroite aux activités de la société. Il a maintes fois commandé des détachements philippins lors d'opérations de guerre. Ce qu'il aime, c'est précisément cet afflux d'adrénaline au moment de l'action. Certes, l'argent a son importance mais pas toujours. Car ce dont William est le plus fier n'est pas sans rappeler le film d'Akira Kurosawa, *Les Sept Samouraïs*. On y assiste aux exploits de sept rônins (samouraïs sans maîtres) qui, dans le Japon féodal, acceptent de défendre pour deux bols de riz quotidiens les paysans d'un village reculé régulièrement pillé par une bande de malfrats sans foi ni loi. William, lui, s'enorgueillit d'avoir entraîné 50 cadres des détachements de la Barangay Defence Force, une milice d'autoprotection formée de paysans, d'instituteurs et de membres de tribus locales. Les cadres ont à leur tour entraîné leurs troupes en vertu des conseils prodigués par William. Il y repense souvent. Pour un peu, il en aurait la larme à l'œil [19].

Autres latitudes, mêmes mœurs : ce sont des bêtes de guerre et ils en redemandent. Leur seul espoir dans la vie, c'est de repartir là-bas, pour la solde, celle qui leur permettra de revenir au pays et de s'y pavaner dans une voiture de sport rutilante. Mikhaïl est biélorusse. Ce retraité de l'armée de l'Air nationale âgé de 47 ans a déjà pas mal roulé sa bosse en Afrique et plus particulièrement en Côte d'Ivoire où, précise-t-il, ce n'étaient pas des ex-militaires de son pays mais des locaux qui pilotaient les Sukhoï ayant délibérément attaqué les forces françaises. Sur place, il y avait des Biélorusses mais aussi des Russes ainsi que des Ukrainiens. Tout ce petit monde court le contrat et tous les moyens sont bons. Piotr part en Ouganda où il espère gagner entre 1 500 et 3 000 dollars par mois. Il connaît un pilote qui a prétexté une maladie pour être renvoyé de l'armée et pouvoir ainsi se positionner sur ce marché lucratif. Comment sont-ils embauchés ? « On peut dire que [le recrutement] se fait de Russie. Les voyages sont organisés par des sociétés proches de Rosoboronexport », cette dernière étant une entreprise publique d'exportation de matériel de guerre. Mais, ajoute Piotr, « il y a des groupes qui ont été envoyés par le ministère biélorusse de la Défense, des militaires en service que le gouvernement a vendus à l'Algérie et à d'autres pays ». L'argent, donc, c'est évident, il ne crache pas dessus. Mais il y a autre chose. Avec un sourire énigmatique, Mikhaïl ajoute y aller également pour le plaisir [20].

Depuis que Horacio Hernandez garde l'ambassade américaine à Monrovia, au Liberia, il a vu mourir 9 de ses gardiens recrutés localement tandis que 43 autres ont été blessés. Il fait presque partie des meubles : cela fait huit ans qu'il est là, depuis 1995. Mais jamais un candidat à l'émigration n'a pénétré à l'intérieur de l'enceinte, même lorsque, à l'été 2003, des vagues de pauvres hères poussés par une recrudescence de la violence sont venues se briser sur les murs hérissés de barbelés. Cet ex-lieutenant-colonel de l'US Marine Corps leur trouve une excuse : « Ils ne voulaient pas nous attaquer mais ils étaient frustrés de voir d'autres personnes être évacuées et pas eux. » Hernandez est responsable des opérations en Afrique pour Inter-Con, une société américaine active non seulement au Liberia mais aussi au Bénin, au Ghana, en Guinée, au Togo et en Tunisie. Cela n'a que trop rarement été facile. À 49 ans, l'homme pourrait prétendre briguer un emploi plus tranquille pour faire vivre sa petite famille, une femme et quatre enfants qui l'attendent en Virginie. Quand on lui pose la question, il répond dans un sourire : « Ce n'est pas que pour l'argent. C'est ma profession. Je suis fait pour elle, elle me convient. » Puis, comme effrayé que l'on puisse interpréter ses propos de manière péjorative, il change de registre. Désignant « ses » gardes d'un geste quelque peu emphatique, il ajoute : « Grâce à leur valeur, ce pays peut prétendre avoir une seconde chance. Leur action permet aux organisations non-gouvernementales de rester dans le pays et de distribuer encore de la nourriture, de l'eau ainsi que d'assurer les soins médicaux de base*. » Voilà pour les motivations les plus simples pour ne pas dire simplistes. Parfois, c'est tout de même un peu plus compliqué. Les raisons invoquées se cristallisent alors jusqu'à constituer un véritable code de conduite implicite façonnant durablement les attitudes.

Rich – nous ne connaîtrons que son prénom pour des raisons de sécurité – est un ex-commando de l'US Navy qui avoue être à l'aise là où, dit-il, la stupidité peut être fatale. C'est dans ce genre de lieu qu'il estime rencontrer des individus qui réfléchissent avant d'agir. Au printemps 2005, il part en Irak avec une petite équipe de la société Blackwater, en tout une douzaine d'hommes. Tous sont là pour l'argent, bien entendu, mais aussi parce qu'ils aiment vivre sur le fil du

---

* Austin Merrill, « Ex-Marine Guards U.S. Embassy in Liberia », *Associated Press*, 29 octobre 2003.

rasoir. Un credo qui ne leur fait ressentir que du mépris pour l'Américain moyen engoncé dans son confort physique et moral étriqué de petit bourgeois. Ils haïssent cette société où les avertissements signalant un danger fleurissent « jusque sur les tasses à café ». Ils savent aussi que la meilleure façon de revenir au pays dans un cercueil est d'avoir ce qu'ils appellent « une attitude de chien enragé ». Dommage que leurs collègues ne s'en soient pas souvenus le 16 septembre 2007. Au sein du groupe, ils sont quelques-uns à n'avoir pas vraiment su se réadapter à la vie civile après plusieurs années sous l'uniforme. Comme Freeman qui a signé chez Blackwater après avoir vu à la télévision des Marines en action lors de l'invasion de l'Irak au printemps 2003. Il avoue : « Cela faisait déjà longtemps que cela me manquait. Alors je me suis dit, mon vieux, tu as vraiment besoin d'y retourner*. » Que fera-t-il de l'argent qu'il est en train de gagner ? Acheter un voilier et se la couler douce. Car c'est un de leurs points communs : les dollars, ils s'en serviront pour concrétiser un projet. Construire « sa » maison, créer une entreprise – de sécurité ? –, financer des études, acheter un commerce. Oui, ils ont tous à l'esprit un mensonge en velours auquel ils croient ou font semblant de croire. Jusqu'à ce qu'ils craquent une fois encore et courent retrouver le seul endroit où ils se sentent à l'aise, c'est-à-dire une jungle où on porte une arme dont on peut se servir de temps à autre. Car qui peut croire qu'un Freeman va passer le reste de son existence à faire des ronds dans l'eau ? Cela ne durera qu'un temps. Jusqu'à ce que le banquier se manifeste. Ou que la nostalgie l'emporte un soir de blues quand la bouteille de bourbon se vide plus vite que d'habitude.

Les risques du métier

Mais quelles que soient les motivations des uns et des autres, il est une vérité qui s'impose à tous : l'argent n'est bon

* Ann Scott Tyson, « Private Security Workers Living On Edge in Iraq », *The Washington Post*, 23 avril 2005.

à prendre que si l'on reste en vie pour en profiter. Parfois, les balles viennent du côté où on les attend le moins. Les soldats américains sont réputés pour avoir la gâchette facile et il ne fait pas bon aborder leurs check-points trop rapidement. Rich, l'homme de Blackwater dont nous avons fait la connaissance, confirme avoir à de nombreuses reprises été la cible des troupes de l'Oncle Sam, même en circulant dans une voiture de marque américaine arborant la bannière étoilée. En Irak, cela ne rassure plus personne : les insurgés utilisent parfois les mêmes ou presque. Et puis on peut se demander si certains « incidents » ne sont pas délibérément provoqués par les militaires. Sur le terrain, il existe en effet une animosité latente entre les troupes américaines d'une part et les contractors d'autre part. Avec, à la base, un certain ressentiment. Les GI reprochent souvent aux employés des sociétés privées de s'en mettre plein les poches alors qu'eux courent les mêmes risques pour des soldes qui ne souffrent pas la comparaison, loin s'en faut.

28 mai 2005 à Fallujah. Plusieurs véhicules sont stoppés par un détachement américain. Les unités de l'Oncle Sam sont sur le qui-vive : plus tôt cet après-midi-là, des Marines se sont fait allumer par les passagers d'un convoi. Du moins, c'est ce qu'ils prétendent. Et voilà que le même convoi revient et recommence : des postes d'observation essuient des coups de feu. Autant dire que la tension est palpable lorsque les passagers sont extraits sans ménagement des véhicules stoppés. Après coup, 2 des 19 hommes arrêtés se plaindront d'avoir été brutalement jetés au sol puis immobilisés face contre terre avec un genou dans le dos. L'un d'eux rapporte que, tandis qu'on lui écrasait les testicules, un Marine lui posait cette question : « Ça fait quoi, ici et maintenant, d'être un riche contractor ? » Car c'est là que le bât blesse : les 19 personnes arrêtées ne sont pas des insurgés mais des employés de Zapata Engineering, une société américaine dont le siège social est implanté à Charlotte, en Caroline du Nord. Et dans le groupe, une majorité d'Américains : 16 contre 3 Irakiens. Mieux : les 2 hommes brutalisés sont d'anciens Marines comme 6 autres de leurs collègues… Commentaire de Mark Shopper, l'avocat

de l'un d'eux : « Ces employés gagnent deux fois plus que les officiers qui les commandaient lorsqu'ils étaient militaires. C'est là une considération de nature à susciter un peu d'animosité. » Ben voyons… Comme de bien entendu, la version officielle est tout autre. En l'occurrence, c'est le lieutenant-colonel Lapan qui s'y colle. Selon ce porte-parole du Corps des Marines, les procédures applicables en pareil cas ont été suivies à la lettre, les Américains ont été séparés des autres employés, tous ont été traités respectueusement et avec humanité. Comme n'importe quel prisonnier, croit bon d'ajouter le galonné sans réaliser que le spectre de Guantanamo plane sur ses propos. Du côté de Zapata, on se contente du service minimum en parlant de problèmes de communication et d'incompréhension. Pour un sous-traitant dont le chiffre d'affaires dépend majoritairement du département à la Défense, difficile d'aller plus loin[21]… Et encore : dans le cas présent, les contractors s'en tirent plutôt bien. Ce n'est pas toujours le cas. En novembre 2003, le Hongrois Peter Varga-Balazs y laisse la vie. Le véhicule qu'il conduisait s'était approché à grande vitesse d'un check-point gardé par les forces américaines. Pourquoi n'a-t-il pas réagi aux sommations ? Mystère. Toujours est-il que les GI ne l'ont pas raté[22]. Attentats, snipers, balles perdues, engins explosifs improvisés : les périls guettant le contractor moyen au détour du chemin sont, en Irak comme en Afghanistan, nombreux et diversifiés. À cette liste déjà bien fournie, il convient d'ajouter désormais le missile sol-air.

21 avril 2005. Trois jours déjà que Muhammad, nous l'appellerons ainsi, reste allongé, dissimulé dans le paysage rocailleux au nord de Bagdad. Trois jours d'attente à couver le long cylindre vert olive, objet de toutes ses attentions. Les incroyants sont retors, leurs hélicoptères volent bas : les tireurs n'ont pas le temps d'aligner les machines qu'ils sont déjà très loin. Et puis les aéronefs du Grand Satan sont maintenant équipés de ces leurres qui attirent les fusées en brûlant plus fort que les flammes de l'enfer. Mais Allah s'est montré bon envers Ses serviteurs. Il leur a permis d'apprendre que des vieux hélicoptères comme ceux des Soviétiques décollent

parfois de la base au nord de Bagdad. Ceux-ci n'ont pas les leurres. Reste à choisir l'endroit. Muhammad a repensé aux histoires que les anciens d'Afghanistan racontaient parfois le soir au coin du feu. Dans leur grande sagesse, ils disaient : pour tirer les hélicoptères comme des lapins quand ils volent bas, il faut se mettre plus haut qu'eux, sur une colline, et les voir arriver de loin. C'est ce que Muhammad a fait, accompagné d'un comparse muni de la caméra vidéo : les anciens ne pouvaient pas savoir l'importance que celle-ci allait prendre dans le combat pour les esprits. Les deux hommes attendent depuis soixante-douze heures déjà, tenaillés par la faim et la soif. Mais rien n'est trop dur qui soit destiné à glorifier Allah. Justement, un ronronnement caractéristique tire Muhammad de ses pieuses pensées. C'est bien un Mi-8 comme ceux de l'Afghanistan au temps des Soviétiques. Fébrilement, l'homme met son arme en batterie, c'est lui aussi un engin soviétique, un missile antiaérien léger Strela. Mais il est d'un modèle relativement récent et en parfait état de marche. L'hélicoptère reste en ligne de mire suffisamment longtemps pour que la séquence de tir puisse être enclenchée. Après cela, rien ou presque ne peut plus empêcher la flèche métallique de fondre sur sa proie. Bientôt, l'hélicoptère n'est plus qu'une boule de feu incandescente dans le ciel.

Alors que le missile fond sur eux, ni Stoyan Anchev, ni Georgi Naieevo, ni Lubomir Kostov n'ont le temps de réaliser ce qui leur arrive. Deux des trois membres de l'équipage employés par la société bulgare Heli-Air Services meurent sur le coup. Le troisième a moins de chance : il survit mais tombe sous les balles des insurgés. On retrouvera son corps criblé de 15 projectiles… L'aéronef avait été affrété par Skylink Air and Logistic Support, une société américaine basée en Virginie et travaillant au profit du Bureau de la sécurité diplomatique. La mission consistait à convoyer une équipe de Blackwater de Bagdad à Tikrit. Outre les trois membres de l'équipage, six employés de Blackwater ainsi que deux Fidjiens, des gardes du corps de Skylink Air and Logistic Support, trouvent la mort dans l'attentat. Quant à la vidéo, elle fera le tour de la blogosphère en servant de « preuve » aux revendications de deux groupes distincts d'insurgés[23]. Car, en Irak, pouvoir justifier d'un tableau de chasse auquel les scalps de quelques contractors ont été épinglés constitue, pour les chefs de l'insurrection, une marque de standing. D'où une sophistication croissante des tactiques employées.

Le 23 janvier 2007, c'est tout un convoi de Blackwater qui est attaqué. Mais la société s'enorgueillit d'avoir les moyens de contrer ce genre d'agression : une force de réaction rapide formée de deux équipes quitte la « zone verte » et prend la route. Mission : jouer le rôle de la cavalerie. En joueurs d'échecs accomplis, les insurgés ont cependant un coup d'avance. Une embuscade stoppe les deux équipes ; l'une d'elles fait demi-tour tandis que la seconde reste au contact. Deux Little Bird, hélicoptères d'intervention de la société, décollent et se dirigent à pale abattue vers le lieu de l'embuscade où l'intensité de la bataille ne faiblit pas. Le premier des deux aéronefs est rapidement atteint. Plus tard, un détachement de secours retrouvera les corps des contractors mais pas leurs armes ni leurs papiers. Quant au deuxième hélicoptère, il est contraint de faire demi-tour et c'est à bout de souffle qu'il regagne sa base. Sur les quatre hommes d'équipage, un y laissera la vie. Il ne faudra que très peu de temps à l'Ansar al-Sunna pour poster sur son site Internet des images représentant les quatre cartes d'identité volées sur les cadavres[24]. Au total, selon les chiffres du département du Travail américain, 1 001 contractors civils étaient décédés en Irak et 76 en Afghanistan à la date du 30 juin 2007[25]. Les employés des SMP doivent par ailleurs être préparés à affronter un autre risque majeur : celui de l'enlèvement avec ses us et coutumes barbares. En février 2008, les autorités américaines en Irak reçoivent un bien curieux paquet : il contient cinq doigts humains. Les empreintes digitales ainsi que l'analyse ADN révèlent que quatre d'entre eux appartiennent à des contractors pris en otages lors d'une embuscade près de la frontière koweïtienne le 16 novembre 2006. Les médecins légistes se déclarent cependant incapables de dire si les propriétaires des doigts sont encore en vie ou non[26]...

Mais malgré l'horreur que l'on peut ressentir, ne perdons pas de vue que le maître mot est ici « globalisation ». Autrement dit, les désagréments auxquels font face les employés des sociétés militaires privées n'ont parfois rien à voir avec une mort violente. *Dura lex sed lex* : bien souvent, ils sont tout simplement induits par la loi du marché.

Le face-à-face est tendu mais inhabituel. D'un côté, les forces américaines, de l'autre, des unités irakiennes. La tension est tellement palpable qu'on a l'impression qu'un éternuement suffirait à déclencher une bataille rangée. Comment en est-on arrivé là ?

Le 9 septembre 2005, à l'aéroport international de Bagdad, c'est *business as usual.* Ou peut s'en faut. Car il ne faudrait pas longtemps à un observateur attentif pour remarquer un détail significatif : seuls les appareils militaires décollent et atterrissent. Tous les autres vols de ce cordon ombilical aérien indispensable aux efforts de reconstruction du pays sont suspendus. Oh, théoriquement, les pilotes peuvent toujours essayer de forcer le passage mais les accès sont bloqués et la sécurité n'est plus assurée. Habituellement, elle l'est par les employés de Global Strategies Group, une société britannique. Mais justement, ce sont eux qui fournissent les piquets de grève. Motif : depuis plusieurs mois, Bagdad « oublie » avec une certaine constance de payer la note. Dès qu'elles sont mises au courant de la situation, les autorités irakiennes piquent une sainte colère. Pour elles, c'est une question de souveraineté nationale. La décision est prise : par la force s'il le faut, ordre est donné à la troupe de reprendre l'aéroport, de le rouvrir et d'en assurer la sécurité. Alertés, les généraux américains voient planer sur leurs képis le spectre d'un combat à mort entre « mercenaires » britanniques d'une part et soldats irakiens d'autre part. Dans l'urgence, des unités de l'Oncle Sam se ruent sur place pour prévenir un bain de sang. Mission : jouer le rôle peu reluisant de « force d'interposition », c'est-à-dire endosser l'uniforme de casque bleu du capitalisme sauvage. Finalement, après négociations, Bagdad accepte de régler rubis sur l'ongle la moitié de la somme due. Il n'en reste pas moins qu'on est passé à deux doigts d'un massacre pour cause de défaut de paiement[27]. En mai 2006, ce sont cette fois-ci les employés de Control Risks Group, une autre société militaire privée britannique, qui sont en colère : ils menacent de déchirer leurs contrats. Motif : les dirigeants voudraient amputer leurs payes de 19 à 37 %. Car le donneur d'ordres, à savoir le Foreign Office, a bien voulu proroger l'accord commercial mais à la condition expresse que les tarifs soient revus à la baisse. Une blague circulant à Bagdad dans les popotes résume le bras de fer avec un humour très british. Que veut dire CRG ? Control Risks Group ? Non : « Cheap Rate Guys », soit *Employés à salaires plus que modérés*[28]...

7

Les dérapages

Manifestement, l'élégance n'est pas la priorité de l'homme qui fait face au reporter du *Fayetteville Observer* : Barbe grise en bataille, il est vêtu d'un jean ainsi que d'un sweat-shirt vert. Il fume cigarette sur cigarette, et le discours qu'il tient confine au surréalisme. Car Paul Lemmen, c'est son nom, se présente comme un ancien général de l'armée de l'Air américaine, prétend avoir guerroyé au Vietnam puis avoir passé de longues années dans les services de renseignement. Fort de ce pedigree impressionnant, il a réussi à décrocher un job chez Blue Iraq, une société spécialisée dans les technologies de l'information. Mais voilà : aucun document officiel de l'US Air Force ne fait état de l'existence d'un général Paul Lemmen. Au Congrès, aucune pièce administrative ne témoigne de sa promotion au grade de brigadier général. Matt Durham, le porte-parole du commandement des forces spéciales aériennes, n'a pas non plus retrouvé trace de lui dans les archives du service. Et puis certains de ses proches affirment l'avoir entendu clamer haut et fort qu'il avait appartenu à la Provisional Irish Republican Army. Comment peut-on devenir général américain après avoir été terroriste irlandais ? Lorsque le journaliste lui demande des éclaircissements, l'individu ne se démonte pas. Pour lui, ces incohérences résultent d'une campagne de désinformation montée par le département à la Défense afin de le discréditer. Il affirme avoir suscité l'ire de Donald Rumsfeld pour avoir refusé de continuer à espionner à son profit.

« Depuis, tout ce qui concerne mon historique a été changé. Des organismes où j'ai travaillé ne reconnaissent plus que j'y ai travaillé. Comme l'armée de l'Air. Ils vont même jusqu'à nier avoir un jour croisé mon chemin*. » Jaimie Brehler, un enquêteur spécialisé, est intarissable sur le sujet : il a démasqué 300 faux militaires. Les gens à qui il a eu affaire lui laissent le souvenir de « lâches s'arrogeant frauduleusement honneur et dignité. [...] Nombre d'entre eux n'ont même jamais servi dans les forces armées. C'est, à mon sens, une injure jetée à la face de tous ceux qui ont un jour endossé l'uniforme** ».

L'Église a ses brebis égarées, les sociétés militaires privées ont leurs moutons noirs. La pression commerciale générée par les conflits en Afghanistan et en Irak est telle que managers et employés en oublient parfois les bonnes manières. Pas étonnant que, dans un tel contexte délétère, on assiste à une multiplication des dérapages. Impossible d'aborder le sujet en passant sous silence les accusations de torture portées à l'encontre des contractors ayant exercé leurs « talents » d'interrogateurs à la fameuse prison d'Abu Ghraib. Certes, CACI International n'est pas une habituée de la rubrique des faits divers mais l'affaire n'en a pas moins abouti à la mise en cause de cette société dont les bénéfices profitent largement du boom de l'espionnage. Sa montée en puissance est à ce titre emblématique.

CACI International, une société boulimique

L'Académie navale américaine a été fondée en 1845 à Annapolis, dans le Maryland. Sa mission consiste à assurer la formation initiale des officiers de l'US Navy ainsi que de l'US Marine Corps. C'est entre ces murs que le *midshipman* J. Phillip London fait ses premières armes à la fin des

* Kevin Maurer, « He says he's a general : Records discredit claim of star », *The Fayetteville Observer*, 19 novembre 2006.

** *Ibid.*

années 1950. Là, ses coreligionnaires l'affublent d'un surnom : « Jack ». Jack London, comme l'écrivain mythique. Adoubé officier de marine, J. Phillip London sillonne toutes les mers du globe. En 1967, il effectue un stage au sein de la Naval Postgraduate School ; c'est la condition *sine qua non* pour prendre du galon. Deux ans plus tard, il accède aux fonctions d'assistant personnel de l'amiral commandant en second le Commandement naval du matériel. Il quitte le service actif en 1971 mais continue à servir dans la réserve jusqu'en 1983. Réalisant qu'il ne peut se faire une place au soleil du rêve américain qu'en complétant sa formation, il s'inscrit à l'université George Washington où il ne tarde pas à décrocher un doctorat en administration des entreprises. Après une courte expérience au sein de la société Challenger Research, il rejoint CACI International Incorporated en 1972 ; il y est nommé directeur de programme. À partir de cette année-là, les destinées de l'homme et de l'entreprise allaient être intimement liées. Le jeune docteur *cum lauda* y grimpe tous les échelons jusqu'à cumuler les fonctions de président du Conseil d'administration, de président et de directeur général [1]. À l'heure où ces lignes sont écrites, il est toujours en place en tant que président du Conseil d'administration, ayant cependant abandonné ses fonctions de président et de directeur général à Paul Cofoni [2].

En 1972, CACI International n'est encore qu'une de ces petites sociétés de consultance comme il en existe beaucoup. Elle voit le jour en 1962 sous la raison sociale de California Analysis Center Incorporated et signe l'année suivante son premier contrat militaire avec l'US Navy. Son activité consiste à développer des programmes informatiques, en particulier pour l'exploitation des bases de données. C'est en 1968 que son chiffre d'affaires dépasse 1 million de dollars : elle est introduite en Bourse. Quinze ans après, la barre des 100 millions de dollars est atteinte et, en 1986, elle prend la raison sociale sous laquelle elle est encore connue actuellement : CACI International Incorporated [3]. En 1998, alors que la société vaut 300 millions de chiffre d'affaires annuel, « Jack » London pressent que la sous-traitance en matière d'espionnage est un marché appelé à se développer. Il entend en faire profiter la société ainsi que ses actionnaires. Pour cela, encore faut-il disposer de l'expertise nécessaire. Qu'à cela ne tienne : il suffit de sortir le carnet de chèques. La première entreprise à faire les frais de cette stratégie d'acquisition est QuesTech Incorporated rachetée pour 42 millions de dollars en mai 1998. Ce faisant, CACI abat ses cartes : il s'agit clairement de se positionner « sur les marchés de la guerre de l'information et du renseignement* ». Dans la corbeille, QuesTech, devenue entre-temps la division Research and Technology Systems de CACI, apporte quelques profils très typés. Il y a là Lou Lifrieri, douze ans d'armée, qui a tenu les fonctions d'adjoint au responsable des acquisitions de systèmes au Centre de la guerre des transmissions du Commandement des communications et de l'électronique. Recruté par QuesTech, il a travaillé sur les programmes relatifs à quasiment tous les systèmes de guerre électronique mis en service ou modernisés par l'armée de Terre américaine entre 1988 et 1992. William Fairl est un autre transfuge de QuesTech. N'ayant pas professionnellement porté l'uniforme, ce spécialiste de la fusion des informations provenant des systèmes de surveillance a cependant œuvré au profit de la Marine ainsi que de l'armée de l'Air américaines [4].

Les résultats sont immédiats. En mars 1999, un responsable de CACI annonce aux actionnaires intéressés que la société a décroché pour 29 millions de dollars de contrats dans le domaine du renseignement [5]. Pour l'année fiscale 1999, le chiffre d'affaires de l'entreprise grimpe à 441,7 millions de dollars, en progression de 35 % par rapport à l'année précédente. L'analyse du rapport d'activités montre que l'acquisition de QuesTech est bel et bien responsable de la plus grande partie de cette progression [6]. Information Decision Systems est la deuxième société à être avalée. Dès lors, l'appétit de CACI n'a plus de limite. L'absorption de NET Federal, d'Acton Burnell et de certains actifs de Condor

* « CACI Announces Intent to Acquire QuesTech – A Strategic Play into the Information Warfare & Intelligence Markets », http://www.secinfo.com/dfww.7v.d.htm, 19 mai 1998, accédé le 1er novembre 2007.

Technology Solutions permet à la société d'augmenter l'effectif de ses employés bénéficiant d'habilitations au secret, sésame indispensable pour qui prétend travailler sur des programmes d'espionnage. Au total, entre 1993 et août 2007, ce ne sont pas moins de 35 entreprises qui tombent dans l'escarcelle de CACI International[7]. Les contrats suivent ; citons entre autres 500 millions de dollars en décembre 2000 pour moderniser les systèmes de renseignement de l'armée de Terre et 154 millions en septembre 2003 pour « soutenir » les activités du Commandement de l'armée de Terre américaine pour le renseignement et la sécurité. Aujourd'hui, presque 30 % du chiffre d'affaires annuel de CACI (2 milliards de dollars) proviennent de contrats signés avec des organismes tels que la CIA ou la NSA. Et les ambitions de Paul Cofoni sont de porter la proportion à 50 %, pourcentage qu'il veut atteindre en poursuivant la stratégie d'acquisition d'entreprises initiée en 1998. Parmi les cibles de CACI en octobre 2007, la société Athena Innovative Solutions dont presque tous les employés détiennent des habilitations au niveau « top secret[8] »... En 2008, parmi les trois entreprises acquises par CACI, on trouve notamment Integrated Security Solutions Incorporated, une entreprise spécialisée dans la sécurité/sûreté au profit des secteurs commercial, industriel et financier[9].

Après les sociétés, les hommes. « Ce qui m'importe le plus, ce sont les rapports que les individus entretiennent avec la culture d'entreprise ; comment ils se situent vis-à-vis de leurs fonctions au sein du marché et leur attitude envers les perspectives de passations de contrats avec l'État. Je suis évidemment intéressé par leurs compétences, leur niveau de connaissances technologiques et leurs aptitudes à entretenir de bonnes relations avec les clients mais je tiens en premier lieu à la qualité de la culture d'entreprise*. » Que J. Phillip London soit intéressé par le comportement de ses cadres vis-à-vis des marchés susceptibles d'être attribués par l'État fédéral, on le conçoit aisément. Au point de se faire une spécialité de

* John Stauffer, « CACI's Cofoni Replaces London as CEO », http://blog.executivebiz.com, accédé le 31 octobre 2007.

recruter d'ex-espions de haut niveau aux carnets d'adresses bien remplis. Et sachant mettre leur entregent à profit pour se livrer à de véritables opérations de lobbying auprès de leurs anciens employeurs institutionnels. Gwyn Whittaker est membre de l'équipe dirigeante de Mosaic Incorporated, une société dont la seule fonction consiste à appuyer les entreprises désirant développer des relations fructueuses avec les organismes de renseignement américains. Il exprime le même point de vue que J. Phillip London, quoique dans un style moins ampoulé : « C'est une communauté tellement restreinte qu'un nouvel arrivant a beaucoup de mal à s'y faire d'emblée une place au soleil. C'est difficile d'acquérir une certaine visibilité si vous ne savez pas à qui parler*. » À l'évidence, le background propre à certains cadres de CACI International est de nature à leur permettre de débusquer rapidement le bon interlocuteur.

En nommant au mois d'août 2007 l'amiral Albert Calland III au poste de vice-président exécutif, c'est un poids lourd du renseignement et des opérations spéciales que recrute la société. Après avoir commandé une escouade de nageurs de combat SEAL, l'élite de l'élite des forces armées américaines, l'officier prend en 1997 la tête du Groupe de développement de guerre navale spéciale, unité très discrète rattachée au Commandement interarmées des opérations spéciales, lequel est officiellement chargé de penser « interarmées ». Son rôle ne s'arrête pas là : il contrôle six formations chargées des actions clandestines les plus pointues dont la fameuse Delta Force [10]. En l'an 2000, l'amiral Calland prend le commandement de l'état-major des forces spéciales rattaché au théâtre des opérations « centre » dont la zone de responsabilité englobe l'Afghanistan. Le 11 septembre le trouve à ce poste ; c'est donc lui qui met sur pied l'état-major des opérations spéciales dans la phase initiale de l'opération *Liberté immuable*. En 2002, l'amiral est placé à la tête de l'ensemble des forces spéciales apparentées à l'US Navy. C'est en 2004 que sa carrière prend

* Ellen McCarthy, « Intelligence Work Comes to CACI Via Acquisitions », *The Washington Post*, 8 juillet 2004.

une orientation nettement marquée au sceau du renseignement : il est embauché par la CIA qui en fait son directeur associé responsable du soutien accordé aux forces armées. Il exerce ces fonctions jusqu'en 2006, année au cours de laquelle il est affecté au Centre national contre-terroriste en tant que directeur adjoint en charge de la planification des opérations stratégiques. Or, l'amiral Calland n'est pas, loin s'en faut, la seule personnalité de cette envergure à fréquenter les couloirs de CACI International.

Lorsque la réunification allemande sonne le glas de l'utopie communiste, la National Security Agency est un organisme ronronnant béatement. Si béatement qu'elle loupe le coche : ce n'est qu'en 1997 que l'agence de Fort Meade [11] cessera de penser exclusivement en termes de zones géographiques. Cette année-là, elle enrichira son organigramme d'un « W Group » spécifiquement chargé des menaces transnationales. Washington ayant voulu, selon l'expression bien connue, « toucher les dividendes de la paix », les « grandes oreilles » sont priées de payer leur tribut : l'érosion budgétaire provoque la fermeture de 20 des 42 sites d'interception des communications répartis autour du Globe. Et puis soudain, rien ne va plus. L'arrivée à la tête de l'Agence du général Hayden en mai 1999 coïncide avec une avalanche de critiques virulentes. Pour George Tenet, directeur de la CIA, la NSA est devenue une calamité. Autrefois leader en matière de technologie, l'agence n'a pas vu la tendance se renverser : les systèmes commerciaux deviennent difficiles à intercepter et casser les formules de cryptage modernes s'avère sans cesse plus ardu. À cette époque, un membre du Comité technique consultatif précise à un fonctionnaire de Fort Meade : « À moins que vous ne changiez tous vos systèmes d'acquisition du renseignement, vous êtes condamnés à devenir sourds. » Accusée d'être la gardienne sourcilleuse d'un passé révolu, Barbara McNamara, l'inamovible adjointe au directeur de l'agence, fait les frais de cette cabale. En avril 2000, elle bénéficie d'une promotion l'éloignant fort opportunément de Fort Meade : elle est nommée officier de liaison spécial à Londres. Elle y joue le rôle de trait d'union entre la NSA et son équivalent britannique, le Government Communications Headquarters.

Étant une des rares femmes à avoir atteint ce niveau de responsabilité au sein d'un organisme de la Communauté du renseignement américaine, Barbara McNamara entre à la NSA en 1963 grâce à sa connaissance de la langue chinoise. Elle y grimpe allègrement tous les échelons jusqu'à être, en 1995, nommée directrice adjointe des opérations. Deux ans plus tard, le poste de directrice adjointe de l'Agence vient couronner une carrière bien remplie : ce sont les plus hautes fonctions pouvant être attribuées à un personnel civil. Elle quitte finalement l'Agence en 2003. Puis est recrutée par CACI où elle occupe un siège au Conseil d'administration avec le titre de directrice extérieure. Son carnet d'adresses a l'épaisseur du Bottin : elle préside aux destinées de l'Alliance du renseignement et de la sécurité nationale, une corporation dont le but avoué est de faciliter les contacts entre donneurs d'ordres gouvernementaux et responsables industriels.

Le général Hugh Shelton tient au sein de CACI des fonctions identiques à celles de Barbara McNamara. Le retraité étoilé a lui aussi un pedigree qui lui confère un statut d'incontournable : ancien chef du commandement des opérations spéciales américaines, il a terminé sa carrière militaire sur la plus haute marche du podium en tant que président du comité des chefs d'état-major. Citons enfin le cas de Lowell (Jake) E. Jacoby, le vice-président exécutif de la branche « National Solutions » rattachée à CACI International. Ancien vice-amiral, il a aussi été directeur de la Defense Intelligence Agency, le service de renseignement du Pentagone : excusez du peu.

Abu Ghraib, la prison par laquelle le scandale arrive

Quatre avions, deux gratte-ciel, le Pentagone, une prairie et des milliers de morts. L'Australie est à l'autre bout du monde mais, ici comme ailleurs, les séquences vidéo des deux Boeing s'encastrant dans les tours du World Trade Center ont été diffusées en boucle ininterrompue sur toutes les chaînes de télévision plusieurs jours durant. Même si les images datent de quelques semaines, elles n'en sont pas moins encore comme imprimées dans toutes les mémoires. En tout cas dans celles de ces quelques amis attablés devant un verre. La conversation va bon train. L'un d'entre eux lance :

– Je vais quitter Adelaïde et retourner en Amérique. Je vais aller travailler pour la CIA !

Un ange passe. Puis fuse la question, rituelle en pareil cas :

– Tu blagues ?

– Pas du tout.

– On savait que tu avais déjà donné mais ce n'est pas une raison pour y retourner. Tu fais ça à cause du 11 septembre ?

– Non. Ça n'a rien à voir. Je n'ai pas de boulot et je suis sur la mauvaise pente. Je n'ai rien à espérer en restant ici.

C'est ainsi que débute le long chemin qui allait propulser Steven Stefanowicz [12] au cœur du scandale d'Abu Ghraib. Trois ans plus tard, changement de décor. C'est un homme meurtri qui rédige cet e-mail du fin fond d'un pays en guerre : « Je peux dire à coup sûr qu'avec ce que j'ai vu ici en Irak, j'en ai assez pour toute ma vie et il est vraiment temps que je revienne à la maison*. » Que s'est-il passé entre-temps ?

Né en 1970, Steven Anthony Stefanowicz passe sa jeunesse à Telford, petite ville située à 40 kilomètres au nord-ouest de Philadelphie, en Pennsylvanie. Au collège, sa taille plus que respectable – il mesure 1,93 mètre – lui permet de briller au basket-ball tandis que son caractère affirmé lui confère un rôle de leader. Après l'université, par tradition familiale, il s'engage en février 1998 dans les forces armées américaines en tant que réserviste. Il choisit l'US Navy où il devient analyste dans les services de renseignement [13]. C'est à cette époque qu'il fait la connaissance de Joanna Buttfield, une Australienne. En fin d'année 1999, les tourtereaux décident d'émigrer à Adelaïde où Steven Stefanowicz ne tarde

---

* William Bunch, « Ex-Montco man named in Iraqi abuse scandal had bragged of joining CIA, friends say », *Philadelphia Daily News*, 8 mai 2004.

pas à trouver un emploi chez Morgan and Banks. Peter Emmerton, son patron à l'époque, le décrira comme « le plus fiable, le plus direct, le meilleur des hommes que vous pouvez imaginer, doux comme un agneau* ». Le 16 septembre 2001, il est l'un des quatre Américains résidant en Australie à être interviewés par un journaliste du *Sunday Mail.* Au début du mois d'octobre, laissant sa petite amie sur place, il rentre aux États-Unis pour rejoindre son unité ; quelques semaines plus tard, il demande à être versé dans l'armée d'active. Mais c'est en tant que réserviste qu'il est envoyé au sultanat d'Oman où il fait preuve là encore d'un professionnalisme irréprochable dans son emploi d'analyste.

Il est démobilisé aux États-Unis en septembre 2003, un mois après que CACI International a décroché un contrat d'un an afin de fournir à l'armée de Terre américaine des spécialistes de l'interrogation des sources humaines au profit des forces engagées en Irak. Les candidats doivent remplir une condition : justifier d'au moins deux ans d'expérience dans la spécialité. Or, Steven Stefanowicz n'est pas interrogateur mais analyste. Et il n'a pas deux ans d'expérience mais vingt mois seulement. Pourtant, il est engagé par CACI et envoyé à Abu Ghraib au mois d'octobre. Diffusées pour la première fois le 28 avril 2004 par la chaîne CBS dans le cadre de l'émission *60 minutes II*, des photos allaient révéler à la face du monde les tortures que les prisonniers y subissaient en cette fin d'année 2003.

Avant de se faire un nom à la rubrique des scandales, Steven Stefanowicz se voit affublé sur place d'un surnom, « le grand Steve ». Dès son arrivée au centre de détention, il redevient le leader naturel qu'il était au collège : sa taille, son poids (près de 110 kilos) et son autorité impressionnent. Pour l'asseoir encore un peu plus, cette autorité, sans doute laisse-t-il encore une fois échapper dans la conversation les trois lettres magiques, CIA. Bref, il n'est pas le genre d'homme à qui l'on refuse quelque chose et il le fait savoir. Présentant sa

* David Palmer, « Richard Armitage and CACI – What's Behind the Attacks on Australia Latham ? », *Counterpunch*, 15 juin 2004.

version des faits devant une cour martiale – il sera lui-même condamné à huit ans de prison –, le soldat Ivan Frederick dresse de l'homme un portrait qui n'évoque en rien celui d'un agneau [14]. Le témoignage concerne ce jour fatidique au cours duquel Stefanowicz désigne à Frederick un prisonnier en combinaison orange répondant au nom d'Ashraf Abdullah al-Juhayshi :

– Big Steve, l'interrogateur qui s'en occupait, m'a dit qu'il appartenait à al-Qaeda. Il m'a dit : à chaque fois que vous en avez l'occasion, mettez-lui les chiens dessus ! Il avait l'intention de s'interposer et nous devions retenir les chiens afin qu'il puisse interroger le prisonnier.

Le capitaine Jason Duncan veut en avoir le cœur net. L'avocat saisit une photo et la brandit à quelques centimètres du visage du soldat. Le cliché représente le sergent Michael Smith excitant son chien Marco afin de terrifier le prisonnier. Elle a fait la une de toutes les gazettes. Dans le silence impressionnant de la salle d'audience, tout l'auditoire peut entendre la voix de l'officier qui détache chaque syllabe pour donner du poids à ses mots :

– Et Steve était alors en train de lui dire de faire ça ?

– Oui, Monsieur.

Condamné à dix ans de prison, le caporal Charles Graner a quant à lui affirmé que Steven Stefanowicz avait non pas participé mais dirigé des actes de torture. Car outre le fait qu'il aurait été à l'origine de l'utilisation d'un chien, le contractor se serait aussi rendu coupable d'abus sexuels.

Et pourtant, dans cette affaire, les seuls à trinquer ont été les lampistes. Thomas Pappas, le colonel commandant la 205e Brigade de renseignement militaire sous le contrôle de laquelle travaillait Steven Stefanowicz, a échappé à la cour martiale. Il n'a écopé que d'une réprimande ainsi que d'une amende de 8 000 dollars mais n'a pas immédiatement été relevé de son commandement [15]. Le lieutenant-colonel Steven Jordan qui dirigeait le centre d'interrogation d'Abu Ghraib a été acquitté des principales charges pesant contre lui. À l'heure où ces lignes sont écrites, il reste en attente de jugement pour avoir... désobéi aux injonctions de son supérieur lui ayant ordonné de ne pas discuter de l'affaire [16] ! Janis Karpinski, le général féminin qui commandait la prison, a été dégradée au rang de colonel. Là encore, la sanction lui a été infligée non pas pour les faits eux-mêmes mais pour son attitude après les faits. Elle se considère comme un bouc émissaire. Barbara Fast, encore un général féminin qui était alors l'officier de renseignement militaire de grade le plus élevé en Irak, a bénéficié d'une promotion : elle commande actuellement le Centre du renseignement de l'armée de Terre sis à Fort Huacucha, en Arizona. L'affaire n'est toutefois pas close : Emad al-Janabi, un Irakien, a porté plainte contre Steven Stefanowicz et contre CACI International [17]. Ce n'est certes pas la seule plainte de ce genre.

Devant les micros, Susan Burke, avocate de la société Burke O'Neil, est indignée. Ou du moins feint-elle de l'être, cela fait partie du jeu. « Ces hommes innocents ont été torturés de manière insensée par des sociétés américaines qui ont profité de leur misère. [...] Ils s'adressent à la justice américaine parce que nos lois, depuis des générations, permettent de faire en sorte que leurs plaintes soient entendues*. » Plusieurs années après les faits, trois Irakiens ainsi qu'un Jordanien demandent réparation. Ils portent plainte contre CACI International et deux de ses employés, Timothy Dugan et Daniel Johnson. Sur le banc des accusés figurent également L-3 Communications (un groupe industriel qui a racheté Titan Corporation, une société aussi mise en accusation dans le cadre du même scandale) et Adel Nakhla, un de ses contractors ayant comme les deux autres œuvré à la prison d'Abu Ghraib. Les quatre plaignants prétendent avoir, lors des interrogations, été dénudés, battus et soumis à des tortures incluant des chocs électriques ou des exécutions simulées. Chez CACI International, on nie tout en bloc, on y affirme qu'il s'agit là « d'allégations dénuées de tout fondement** ». Il appartiendra à la justice américaine de faire la part des choses

* « Abu Ghraib inmates sue contractors, claim Torture », *Associated Press*, 30 juin 2008.

** *Ibid.*

mais observons cependant que les affaires de torture à la prison d'Abu Ghraib ou ailleurs ont ouvert une brèche dans laquelle les cabinets d'avocats américains ont tout intérêt à s'engouffrer. Ils jouent sur du velours : l'opinion publique a d'ores et déjà dénié aux accusés toute présomption d'innocence. Il y a de l'argent à se faire et, à défaut d'argent, au moins des micros et des objectifs d'appareils photo ou de caméras à monopoliser. Aux États-Unis plus qu'ailleurs, la justice est spectacle. Et il y a matière : au total, un des rapports internes aux forces armées estime que, s'agissant seulement d'Abu Ghraib, « des interrogateurs et des interprètes sous contrat ont été impliqués dans 16 des 44 cas faisant état de mauvais traitements* ». Le même rapport prétend qu'un employé non identifié de CACI porté sur l'alcool aurait refusé d'exécuter les ordres d'un officier en uniforme. Pour toute réponse, le militaire se serait entendu répondre : « Cela fait vingt ans que je fais mon boulot et je n'ai pas besoin qu'un type âgé de 20 ans me dise comment le faire**. » Dans un tel contexte, la seule évocation du mot « contrôle » apparaît comme déplacée…

Des dérapages impliquant des contractors, il y en a eu d'autres qui, à l'instar de celui d'Abu Ghraib, confinent à l'horrible.

La dignité humaine bafouée

Ben Johnston est un Texan de plus de 1,90 mètre. Sa spécialité, la réparation des hélicoptères militaires américains Apache et Black Hawk, en fait une recrue de choix pour DynCorp qui, en 1998, l'envoie en Bosnie. La société y est très active : entre 1995 et début 2002, elle y fait travailler 181 employés sous couvert de contrats totalisant presque 1 milliard de dollars (environ 673 millions d'euros)[18]. Une

* Renae Merle & Ellen McCarthy, « 6 Employees From CACI International, Titan Referred for Prosecution », *The Washington Post*, 26 août 2004.

** *Ibid.*

bonne paye sans trop de risques, un peu d'exotisme : que demander de plus lorsqu'on est un Américain moyen ? Seulement voilà : de l'exotisme, Ben Johnston va en avoir, et plus qu'il n'en demandait.

Par un beau jour de l'année 1998 donc, il débarque au camp Comanche, près de Tuzla, là où l'armée de Terre américaine assure la maintenance de ses machines à voilure tournante. Il n'est sur place que depuis quelques jours lorsqu'il commence à s'interroger sur le professionnalisme de ses collègues : tous les matins, dans le bus qui les emmène au travail, les vapeurs d'alcool empestent l'atmosphère. Ben n'est pas du genre à se taire. Il dit ce qu'il en pense et est immédiatement catalogué comme un empêcheur de se saouler en rond. Il s'en fout. Du moins, c'est ce qu'il dit.

Parfois, pour se changer les idées, il va se balader dans les rues de Dubrave, la ville la plus proche. Là, il ne tarde pas à remarquer que certains employés de DynCorp n'hésitent pas à s'afficher avec des filles dont le look tient plus de la péripatéticienne que de la femme du monde. Encore une fois, il désapprouve et le fait savoir. Mais, aussi condamnable et criminelle que soit la prostitution, elle est endémique en Bosnie. Alors… Après ces rencontres « fortuites », Ben Johnston pense en avoir fini avec ce qui s'apparente de plus en plus à une descente aux enfers. Ce n'est qu'un début.

L'alcool aidant, le Texan ne tarde pas à recueillir certaines confidences. Petit à petit, il comprend qu'il ne s'agit pas tant de rapports tarifés mais bel et bien d'acheter des filles pour les avoir à disposition. Une sorte d'esclavage avec droit de cuissage tous frais compris. Comble de l'horreur, certaines « recrues » sont jeunes, très jeunes. Ben Johnston évoque ainsi le cas d'un employé de DynCorp souffrant d'obésité et qui, tout en mastiquant des cheeseburgers, « s'assoupissait littéralement toutes les cinq minutes. Un jour, il a piqué du nez avec une torche à souder dans la main et a troué le plastique sur un avion. Il possédait une fille qui ne pouvait pas être âgée de plus de 14 ans. C'est déjà un spectacle dégueulasse que de voir n'importe quel adulte [avoir des relations sexuelles] avec une enfant, mais voir un homme de 45 ans qui pèse 180 kilos avec une petite fille, ça vous rend véritablement malade* ». Dégoûté, Ben Johnston s'en va trouver John Hirtz, son superviseur chez DynCorp. Mauvaise pioche : lors de l'enquête, les fins limiers de la Division des enquêtes criminelles (CID) entreront en possession d'une cassette vidéo où l'individu s'était lui-même filmé en train de violer une des deux jeunes filles avec lesquelles il « batifolait ». Mieux, ou plutôt pire : selon certaines sources, Hirtz aurait été de connivence avec la mafia serbe dans le cadre d'un trafic d'être humains, en l'occurrence de très jeunes filles originaires de Roumanie, de Russie et d'ailleurs.

Alors, la mort dans l'âme, Ben Johnston décide de s'adresser aux inspecteurs du CID. Le 2 juin 2000, une équipe du 48e Détachement de police militaire fait une descente au camp Comanche dans le hangar où travaillent les employés de DynCorp. Cette démonstration de force ne plaît pas à tout le monde : en attente de rapatriement aux États-Unis, Ben Johnston doit être placé en garde à vue pour sa propre protection. Lors des auditions, ses allégations sont confirmées par Kevin Werner, un autre employé de DynCorp, qui confesse quant à lui avoir acheté des armes illégalement ; c'est ce témoin qui fournit au CID la cassette vidéo des ébats de John Hirtz. Au total, sept employés de DynCorp sont rapatriés aux États-Unis et congédiés. Ben Johnston subit le même sort après s'être vu reprocher d'avoir jeté le discrédit sur la société ainsi que sur l'armée de Terre américaine. Dans l'affaire, il est lui-même mis en cause par un de ses ex-collègues, un revanchard dont il avait souligné à maintes reprises le manque de professionnalisme.

Au final, estimant avoir été abusivement licencié, Ben Johnston dépose une plainte auprès du tribunal du comté de Tarrant, dans le Texas. Le libellé de la plainte est ainsi rédigé : « En fin d'année 1999, Johnston apprit que des employés ainsi que des superviseurs de DynCorp engagés dans des activités perverses, illégales et inhumaines achetaient illégalement des

* Kelly Patricia O'Meara, « US : DynCorp Disgrace », *Insight Magazine*, 14 janvier 2002.

armes, des femmes ainsi que des faux passeports [...] Johnston fut témoin de scènes où certains de ses collègues et superviseurs achetaient et vendaient littéralement des femmes pour leur propre amusement personnel, et où des employés fanfaronnaient concernant l'âge et les talents des esclaves individuelles qu'ils avaient achetées*. »

À l'heure où ces lignes sont écrites, aucun des employés congédiés n'a été traîné en justice : l'accord de Dayton précise que la loi bosniaque ne s'applique pas aux contractors. Le CID a, en juin 2000, botté en touche précisément en refilant l'affaire aux autorités bosniaques. Quant à la société DynCorp, un porte-parole a fait savoir en substance qu'elle ne pouvait nullement être tenue pour responsable d'agissements individuels et que son état-major avait pris les mesures qui s'imposaient aussitôt mis au courant de l'affaire. Les employés recrutés par l'entreprise sont désormais contraints de signer une attestation. Par ce biais, ils reconnaissent savoir que le trafic d'êtres humains ainsi que la prostitution sont considérés comme des actes illégaux par la communauté internationale et sont immoraux, contraires à l'éthique et strictement interdits. Pour DynCorp, c'est *business as usual.* Personne ne s'y étonne qu'il soit nécessaire de faire signer ce genre de papier. La conclusion de cette bien triste histoire ? Peter Singer, de la Brookings Institution, un *think tank* américain, la formule en ces termes : « Vous avez une situation où les employés de ces sociétés peuvent commettre des crimes graves et la seule loi que nous pouvons leur opposer, c'est la loi du marché**. » Malheureusement, il ne s'agit pas de la seule affaire à connotation sexuelle souillant le monde de la sous-traitance militaire.

Jamie Leigh Jones vit à Conroe, au Texas. En juillet 2005, elle est en Irak où elle travaille au profit de KBR. C'est là

---

* *Ibid.*

** Robert Capps, « Investigators knew employees for U.S. military contractors in Bosnia bought women as sex slaves. But because of legal loopholes and bureaucratic confusion, no one was prosecuted », *Crime without punishment*, 27 juin 2002.

qu'elle accuse un collègue de l'avoir violée après l'avoir droguée. Ayant déposé plainte, elle est contactée par trois autres femmes qui affirment avoir subi le même calvaire ; Tracy Barker, l'une d'entre elles, accepte elle aussi de témoigner devant une commission de la Chambre des représentants. Encouragée, Jamie va plus loin : elle crée une fondation. Très rapidement, 10 autres femmes la rejoignent. L'une des victimes raconte qu'après avoir été violée, elle a été contrainte de continuer à travailler côte à côte avec son violeur[19].

Avril 2004, entre Bagdad et Balad. Mary Beth Kineston est « chauffeuse » de poids lourd au profit de KBR. Soudain, c'est l'enfer : le convoi auquel son véhicule appartient subit une attaque. Peu après qu'une voiture piégée a explosé, les insurgés déclenchent un tir de barrage, les rafales d'armes automatiques strient son univers. Elle croit sa dernière heure arrivée. Mais comme il se doit en pareil cas, la cavalerie fait son entrée triomphante : les hélicoptères Black Hawk de l'aviation légère de l'armée de Terre américaine dégagent le convoi qui peut poursuivre sa route. Mary pense alors que rien de pire ne peut lui être infligé. Il ne lui faut pas longtemps pour déchanter : elle rapporte que, peu après, elle est violée par un employé de la société. Elle se plaint auprès des représentants de KBR. Pour seule réponse, elle est licenciée. Désabusée, l'ex-chauffeuse doit alors se contenter d'une modeste indemnité : « Je me sentais plus en sécurité en convoi accompagné par l'armée de Terre américaine que je ne me suis jamais sentie en travaillant pour KBR », précise-t-elle[20]. Car les cas de ce genre ne sont pas censés être réglés par la justice. Lorsqu'ils signent le contrat non négociable que leur impose KBR, les volontaires acceptent par avance de régler à l'amiable tout différend qui pourrait surgir. Les avocats de KBR et d'Halliburton, la maison mère à l'époque des faits incriminés, ont fait valoir que l'application de cette clause concerne en particulier les cas d'allégations de crimes ayant une nature sexuelle. C'est du moins ce que Jamie Leigh Jones s'est entendu dire[21]... Le magistrat chargé de l'affaire a rendu un jugement contraire : son cas sera bel et bien réglé par la justice[22].

Tous les dérapages ne mettent pas en jeu la dignité humaine, les escrocs du tout-venant sont eux aussi de la partie. Lorsqu'un coup de pied dans la fourmilière est donné en fin d'année 2007, ce qu'il met au jour induit l'ouverture de plus de 70 enquêtes criminelles concernant les sommes monumentales dépensées par le Pentagone en Irak. Ces enquêtes-là et d'autres encore composent un bréviaire haut en couleur qui pourrait servir de manuel d'instruction dans les écoles de la truande. Le premier chapitre en serait consacré aux coups portés en dessous de la ceinture. Car depuis qu'Adam et Ève ont croqué la pomme, il s'en passe de belles sur l'oreiller.

La sous-traitance attire les escrocs

Capitaine féminin dans l'US Air Force, Sherrie Remington vient de se créer un compte e-mail avec lequel elle pourra continuer à converser avec son amant, un dénommé Eric Barton, en se cachant derrière le pseudo « loveshackiraq ». C'était devenu indispensable : son époux a eu accès à la boîte aux lettres électronique qu'elle utilisait jusqu'à présent. C'est, écrit-elle, « un compte spécial pour toi... Un autre petit secret ». Si les pièces du dossier compilé par les enquêteurs du département à la Défense se limitaient à relever une simple affaire de cocufiage, cela resterait d'une banalité affligeante. Mais on ne dérange pas pour si peu des fins limiers qui ont d'autres chats à fouetter. Car Eric Barton est employé par la société EOD Technology (EODT), Sherrie Remington exerce des responsabilités dans l'attribution des contrats de sous-traitance et, durant la période pendant laquelle les tourtereaux batifolent dans le même lit, le chiffre d'affaires d'EODT généré grâce aux clients fédéraux grimpe subitement de 3,8 millions de dollars en 2005 à 106 millions de dollars en 2006... Or, selon des témoins, Eric Barton a révélé bénéficier d'informations internes aux forces armées et, en parlant d'EOD Technology, s'est exclamé que la société pouvait décrocher « tous les contrats qu'elle voulait ». Cependant, l'affaire tourne court. L'US Air Force offre l'immunité à Eric

Barton en échange de son témoignage. Le département à la Justice décide de ne pas la poursuivre car elle n'a retiré de l'affaire aucun gain financier personnel. L'armée de l'Air ne porte pas plainte, préférant régler discrètement son cas avec une simple sanction disciplinaire. Le mot de la fin ? Laissons-le à Scott Amey, conseiller juridique du Project on Government Oversight : « On a souvent dit que les contractors couchaient dans le même lit que le gouvernement. C'est une boutade qu'il faut désormais prendre au sens propre*. »

La boutade, ce n'est pas le truc de Gary Lakis. Son crâne rasé lui donne une apparence de dur à cuire. Et si l'on en juge au placard de médailles qu'il arbore sur sa vareuse, c'en est un : il revendique seize années d'expérience au sein des unités de forces spéciales rattachées au Corps des Marines ainsi qu'à l'armée de Terre des États-Unis. Il a appartenu non seulement aux 11ᵉ et 19ᵉ groupes de forces spéciales mais aussi au très secret Commandement interarmées des opérations spéciales, ce qui se fait de mieux en la matière. Dans son CV, une touche d'exotisme : il détient un diplôme de tireur d'élite attribué par l'école de la Légion étrangère française. C'est du reste en tant que sniper qu'il a décroché la plupart de ses médailles après s'être comporté en héros au Panama, en Somalie, en Bosnie, au Kosovo et en Haïti[23].

Immédiatement après le 11 septembre 2001, pressentant qu'il y a là un marché promis à un bel avenir, l'ex-sergent fonde la société Surgical Shooting Incorporated qui se spécialise dans la formation militaire très pointue dans le domaine du tir aux armes légères. C'est le jackpot : sur la seule foi des états de service revendiqués par son dirigeant, la Marine américaine signe avec la société plusieurs contrats dont le montant cumulé s'élève à 66 millions de dollars (environ 44 millions d'euros). Objet : organiser jusqu'en 2007 des stages antiterroristes pour les marins ainsi que les nuques de cuir du Marine Corps. Les cours auront lieu à Hawaii, San Diego, Seattle et

* Guillermo Contreras, « Army claims sexual trysts tied to Iraq contracts », *Express-News*, 10 novembre 2007.

au Japon. L'affaire est bien partie et, entre 2002 et 2003, les matelots de Pearl Harbour bénéficient des conseils du vétéran.

Le succès appelant le succès, Gary Lakis attire l'attention des médias de San Diego au point de faire l'objet de plusieurs reportages. Il est le spécialiste tout désigné pour commenter les informations dès lors que les opérations spéciales sont concernées : les conflits en Afghanistan et en Irak accaparent les plateaux télévisés. Lors d'une interview, on le voit professer doctement son credo : « Vous pouvez apprendre à une multitude de gens les savoir-faire de base du tir de précision et leur apprendre comment tirer, mais c'est beaucoup plus difficile de leur apprendre à effectuer des tirs chirurgicaux*. » Pourtant, certaines personnes commencent à se poser des questions. Rick Sweeney, lui-même un ancien des forces spéciales devenu responsable des opérations pour Surgical Shooting Incorporated, se déclare embarrassé par les piètres performances de son patron. Celui-ci ne le sait pas encore, mais le compte à rebours est enclenché : il a fait une erreur, elle ne va pas tarder à le rattraper. Gary Lakis s'est payé le luxe d'apparaître avec sa batterie de médailles lors d'une réunion d'anciens combattants du Corps des Marines, poussant le bouchon jusqu'à se faire photographier avec le général James Jones, le commandant des nuques de cuir. Ce jour-là, beaucoup d'anciens ont un doute. Nous sommes en octobre 2002 et ce ne sont dans un premier temps que des rumeurs. D'autres y croient encore car Gary Lakis, comme tous les escrocs, excelle dans la mise en scène. En avril 2002, il recrute Al Scott auquel il confie la tâche de coordonner l'équipe d'instructeurs d'Hawaii. Au fil des jours, l'employé devient un de ses amis et, lorsqu'il se déplace à San Diego pour mettre au point l'opération, il est hébergé par le boss. Il raconte : « Je suis descendu dans son bureau et j'ai vu, du sol au plafond, une collection impressionnante de certificats provenant manifestement des forces spéciales. Je n'en ai rien pensé de

* Brian Ross & Vic Walter, « Sgt. Bogus », *ABCNEWS.com*, 7 juillet 2004.

particulier. J'étais totalement dans le noir*. » Les anciens, eux, ont tout leur temps pour fouiller dans les archives. Ce qui devait arriver arriva : les médailles étaient en chocolat, l'ex-sergent n'avait jamais appartenu aux forces spéciales et ses campagnes étaient imaginaires. Une enquête est alors ouverte par le département à la Défense mais c'est trop tard : dès que cela commence à sentir le roussi, Gary Lakis disparaît et Surgical Shooting Incorporated ne lui survit pas. À Hawaii, la Marine américaine estime s'en tirer à bon compte. Plusieurs instructeurs sont réembauchés par Magnum Firearms, une société locale avec laquelle, en octobre 2003, les amiraux signent un contrat de 7,3 millions de dollars pour assurer la continuité des programmes d'entraînement. Quant à Gary Lakis, il coulerait des jours heureux en Australie, hors d'atteinte de la justice américaine.

La frénésie du Pentagone en matière de sous-traitance a multiplié le nombre de ces escrocs qui s'en mettent plein les poches en s'inventant des pedigrees en or massif. À tel point que des sites Internet se sont fait une spécialité que de démasquer ces faux héros. VeriSEAL est de ceux-là : sa création remonte à 1992 mais son activité a explosé depuis le 11 septembre 2001. De même qu'il existe des tableaux d'honneur, le site comporte un « tableau de la honte » et entretient un fil d'informations sur les imposteurs. Ses services sont utilisés par plus d'une demi-douzaine d'agences gouvernementales, par les organismes étatiques et locaux de maintien de l'ordre public mais aussi, sous certaines conditions, par de simples particuliers. Approximativement 95 % des individus faisant l'objet de demandes de vérification se révèlent n'être que des imposteurs[24]...

Paul Lemmen, ce colonel qui se prétend victime d'une conspiration ourdie par le département à la Défense, et Gary Lakis ont ceci en commun que leurs méthodes sont relativement sophistiquées : à moins d'être psychopathe, tromper son monde sur la durée réclame un minimum d'efforts. Parfois,

* Mary Vorsino, « Trainer for Navy under scrutiny », *Starbulletin.com*, 10 juillet 2004.

c'est plus simple, plus stupide voire plus méchant. En février 2007, Wayne Schepens, un employé de la National Security Agency, est mis en examen ; on l'accuse d'avoir frauduleusement attribué à CDXperts, une entreprise dirigée par son épouse, un contrat de 340 000 dollars dans le cadre d'un exercice « défense informatique[25] ». Autres temps, autres mœurs : Richard Sylvestre possède une société, Ares Systems International. Il est par ailleurs titulaire d'une habilitation « top secret » qui lui permet de travailler sur les systèmes informatiques équipant l'état-major de la VIe Flotte américaine basée à Naples. Fort de cela, il soumet une offre dans le cadre d'un appel rendu public par l'US Navy. Dépité de ne pas avoir été choisi, il injecte des codes malicieux dans les ordinateurs dont il a la charge puis prend la poudre d'escampette. Trois des cinq ordinateurs affectés tombent en panne. Si les deux autres machines avaient elles aussi refusé de fonctionner, « la Marine serait devenue aveugle ». Au pire, ses précieux sous-marins auraient pu rentrer en collision les uns avec les autres ou percuter malencontreusement des navires de surface. Le recours à un psychiatre aide finalement l'accusé à s'en tirer au mieux : un an de prison, trois ans à l'épreuve et 10 000 dollars d'amende s'ajoutant aux 25 000 dollars versés à la Marine à titre de réparation[26].

Comment ces dérapages allant du fait divers à l'abject peuvent-ils se produire si facilement ? Principalement grâce à un cocktail délétère alliant des besoins impérieux à une légèreté coupable de la part des autorités.

Le besoin explose, la ressource ne suit pas

Lorsque les interventions en Afghanistan puis en Irak font exploser le chiffre d'affaires, le staff de CACI International a le nez dans le guidon. Et les difficultés commencent dès lors qu'il s'agit de respecter les échéances. Première d'entre elles, et non des moindres : trouver les spécialistes civils, ex-militaires pour la plupart, aptes à remplir les fonctions requises. Au fur et à mesure que s'accumulent les contrats, cela devient de plus en plus difficile. Conséquence : les employés sont recrutés selon des standards revus à la baisse. Initialement, il était requis des spécialistes du « traitement » des sources humaines une expérience minimum de sept ans en la matière. Cette exigence est ultérieurement abaissée à cinq puis à deux ans.

Torin Nelson est un ancien sous-officier américain spécialiste de l'interrogation des prisonniers. Il raccroche l'uniforme en juillet 2003 : il n'y croit plus. Pour lui, les forces armées de l'Oncle Sam sont aux mains d'officiers supérieurs que le manque d'expérience amène à faire des choix malheureux mais qui refusent de tenir compte des conseils avisés de leurs subordonnés plus expérimentés. Affecté à Guantanamo Bay où il officie pendant six mois avant de prendre la quille, il entend parler de la volonté du Pentagone de durcir les méthodes d'interrogation. Il s'agit d'autoriser la privation de sommeil et de nourriture. « Le FBI leur a dit que cela ne marcherait pas et j'étais d'accord avec eux mais le secrétaire à la Défense leur a donné le feu vert. Ils ont créé une équipe de projets spéciaux avec des gens provenant de différents bataillons qui ont utilisé des procédures telles que vingt heures d'interrogation et vingt heures de repos avec de la musique rock à plein tube. Je pensais que c'était une perte de temps mais j'ai fermé ma gueule parce que je n'étais qu'un sergent et que je ne pouvais pas me permettre de critiquer un colonel*. »

Rendu à la vie civile, Torin Nelson a tout juste le temps de laver son treillis qu'il est embauché par CACI International avec une destination exotique à la clé : la prison d'Abu Ghraib. Là sévissent une trentaine de « spécialistes » se répartissant pour moitié entre civils et militaires. Ce qu'il y constate le sidère : environ un tiers des interrogateurs n'a tout simplement jamais été initié au renseignement sans même parler du « traitement » des sources humaines. D'autres ont bien été formés au renseignement mais leurs spécialités n'ont rien à

* Pratap Chatterjee, « Former interrogation contractor speaks out », *CorpWatch*, 10 mars 2005.

voir avec le travail qu'on leur demande. C'est le cas de Steven Stefanowicz qui, nous l'avons vu, est un analyste. Chez DynCorp, on observe des cas comparables. S'agissant de son jeune collègue recruté en tant que mécanicien dont les propos sont à l'origine de son limogeage, Ben Johnston déclare : « Il y avait là un gosse, James Harlin, qui venait en droite ligne de l'école et qui ne savait même pas les noms des outils de base ni ce à quoi ils servaient*. » Rappelons que ce gosse-là était censé savoir réparer des hélicoptères. Signer une foultitude de contrats de sous-traitance sur un rythme effréné se heurte dont très rapidement à un écueil de taille, celui des compétences disponibles sur le marché. Face à cela, les sociétés réagissent… en sociétés qu'elles sont. La promotion de leurs produits finit par prendre le pas sur la qualité du service rendu. Celles dont les chiffres d'affaires explosent sont avant tout celles qui maîtrisent le mieux les techniques de vente. « Globalement, le top 20 des sociétés a dépensé presque 300 millions de dollars depuis l'an 2000 dans des actions de lobbying et a effectué des dons à hauteur de 23 millions de dollars lors des campagnes politiques. […] Lockheed Martin, la plus grosse des sociétés signant des contrats avec le gouvernement fédéral et qui a dépensé 53 millions de dollars en actions de lobbying ainsi qu'effectué des donations pour 6 millions depuis l'an 2000, reçoit chaque année plus d'argent fédéral que le département de la Justice ou celui de l'Énergie. » Pour Peter Singer, Washington a créé des mastodontes gigantesques que ce spécialiste reconnu en matière de sous-traitance militaire compare à des pseudo-agences officielles[27].

Le manque d'employés compétents disponibles sur le marché est donc un écueil de taille. Il conduit les responsables de sociétés avides de contrats à ne pas être trop regardants, que ce soit sur le plan des aptitudes professionnelles ou sur celui de la moralité. Mais ce mobile ne saurait à lui seul expliquer tous les crimes, délits et manquements que l'on commet au nom de la rentabilité. Il en est un autre, tout aussi important : le laxisme des autorités.

---

* Kelly Patricia O'Meara, *loc. cit.*

Le contrôle ? Quel contrôle ?

Nombre de dérapages pourraient au moins voir leur ampleur limitée si Washington se donnait les moyens d'assurer le contrôle des activités déléguées aux sous-traitants. Il n'en est rien. Voulant en avoir le cœur net, le secrétaire à l'armée de Terre Pete Geren met sur pied en septembre 2007 une commission spéciale chargée d'examiner comment se déroulent les processus d'acquisition et de management des programmes dans le cadre des interventions à l'étranger. Les six sages qui la composent rendent leur copie au début du mois de novembre. Ce qu'ils ont découvert est ahurissant : alors que la charge de travail en matière de passations de contrats a augmenté de 350 % sur douze ans, les effectifs de l'armée de Terre en charge du contrôle ont fondu de moitié. Pour avoir une chance de rétablir la balance, la commission estime qu'il faut disposer rapidement de 400 militaires dont 5 généraux ainsi que de 1 000 civils supplémentaires pour la seule armée de Terre tandis que celle-ci doit parallèlement financer 583 postes surnuméraires au sein de l'agence interarmées de la Défense responsable du management des contrats. Personnel supplémentaire donc, mais aussi meilleure formation : en Irak et au Koweït, seuls 36 % des personnels chargés de superviser les contractors sont correctement préparés à accomplir leurs tâches.

Pour tenter de renverser la tendance, l'armée de Terre américaine met sur pied en mars 2008 un état-major provisoire entièrement dédié, l'Army Contracting Command, auquel elle subordonne une branche expéditionnaire spécialisée. La tâche confiée à ce nouvel état-major est de superviser l'attribution ainsi que le déroulement des contrats passés par l'US Army et dont la valeur annuelle cumulée dépasse les 85 milliards de dollars. Pour accomplir cette tâche, le nouvel organisme se voit affecter, par regroupement de moyens préexistants, 5 800 hommes et femmes mais ce chiffre est appelé à augmenter. 900 officiers et sous-officiers supplémentaires vont être recrutés et une branche de *warrant officers*[28] va être créée qui va compter 120 personnels[29]. On l'aura noté :

dans tout cela, aucune mention n'est faite des civils dont la commission spéciale recommande l'embauche. S'ils le sont, s'agira-t-il de contractors surnuméraires ? En d'autres termes, serait-on susceptible d'aboutir à la situation paradoxale où des contractors seraient chargés de contrôler ce que font d'autres contractors ? Le problème, c'est qu'il ne s'agit pas là d'une situation hypothétique mais bien réelle. En juin 2006, la General Services Administration (GSA) est à court d'employés pour assurer le suivi des affaires de fraude et d'incompétence dont se sont rendues coupables des sociétés contractantes. Il y a urgence. Quelle mesure prennent en conséquence les bureaucrates de Washington ? C'est simple : ils confient la tâche à une société, en l'occurrence... CACI International ! Même si celle-ci n'a évité que de justesse d'être écartée du processus d'attribution des contrats fédéraux. Même si confier ce genre de travail à une société, puisqu'il s'agit de fouiner dans les dossiers d'enquêtes concernant d'autres sociétés, pose un sérieux problème en matière de secret commercial. Même si chacune des six personnes déléguées auprès de la GSA dans le cadre de ce contrat va coûter au contribuable américain pas moins de 104 dollars de l'heure[30].

La stupidité de l'administration aboutit parfois à élever démesurément le risque d'entente commerciale au détriment du contribuable américain. En février 2007, le représentant Henry Waxman trouve du grain à moudre. La société Booz Allen Hamilton a décroché un contrat en vue de contrôler le déroulement d'un programme de 8 milliards de dollars attribué à Boeing, à savoir la sécurisation de la frontière avec le Mexique : c'est la Secure Border Initiative. Or, Booz Allen Hamilton entretient par ailleurs à la même époque et depuis longtemps des partenariats commerciaux de longue durée avec... Boeing[31] ! Comment être certain, dans ces conditions, que Booz Allen Hamilton puisse faire preuve d'objectivité ? Peut-être en attribuant à une entreprise sous-traitante un contrat dont l'objet sera de contrôler les activités de Booz Allen Hamilton pendant que celle-ci contrôle celles de Boeing...

Aux États-Unis, cette situation n'émeut personne. En 1992, Dick Cheney, vice-président américain à l'heure où ces lignes sont écrites, est secrétaire à la Défense, poste qu'il occupe avant de présider aux destinées de la société Halliburton entre 1995 et l'an 2000. En 1992 donc, Dick Cheney attribue à la société Brown & Root Services un contrat de 3,9 millions de dollars. But : produire un rapport classifié détaillant comment les sociétés commerciales peuvent contribuer à assurer la logistique des troupes américaines sur les théâtres d'opérations. Plus tard la même année, la société obtient une rallonge de 5 millions de dollars pour remettre son rapport à jour. D'emblée, donc, les dés sont pipés puisqu'un sous-traitant est, par la grâce du maître régnant sur le Pentagone, placé en position d'être à la fois juge et partie. Ah, un détail. La société Brown & Root Services, qui a maintenant pour raison sociale KBR (anciennement Kellog, Brown & Root), était en 1992 une filiale d'Halliburton Corporation [32]...

Seule une ferme volonté politique sachant s'imposer dans la durée serait de nature à remettre un peu d'ordre dans les agissements coupables, complices ou négligents des uns et des autres. Difficile à envisager lorsque responsables administratifs et gouvernementaux, élus, généraux, amiraux ainsi que cadres industriels participent de concert à ce jeu de chaises musicales dont le seul but est de mettre les États-Unis en coupe réglée sur le dos du contribuable. Lorsqu'il examine en mai 2008 le budget pour l'année fiscale 2009, le comité du Sénat en charge du renseignement introduit des mesures censées réduire l'importance prise par les contractors au sein de l'Intelligence Community. L'une d'entre elles voudrait interdire à toute société « de fournir des services de conseil ou d'assistance concernant quelque acquisition de système majeur que ce soit lorsque la même société est impliquée dans la fourniture des produits ou des services dans le cadre de l'acquisition en question ». Un des buts poursuivis par l'amendement consisterait à ne plus voir une filiale conseiller l'achat d'un système développé ou d'un service proposé par la maison mère. Mais qu'est-ce qu'un « système majeur » ? Et puis la mesure, si elle est imposée, ne le sera pas avant 2010. Enfin, ajoutent les

« sages » du Sénat, superviser le déroulement d'un contrat d'acquisition est une fonction régalienne qui ne devrait pas être confiée au privé : on notera l'emploi du conditionnel[33]. Pas de quoi effrayer les capitaines d'industrie. En tout cas pas ceux du Carlyle Group qui ont, pour la modique somme de 2,54 milliards de dollars, pris une participation majoritaire dans le capital de la branche « conseil au gouvernement fédéral » de Booz Allen Hamilton[34]. Interrogé en mai 2008 après la publication des recommandations rédigées par le comité du Sénat, Peter Clare, un des dirigeants de Carlyle, s'est montré confiant. Évoquant l'implication de son groupe dans le marché de la sous-traitance de l'espionnage, il déclare : « Nous aimons cela et nous pensons que les budgets vont continuer à augmenter. Nous voudrions investir encore plus dans ce secteur*. » Aux confins de budgets boulimiques, de services voraces, d'autorités démissionnaires et d'entreprises aux dents longues mais aux scrupules parfois émoussés, nul doute que criminels, pervers et escrocs sauront trouver longtemps encore un espace à leur mesure.

* Jay Hancock, « Collapse unlikely in spook industry », *baltimoresun.com*, 23 mai 2008.

8

Nouveaux débouchés

Lorsque Caroline Holmqvist monte à la tribune en ce mois de septembre 2005, son visage est empreint d'une gravité de circonstance. Œuvrant au sein du Stockholm International Peace Research Institute, elle présente le résultat de ses recherches, à savoir un rapport intitulé « Sociétés militaires privées – Le problème de la régulation ». Elle introduit son discours par un constat : si, lors de la première guerre du Golfe en 1991, le ratio était de 50 soldats pour 1 contractor, il est passé à 10 soldats pour 1 contractor en 2004. Les chiffres ne mentent pas : contrairement à une idée répandue, le conflit irakien n'a pas initié le phénomène, il n'a fait qu'accélérer une tendance préexistante. Et qui est appelée à perdurer : parti de 100 milliards de dollars en 2005, le chiffre d'affaires mondial de l'industrie de la sécurité privée devrait grimper à 200 milliards de dollars en 2010[1]. Pourtant, si de nouveaux marchés émergent, il convient de ne pas verser dans un optimisme béat : au paradis de la soldatesque à vendre au plus offrant, les analystes font grise mine.

Irak, Afghanistan : la fin des eldorados

Tout le monde ne partage pas l'optimisme de Caroline Holmqvist. Lorsqu'il évoque en septembre 2007 l'avenir des sociétés militaires privées en Irak, Richard Fenning, un des dirigeants de Control Risks, est beaucoup plus mesuré : « La situation s'est détériorée. Les fonds américains consacrés à la reconstruction se font rares. De toute évidence, on assiste à un ralentissement. Cela peut paraître contradictoire, mais l'Irak est devenu un pays trop dangereux pour que les sociétés de sécurité y fassent désormais un tabac*. » De fait, certaines entreprises n'hésitent pas à jeter l'éponge ; c'est le cas de Bechtel Corporation en octobre 2006. Certes, l'insécurité n'est pas seule en cause car le géant des travaux publics est allé jusqu'au terme des contrats signés. Mais à quel prix : 52 employés tués en trois ans et des chantiers sans cesse ralentis par la détérioration des conditions de travail. À Bassora, Bechtel est chargée de construire un hôpital pour enfants. Le responsable de la sûreté[2] sur le site est assassiné. Le directeur du site de construction démissionne après avoir reçu des menaces de mort. L'ingénieur en chef irakien de Bechtel démissionne lui aussi après le kidnapping de sa fille. 12 employés d'un sous-traitant chargé de poser le système électrique et la plomberie sont tués dans leurs bureaux. 11 employés d'un autre sous-traitant responsable de la fourniture du béton tombent aussi sous les balles des insurgés. À chaque drame, les mesures de sûreté sont renforcées, elles deviennent de plus en plus contraignantes et coûteuses[3]. Rien n'y fait. À la même époque, Kroll décide parallèlement de retirer ses équipes d'Irak, estimant que le jeu n'en vaut pas la chandelle[4].

Bref, la sécurité ne fait plus recette. Signe des temps : les sociétés ArmorGroup (Grande-Bretagne) et Triple Canopy (États-Unis) sont, en mars 2008, à vendre au plus offrant. « Coté en Bourse depuis 2004, ArmorGroup a dû annoncer à la fin de l'année dernière une baisse de ses profits pour l'année 2007 due, entre autres, à la réduction de ses activités en Irak**. » Finalement, c'est le Group 4 Securicor qui avale ArmorGroup pour la modique somme de 43,6 millions de

* Ewen MacAskill & Richard Norton-Taylor, « Iraq's hired hands under fire as the pot of gold starts to run low », *The Guardian*, 22 septembre 2007.

** « La sécurité ne fait plus recette », *Intelligence Online* n° 566, 13 mars 2008.

dollars (environ 28 millions d'euros)[5]. Déjà morose, la situation pourrait encore empirer en fonction de l'orientation politique du nouveau locataire de la Maison-Blanche devant investir les lieux en début d'année 2009.

L'ancienne Mésopotamie n'est pas le seul théâtre d'opérations à poser problème. S'étant retirée d'Irak, Kroll prend une mesure analogue en ce qui concerne l'Afghanistan, ce Far West moyen-oriental où tous les coups sont permis.

Septembre 2007 dans un faubourg huppé de Kaboul. Plusieurs véhicules blindés remontent à un train d'enfer une avenue bordée d'arbres. Dans un crissement de pneus martyrisés, ils stoppent brutalement. Les portes à peine ouvertes, une nuée d'agents spéciaux du FBI, de représentants du département d'État et d'officiels afghans s'éjectent des véhicules. Des gardes de Blackwater assurent leur sécurité. Tout ce petit monde prend sans hésitation la direction des bureaux d'une société. Pas de n'importe laquelle : United States Protection and Investigations (USPI) est basée à Houston, au Texas. C'est une entreprise américaine.

Les locaux d'USPI sont alors soumis à une fouille en règle. Pour parer à toute éventualité, les hommes de Blackwater, armes levées, tiennent en respect les ressortissants occidentaux présents sur place, principalement des citoyens américains et canadiens. Finalement, l'équipe repart accompagnée de quatre employés et après avoir confisqué 15 ordinateurs. Deux Américains sont très rapidement libérés mais deux managers afghans restent derrière les barreaux. Pourtant, les dirigeants d'USPI auraient dû voir le coup venir. Dès octobre, des accusations de surfacturation aux dépens d'USAID, l'Agence des États-Unis pour le développement international, avaient été formulées. Et puis il y a une autre raison. En Afghanistan, USPI s'est fait une réputation qui n'a rien de flatteuse. La rumeur prétend que ses employés y agissent comme des cow-boys et la société est connue pour frayer avec des chefs de guerre locaux peu recommandables. « [Ils] ont conclu des accords avec le diable et leurs hommes pouvaient faire ce qu'ils voulaient : extorsion de fonds, trafic de drogue. [C'étaient] des voyous qui aimaient se comporter comme des mafiosi* », ira jusqu'à dire un contractor assurant la sécurité de l'ambassade américaine à Kaboul.

Lorsqu'en 1987 Barbara Spier et son époux Del fondent US Protection and Investigations, ils décrochent presque immédiatement un gros contrat : c'est à eux que Bechtel fait appel pour assurer la sûreté de chantiers en Algérie. Le succès appelant le succès, USPI travaille en Arabie saoudite, au Cambodge, en Colombie, au Nigeria et au Vietnam. Lorsque USAID commence à distribuer les prébendes en vue de reconstruire l'Afghanistan, les dirigeants d'USPI ont une idée de génie. Pour proposer leurs services à prix cassé, ils imaginent de sous-traiter auprès des services de police locaux. Mais comme des policiers afghans officiels ne peuvent pas, pour des raisons évidentes, travailler au profit d'un organisme occidental à but lucratif, leurs activités sont requalifiées. USPI introduit une subtile nuance : elle ne les emploie pas mais les entraîne sur leur lieu de travail... Moyennant quoi un salaire de 3 à 5 dollars par jour est estimé suffisant. En revanche, les employés occidentaux de la société empochent en moyenne 200 000 dollars par an, soit des gains environ 170 fois supérieurs. Pour faire des économies supplémentaires, les policiers afghans « entraînés » par USPI doivent acheter eux-mêmes leurs armes. Coût : environ 200 dollars en fonction des fluctuations du cours moyen de l'AK-47 Kalachnikov au marché noir[6]. Avec de telles méthodes, la société ne tarde pas à décrocher quelques contrats juteux. Mais pour que tout cela fonctionne, encore faut-il s'attacher les bonnes grâces des responsables locaux.

La scène est surréaliste et l'envoyé spécial de Newsweek est dans ses petits souliers. La personnalité afghane qu'il doit interviewer est occupée. Occupée à envoyer de grandes baffes dans la gueule de son interlocuteur. Puis les baffes deviennent des coups de poing jusqu'à ce que l'homme tombe, KO. Cette fois-ci, l'officier n'a pas réussi à faire craquer son prisonnier. Il a pourtant tout essayé, alléché par les 34 000 dollars que le supplicié, un homme d'affaires, était censé avoir reçu d'un

* Fariba Nawa, « The Gunmen of Kabul », *CorpWatch*, 21 décembre 2007.

cadre d'al-Qaeda en fuite. Ce jour-là, le journaliste occidental n'a pas eu son interview. Énervé de voir un paquet de dollars lui passer sous le nez, le général Din Mohammed Jorat l'a finalement annulée[7]. Et c'est justement avec ce général, chef de la police nationale afghane, que les dirigeants d'USPI décident de traiter lorsqu'en 2002 ils se positionnent sur le marché afghan.

Moyennant cette petite compromission et beaucoup d'autres encore, les affaires d'US Protection and Investigations progressent régulièrement jusqu'à hisser la société au deuxième rang du classement pour l'Afghanistan après DynCorp. Au plus haut de ses activités, elle fera travailler jusqu'à 4 000 gardes locaux. Sont-ils des employés ? Sont-ils des policiers ? Difficile à dire. Déterminer qui fait quoi en Afghanistan, c'est la quadrature du cercle. En décembre 2007, les talibans attaquent un convoi de camions-citernes escorté par des gardes privés, faisant 15 morts parmi les agents de protection. Pour Muhaidin Baluch, le gouverneur de la province de Farah où l'attaque a eu lieu, les morts travaillaient pour USPI. Afin d'en avoir le cœur net, un correspondant de l'Associated Press contacte un employé de la société qui accepte de parler sous couvert de l'anonymat. Ce que le journaliste entend le surprend : les gardes d'USPI ne sont pas impliqués. Dans le sud de l'Afghanistan, les autorités locales auraient en effet tendance à confondre les sociétés de sécurité entre elles et à tout mettre au crédit de la même. Mais si ce n'est pas USPI, alors laquelle est-ce ? Le général Khail Buz Sherzai, chef de la police de la province, ne peut qu'avouer son ignorance. Il ne sait tout simplement pas[8]. Ou fait semblant de ne pas savoir. Dans cette affaire, une seule chose est certaine : les morts sont afghans. Paix à leurs âmes. Ils mériteraient que l'on crée rien que pour eux un monument au contractor inconnu.

En septembre 2005, première alerte sérieuse pour USPI. Le 27, Noor Ahmad, un Afghan, est tué d'une balle dans la tête. L'Américain au profit duquel il assurait les fonctions d'interprète est fortement suspecté d'avoir tiré le coup de feu mortel après une violente querelle. Les deux hommes travaillaient pour la société protégeant le chantier d'une route en construction entre Herat et Kandahar. Moins de vingt-quatre heures après, le meurtrier présumé est embarqué dans un hélicoptère à destination de Kaboul. Encore vingt-quatre heures et il s'envole en direction des États-Unis. Dans la capitale afghane, Bill Dupre, le représentant d'USPI, décline toute interview. À l'ambassade, on se contente d'assurer le service minimum en déclarant que l'on a appris l'affaire par les journaux. Les militaires américains, eux, ne sont au courant de rien. Syedo Jan Agha, le chef de guerre local auprès duquel USPI a sous-traité le contrat de sécurité, n'hésite pas à enfoncer son serf qu'il tenait soi-disant pour être un soiffard de la pire espèce. Finalement, l'exfiltration discrète de l'Américain arrange tout le monde. Sauf Allah Udin Noorzai, le chef de la police pour la province de Farah. Juste après le drame, celui-ci dépêche sur place une équipe d'enquêteurs. Mais les gardes d'USPI empêchent les policiers d'accéder au bâtiment où les trois coups de feu ont été tirés [9]. Pour les services locaux, cette couleuvre-là est dure à avaler. Ce n'est qu'une couleuvre de plus, encore une de trop.

En octobre 2007, les Occidentaux décident que la situation dans la province d'Helmand est suffisamment stable pour que puissent être lancés des projets de reconstruction de grande ampleur. Qui dit reconstruction dit besoins en matière de sûreté : il faut protéger les chantiers. À l'heure du choix, les bailleurs de fonds ont le vague à l'âme : quelle(s) société(s) choisir ? Car le tsunami provoqué en Irak par l'affaire Blackwater vient mourir jusque sur les dunes afghanes. « La crainte est qu'il y ait un attentat à la bombe, que des contractors paniquent et ouvrent le feu, comme cela est arrivé pour Blackwater en Irak. C'est vraiment la dernière chose dont la province d'Helmand a besoin en ce moment », croit bon de déclarer un diplomate occidental [10]. Parallèlement, la frustration des autorités afghanes ne fait que croître, situation que Zmarai Bashiri, le porte-parole du ministère de l'Intérieur, décrit en ces termes : « Ces derniers mois, nous avons soigneusement examiné le cas de ces sociétés et avons conclu que leurs membres s'étaient rendus coupables de beaucoup de vols à main armée et d'assassinats. L'utilisation illégale et la vente d'armes est aussi quelque chose qu'ils pratiquent couramment*. » Une enquête met au jour une tendance inquiétante : si 59 sociétés sont enregistrées et bénéficient d'une licence, 25 autres opèrent dans l'illégalité la plus complète. Quant aux Américains, ils commencent à prendre conscience de ce que les dollars du contribuable tombent parfois voire souvent, en Afghanistan comme en Irak, dans des poches qui ne sont peut-être pas les bonnes. Tant et si bien qu'en décembre une législation votée par le Congrès crée le poste d'inspecteur général spécial pour la reconstruction afghane. Bref, on l'aura compris, tout le monde trouve alors son intérêt à ce qu'un grand coup de pied soit donné dans la fourmilière.

Si l'on excepte le raid visant les locaux d'USPI en septembre, les deux premières sociétés à en faire les frais sont afghanes : à la mi-octobre, Watan et Caps font l'objet d'une mesure de fermeture administrative [11]. Une semaine plus tard, et de quatre : Falcon et Millet passent à la trappe [12]. À la fin du mois d'octobre 2007, on en est à huit, dont une société britannique, en l'occurrence Olympus Security Group, qui est la première entreprise occidentale à pâtir de cette nouvelle politique [13]. À la fin du mois de novembre, le bilan s'établit à neuf sociétés, et Siamak Hirawi, porte-parole du président afghan Hamid Karzaï, tient des propos jusqu'au-boutistes. « Seul le gouvernement afghan a le droit de posséder et d'utiliser des armes, donc l'existence des sociétés privées est contraire à la Constitution », précise le personnage [14]. Mais s'agit-il bien d'une volonté politique de régularisation et de normalisation ? Dans la coulisse, les langues se délient : d'autres raisons sont invoquées à mots couverts. Certaines sociétés dissoutes reviennent aux affaires de manière étrangement rapide. Par exemple Khawar, une entreprise fondée par le général Din Mohammed Jorat, l'ancien collaborateur coléreux d'USPI. À mi-voix, les mots « vendetta » et « pot-de-vin » sont prononcés. Les sociétés contraintes de cesser leurs activités seraient celles n'ayant pas accepté de payer. Ou n'ayant pas

* Sayed Yaqub Ibrahim, « Security Firms in Afghanistan : Part of the Problem ? », *Institute for War & Peace Reporting*, 6 décembre 2007.

payé assez. Ou n'ayant pas graissé la bonne patte. Sous couvert de l'anonymat, certains diplomates se laissent aller : la « politique d'assainissement » serait en fait une guerre déguisée déclenchée par une mafia afin d'éliminer ses concurrents [15]. Quelles qu'en soient les raisons, le constat est indéniable : l'Afghanistan n'est plus cet eldorado où certaines sociétés militaires privées occidentales peuvent arrondir leurs bilans à moindres frais en s'y comportant comme en terrain conquis.

Pour autant, prêter une oreille trop complaisante aux oiseaux de mauvais augure apparaît prématuré. Les entreprises vendant de l'expertise militaire savent faire preuve d'une réactivité intéressée. Si certains marchés se restreignent comme peau de chagrin, si d'autres disparaissent dans la tourmente, les costumes-cravates de la soldatesque à louer lorgnent déjà sur des débouchés prometteurs. La recette est simple : une bonne idée, des tonnes de lobbying, un zeste de relations bien placées et l'affaire est faite. Au grand bonheur des actionnaires.

Des touristes chez les militaires

Marcus Klintmalm pénètre dans la pièce en brandissant son pistolet automatique à bout de bras. Rapidement, il repère deux terroristes. En un seul mouvement, il réalise une première fois un « double tap », c'est-à-dire deux cartouches tirées en succession rapide, se baisse puis tire encore deux fois en direction du second terroriste. Comme il se doit, il crie d'une voix qu'il veut assurée « Clair ! », annonce signifiant que la pièce est désormais sous son contrôle. La menace est annihilée. Partout, des étuis de cartouche vides, on marche littéralement dessus. Nous sommes dans un centre d'entraînement aux opérations contre-terroristes et c'est un exercice.

L'instructeur intervient :

– Stop ! Exercice figé. Celui-ci, où l'avez-vous touché ?

– Euh… À la hanche !

Marcus a hésité. Il faut dire qu'il est jeune, inexpérimenté, au contraire des « pédagogues » qui le cornaquent et tout particulièrement de deux d'entre eux. Ils ont un background qui en impose aux bleus. John Brown est un ancien commando. Il a enseigné à l'École de guerre spéciale navale où il a passé quelques années à former les nageurs de combat SEAL, ceux qui sont en pointe de la *Global War on Terrorism* chère à George Bush. Jeremiah Miles a quant à lui été membre du SEAL Team Five. Il y a été intégré à des équipes d'assaut et y a également servi en tant que tireur d'élite [16]. Quand on est néophyte et que l'on se retrouve face à des personnages de cet acabit, on ferme sa gueule et on ouvre toutes grandes ses oreilles. C'est une question de survie. Pour l'heure, celle de Marcus Klintmalm apparaît compromise :

– À la hanche ? Dans la réalité, cela n'aurait pas suffi, il aurait survécu. Et vous seriez très certainement mort à sa place [17].

Dans la mythologie nordique, le Valhalla, la « maison des morts », est un lieu où les guerriers parmi les plus valeureux jouissent d'un agréable repos éternel ponctué de bagarres, d'amusements et de beuveries, le tout dans l'attente du combat final. Aujourd'hui, le mot désigne plus prosaïquement un centre d'entraînement aux opérations contre-terroristes, le Valhalla Shooting Club & Training Center. Il est installé à Montrose, dans le Colorado, à deux pas de l'Elk Mountain Resort, un centre de vacances entièrement dédié à la pratique des sports d'hiver. Ses infrastructures high-tech sont parmi les plus modernes au monde. La « maison des scénarios », bâtiment expressément conçu pour le tir en espace clos, permet de recréer différentes hypothèses de prises d'otages. Le réalisme est tel qu'il a mérité des commentaires élogieux de la très prestigieuse RAND Corporation. Qu'on en juge : les cibles sont des mannequins en trois dimensions capables de réagir en fonction du comportement des tireurs. La « maison » très spéciale comprend toutes les pièces existant ordinairement dans une habitation, jusques et y compris les toilettes, ce qui devrait ravir Vladimir Poutine [18]. Mais ce n'est pas tout : le centre comprend également des stands de tir recréant à la perfection un fuselage d'avion, un night-club, un bureau, une station de métro, une épicerie, un bâtiment industriel ou encore un bar. Dans la station de métro, des flashes, la possibilité d'émettre de la fumée et la restitution de l'atmosphère sonore créent un environnement en tous points semblable à la réalité. Toutes les armes peuvent y être utilisées, depuis celles tirant des projectiles de tir réduit « soft air » jusqu'aux pistolets de calibre .44 Magnum, les plus puissants sur le marché. L'ensemble est tellement efficace qu'un des stages organisés par le centre fait désormais partie intégrante de la formation des nageurs de combat SEAL. Mais Marcus Klintmalm ignore tout de l'ivresse que l'on ressent à palmer des heures durant en ne respirant que de l'oxygène pur. Même dans ses délires les plus fous, il ne s'est jamais imaginé en train de poser une charge explosive sur la coque d'un navire. Nul ne peut prétendre l'avoir vu en train de chasser les talibans en Afghanistan. Et pour cause : Marcus Klintmalm a 23 ans, est un étudiant en vacances et réside à Dallas. Il est venu dans le coin pour s'initier au ski.

Car aux États-Unis, les responsables de divers centres d'entraînement enseignant les tactiques contre-terroristes ont vite entendu le doux bruit du tiroir-caisse lorsque l'idée leur est venue de commercialiser leurs services dans un but récréatif. Ils ont également été prompts à comprendre qu'ils pouvaient vanter les mérites de leurs stages d'autodéfense armée en surfant sur la crainte inspirée par le terrorisme. En mai 2006, des journalistes d'investigation appartenant au *Washington Post* dénombrent ainsi 19 « écoles » proposant des entraînements de haut niveau en matière d'usage des armes ; sur ces 19 écoles, seules 2 réservent leurs activités aux forces de sécurité. Sur les rangs, le High Desert Special Operations Center dans le Nevada, la Gunsite Academy dans l'Arizona, le Thunder Ranch dans l'Oregon, et bien d'autres encore. À Las Vegas, le Front Sight Firearms Training Institute enseigne le maniement des armes automatiques, fusil d'assaut M16 et pistolet-mitrailleur israélien Uzi. Au moins 6 établissements commerciaux proposent des cours de tir à longue distance. C'est le cas du Storm Mountain Training Center qui commercialise trois niveaux d'instruction respectivement dénommés Sniper I, Sniper II et Sniper III. Ce dernier inculque en particulier comment planifier la mission d'un tireur d'élite. Pour déposer sa candidature, il suffit de remplir deux conditions : avoir un casier judiciaire vierge et une bonne forme physique. C'est tout. Ce genre d'activité ne risque-t-il pas de susciter une certaine agressivité au sein d'une clientèle surarmée ? Allons donc, répondent en cœur les tenanciers de ces centres, des millions de pistolets circulent aux États-Unis et un civil bien entraîné est un civil moins dangereux [19]. Et puis, comme le précise Thomas Forman, le propriétaire de l'Elk Mountain Resort, « ce que recherchent certaines personnes, c'est tout simplement de se mettre dans la peau de James Bond pour une seule journée* ». Pousser plus loin l'investigation révèle des tendances pour le moins étonnantes. L'entraînement contre-terroriste est quelque chose de très sérieux et le vulgariser peut se révéler dangereux. Mais quand on découvre ce qui se passe ailleurs, on a l'impression que tout cela reste futile, presque frivole, en tout cas insignifiant.

Malhabile, pataud, le char ressemble à un scarabée géant hérissé d'excroissances métalliques. Il avance en cahotant sur une piste constellée de profondes ornières. Aux commandes, la tête émergeant à travers une ouverture ménagée dans le blindage du glacis avant, le pilote fait ce qu'il peut. Et ce n'est pas grand-chose : manifestement, ce soldat-là n'est nullement accoutumé à ce genre de sport. On n'apprend pas aussi facilement que cela à dompter un mastodonte de 46 tonnes : c'est ce que pèse au bas mot le T-80 en service dans les unités blindées ukrainiennes. Il faut de nombreux jours d'entraînement pour acquérir cette sûreté du geste, cette confiance en soi et en sa machine qui permettent d'en tirer la quintessence. Or, les yeux de ce pilote-là reflètent l'angoisse plutôt que la confiance. En cela, son regard n'est nullement différent de celui que laissaient filtrer les paupières des conscrits soviétiques qui se sont succédé avant lui sur le même siège. Arrachés à leurs villages pour être brusquement plongés dans

* Denny Hansen, « Valhalla Training Center High Tech Training Facility », *SWAT Magazine*, janvier 2004.

ce monde cruel qu'étaient les forces armées de la Rodina, ils étaient partagés entre la crainte de ne pas faire assez bien et celle de risquer l'accident en en faisant trop. Au bilan, la seule chose que leur apprenait véritablement l'Armée rouge des ouvriers et des paysans, c'était de faire le dos suffisamment rond pour amortir le coup de bâton. Comment peut-on, dans ces conditions, avoir confiance en soi ? Pour l'heure, l'apprenti pilote vient de caler. Mais le commentaire qui lui parvient de l'instructeur juché au sommet de la tourelle est étonnamment mesuré, comme si le cerbère galonné s'adressait non pas à un subordonné taillable et corvéable à merci mais à un personnage qui compte. Compter, c'est le mot juste. Car le pilote est un client. Un client qui, contre dollars sonnants et trébuchants, s'offre rubis sur l'ongle le grand frisson, celui de se mettre l'espace d'un instant dans la peau d'un cavalier des temps modernes enfourchant son destrier de fer. On pourrait même parler de cavalier de l'Apocalypse. Car en rallongeant d'un zéro le chiffre porté sur le chèque, le client peut prétendre utiliser à sa guise le canon de 125 mm. L'opération présente une caractéristique commune avec les activités des prostituées : on paye au coup. Tant d'obus, tant de biffetons. Avec un impératif cependant : que le chiffre porté sur l'ardoise franchisse le seuil fatidique des 2 000 dollars, la seule monnaie à avoir cours ici. Il ne suffit pas de le vouloir pour acheter les forces armées ukrainiennes, encore faut-il avoir un portefeuille bien garni.

« Aujourd'hui, il est difficile de trouver quoi que ce soit qui puisse surprendre un touriste, c'est pourquoi nous avons décidé d'offrir quelque chose de réellement épicé, à savoir le tourisme militaire. » Celui qui s'exprime ainsi se nomme Hryhory Zhorov, il dirige l'agence de voyages ukrainienne Alaris. Lorsqu'il se rend compte combien les forces armées nationales sont démunies, il a une idée, celle de faire payer ceux qui le peuvent, c'est-à-dire les touristes fortunés qui se shootent à l'adrénaline. Rapidement, il se met en relation avec le ministère de la Défense à Kiev et contacte également la société d'exportation d'armements Ukrspetsexport. En un tour de main, l'accord est trouvé. Aussitôt, une campagne de marketing est organisée ;

objectif : attirer 1 000 « visiteurs » payants par mois. Pour lancer l'affaire, des journalistes sont invités à visiter la base de Desna, à environ 70 kilomètres au nord-est de la capitale. Là, on leur ouvre les arsenaux. Ayant été l'espace d'un court instant aux commandes d'un tank T-80, une jeune journaliste émoustillée s'écrie : « C'était merveilleux ! Je n'ai même jamais conduit une simple voiture mais, aujourd'hui, j'ai piloté un char* ! »

Certains prix ont été revus à la baisse. En l'an 2000, le tarif de la cartouche de fusil de tireur d'élite Dragunov était de 20 dollars ; il est désormais affiché à 8 dollars. En revanche, le prix de l'heure de vol sur chasseur-bombardier Mig-29 est resté stable : 8 500 dollars. S'il vous prend l'envie d'essayer le Su-27, un autre chasseur-bombardier, il vous en coûtera désormais 11 000 dollars pour soixante minutes d'extase contre 9 600 en l'an 2000. Le catalogue des armes et systèmes d'armes utilisables est impressionnant. Cela va du vénérable pistolet-automatique Makarov jusqu'au canon d'artillerie anti-aérienne ZU-23. Les blindés proposés incluent les chars T-80 et T-64A ainsi que quatre types de véhicules de transport de troupes. Si vous êtes tentés par une escapade aérienne, outre les Mig-29 et Su-27, votre choix peut se porter sur l'appareil d'entraînement L-39 (prix attractif : 2 000 dollars pour deux vols) ou sur l'hélicoptère d'assaut Mi-8 [20]. Bien entendu, il existe des packages. Par exemple celui intitulé « la vie extrêmement ascétique d'un homme du rang ». Au menu : lever à 06 h 30, exercices du matin, repas frugal tiré du (maigre) sac puis tâches quotidiennes [21]. L'histoire ne précise pas si les corvées de nettoyage ainsi que la très redoutée *dedovtchina*, sorte de bizutage institutionnalisé très violent, sont inclus dans le prix. On pourrait alors parler de tarif sévices compris.

L'exemple de Hryhory Zhorov a été suivi par Bill Bailey, Britannique bon chic bon genre dirigeant une entreprise de paint-ball implantée dans le sud-ouest de l'Angleterre. Contre 100 livres sterling (127 euros), il propose à ses clients de prendre pendant une heure les commandes d'un automoteur d'artillerie FV433 Abbot ne pesant « que » 17 tonnes. Rusé,

* « Ukraine's Army wants you – for a vacation », *Reuters*, 9 octobre 2000.

l'homme a soigné sa pub en jouant sur les bas instincts de la vengeance et de la frustration. Pour un modeste supplément de 60 livres, il offre la possibilité d'écraser avec les chenilles du blindé une maquette représentant fidèlement un des 6 000 radars automatiques qui parsèment les routes de Grande-Bretagne. À l'étude : la possibilité de volatiliser le même radar avec un obus de 105 mm. Pour de faux, bien entendu, puisque la pièce tirerait à blanc et que l'explosion ne serait que simulée. Mr Bailey s'attend à faire un tabac : « Ça devrait être populaire parmi les automobilistes », déclare-t-il[22]. On n'a aucune peine à le croire. Armes légères, blindés lourds mais aussi yachts de luxe : tout est bon aux actionnaires des sociétés commercialisant l'expertise militaire.

Les contractors ont le pied marin

Samedi 19 mai 2007. Depuis quelques jours, le soixantième Festival de Cannes déploie son strass et ses paillettes. Pourtant, ce matin-là, les hôtes prestigieux du *Martinez* et du *Carlton* se voient refuser poliment mais fermement l'accès aux plages privées de ces deux hôtels haut de gamme. Il en est de même, mais avec un peu moins de déférence, pour les badauds voulant fouler la grève de La Bocca, une plage publique. Car à quelques encablures de là, le *Lady Moura*, un des plus grands yachts du monde – ce bâtiment luxueux mesure 108 mètres de long –, est échoué sur un banc de sable et de rochers. Cet incident fâcheux a induit une légère pollution maritime, quelques centaines de litres de gazole, d'où la fermeture des plages à titre de précaution[23]. Dans l'avenir, il est à craindre que de tels incidents se multiplient : la production annuelle de ces palaces flottants a doublé en cinq ans ; en 2007, 253 d'entre eux, des mastodontes d'une longueur de plus de 30 mètres, ont été lancés. Les plus gros mesurent 162 mètres de la proue à la poupe, certains sont dotés d'une piscine, d'une piste d'atterrissage pour hélicoptère, d'un lance-missiles antiaérien pour la protection de leurs heureux propriétaires ou de mini-sous-marins de tourisme. Comment former les équipages censés barrer ces coûteux joujoux afin d'éviter qu'ils ne finissent par s'échouer sur une plage ? Flagship Training, une société britannique basée à Portsmouth, a la solution. En partenariat avec la Royal Navy qui empoche une partie des bénéfices, l'entreprise prend en charge ce genre de formation. Pour ce faire, elle a recruté 1 300 ex-marins de Sa Très Gracieuse Majesté qui ne sont nullement dépaysés : certains des super-yachts ont des tonnages supérieurs à celui du dernier-né de la Royal Navy, le destroyer Type 45. Le contre-amiral John McAnally, conseiller militaire de Flagship Training, sait de quoi il parle : il a été plusieurs années durant l'officier de navigation du *Britannia*, le yacht de la famille royale[24]. C'est du reste un constat : jusqu'alors relativement épargné par l'appétit des actionnaires, le domaine maritime ne devrait pas tarder à rattraper son retard. L'US Navy a par exemple annoncé qu'elle pourrait sous-traiter la protection des côtes américaines contre les mines navales. Car les marins de l'Oncle Sam n'ont plus les moyens de s'acquitter de cette tâche herculéenne et la technologie indispensable est disponible dans le commerce. Or, un exercice a montré que, si le seul port de Los Angeles-Long Beach était fermé pendant une seule journée à titre de simple précaution après l'explosion d'un de ces engins, les pertes financières pourraient atteindre 1 milliard de dollars. *A contrario*, le coût de la protection ne dépasserait pas 1 million de dollars par port[25]. L'US Navy n'en est pas à son coup d'essai en ce qui concerne le recours aux contractors civils.

Nous sommes en mai 2004 et Andrew Burke a été embarqué comme ingénieur en chef responsable de la salle des machines à bord de l'USS *Coronado* qui a été provisoirement intronisé navire amiral de la VIIe Flotte. Pourtant, Andrew est habillé d'un jean et d'un tee-shirt pas très réglementaires. Et quand les épaulettes du pacha se pointent à l'horizon, il ne se met pas au garde-à-vous : Andrew est un civil. Pour la Marine américaine, c'est une période de vaches maigres : afin d'économiser 1 milliard de dollars sur le budget de la Défense, le Pentagone lui demande de dégraisser ses effectifs à hauteur de 8 000 postes budgétaires. Alors l'époque est aux solutions originales. Depuis longtemps, le Commandement du transport maritime militaire opère avec des civils à bord de ses bâtiments, pourquoi ne pas faire de même avec le reste de la flotte ? C'est l'USS *Coronado* qui a été choisi pour expérimenter cette solution : pour la première fois, le nombre de civils à bord, 153, est supérieur au nombre de marins en uniforme, 117. Au passage, le recours à des « pékins » a permis de diminuer de près de 200 personnes l'effectif total de l'équipage. Comment ? Tout simplement parce que les civils ont une certaine expérience de la mer et chacun d'entre eux peut assumer les tâches de plusieurs matelots habituellement embarqués alors qu'ils sont encore en cours de formation. Cela, Andrew Burke l'a constaté sur le terrain : « S'ils veulent économiser de l'argent, nous pouvons faire le travail pour moins cher et plus efficacement. » Enfin, pour moins cher, façon de parler : chaque civil est en moyenne payé deux fois plus que son équivalent en uniforme. La Marine se rattrape sur le nombre. Quand Andrew a pris possession de son fief, il a estimé qu'il pouvait s'en tirer avec 3 hommes au lieu de 18 auparavant. L'expérience et une automatisation accrue font le reste[26]. Mais la question reste en suspens : est-il envisageable d'utiliser des équipages mixtes pour accomplir des missions de guerre ? Les amiraux se contentent de déclarer qu'ils feront en sorte de l'éviter. Au fait, c'est quoi, exactement, une « mission de guerre » ? Lorsqu'il a en octobre 2000 fait l'objet d'un attentat au Yémen, l'USS *Cole* était-il en mission de paix ? Si l'US Navy hésite encore à envoyer des civils au casse-pipe sur un de ses navires, la Royal Navy, elle, est à deux doigts d'oser.

Le HMS *Clyde* a fort belle allure. Lorsqu'il est baptisé le 7 septembre 2006, c'est le premier bâtiment à avoir été construit aux chantiers navals de Portsmouth depuis 1967. D'une longueur de 81,5 mètres, il a un déplacement de 1 850 tonnes et est armé d'un canon de 30 mm ainsi que de deux mitrailleuses. Il peut également accueillir un hélicoptère sur la plate-forme d'appontage à l'arrière. Entré en service le 30 janvier 2007, il ne tarde pas à prendre le cap de l'Atlantique sud. Ce navire de patrouille de haute mer a en effet été construit dans un seul but : assurer les fonctions de vaisseau de protection des îles Malouines. Et pourtant, il n'appartient pas à la Royal Navy qui se contente de le louer auprès du propriétaire, le VT Group, une entreprise autrefois connue sous la raison sociale de Vosper Tornycroft. Celle-ci ne va cependant pas jusqu'à fournir l'équipage qui est bel et bien composé de marins en uniforme. Entièrement ? Non. À bord réside un manager civil. Il est là pour assurer la liaison entre le groupe industriel qui le possède et l'utilisateur, à savoir la Marine britannique. D'où cette question : comment ce civil s'insère-t-il dans la chaîne de commandement ? Et cette autre : puisque les forces armées ne sont pas propriétaires du bateau, leur indépendance ainsi que leur efficacité ne sont-elles pas menacées ? À Londres, on observe à ce sujet un silence prudent. Toujours est-il qu'en cas de conflit ce civil esseulé se retrouverait en première ligne d'une éventuelle bataille aéronavale. Quant à de possibles dégâts subis par le navire dans le feu de l'action, Paul Lester, directeur exécutif de VT, est à ce sujet catégorique : « Si le ministère de la Défense utilise notre équipement dans le cadre d'un conflit et que celui-ci subit des dommages, ils devront payer pour cela. » S'il ne s'agissait que d'un seul navire, cela resterait presque anecdotique. Mais voilà : il y en a trois autres. Et l'affaire ne s'arrête pas là. En mars 2008, Londres signe avec AirTanker ce qui est à cette heure son plus gros contrat de ce type : 13 milliards de livres sterling sur vingt-sept ans pour la location de 14 avions de ravitaillement en vol au profit de la Royal Air Force[27]. Est-il iconoclaste d'imaginer que l'USS *Clyde* et les tankers des airs puissent un jour embarquer des civils ? À court terme, cela ne sera certainement pas le cas. Mais rien n'interdit d'y songer. Graham Beal, analyste chez Ernst & Young, a son avis là-dessus : « Le ministère de la Défense continue à explorer jusqu'où il peut aller en matière de sous-traitance des services. Mais pour l'instant, le ministère a décidé qu'il lui fallait se hâter avec lenteur et qu'il pourrait bien y avoir une limite entre ce qui peut être fait par des contractors d'une part et les capacités qui doivent rester l'apanage des personnels militaires d'autre part*. » Combien de temps ces réticences tiendront-elles devant une pression budgétaire sans cesse croissante ? Là est la question.

Un marché d'avenir : les catastrophes naturelles

Le 23 août 2005, c'est l'un des plus formidables ouragans de tous les temps qui prend forme aux Bahamas. Lorsqu'il aborde les côtes de Floride, sa puissance n'est pas encore exceptionnelle. Mais il ne tarde pas à gonfler en faisant des ronds dans l'eau du golfe du Mexique. Puis Katrina se calme quelque peu : c'est en tant que tempête tropicale qu'il se dirige vers la Louisiane et plus particulièrement vers La Nouvelle-Orléans qu'il atteint le 29 août. Là, c'est le drame. La force du vent alliée à la pression d'énormes quantités d'eau ouvre 53 brèches dans les digues canalisant le Mississippi. Sur ces 53 brèches, une vingtaine touche directement la ville. Traversant trois ouvertures béantes sur le canal de la 17e Rue, le canal de l'avenue de Londres et le canal industriel, les flots en furie submergent immédiatement 80 % de la cité. Ignorant tout du danger, la majorité des habitants est restée sur place. Même s'ils avaient voulu fuir, où seraient-ils allés ? La plupart sont sans le sou. La brusque montée des eaux prend au piège cette populace. Entre le 29 août et le 23 octobre, 700 cadavres en putréfaction sont repêchés dans les rues de la ville.

Dès les premiers jours, dans la cité martyrisée, la rumeur échappe à tout contrôle. De folles paroles que personne ne prend le temps de vérifier répandent la terreur. Des victimes de la tempête sont violées, battues, des combats et des incendies éclatent çà et là, dit-on. Des hélicoptères de secours, des officiers de police se font tirer dessus. Le mot « anarchie » vole de bouche à oreille, les journaux l'impriment[28]. Sous la voûte du Louisiana Superdome, c'est la guerre civile. Affolé,

* Tim Webb, « Guns for hire ? No, but there are warships for rent », *The Observer*, 30 mars 2008.

un médecin de l'Agence fédérale de management des situations d'urgence accourt avec trois collègues et du matériel à profusion. Il est accueilli par le colonel Beron, officier supérieur de la Garde nationale de Louisiane, auquel il lance : « On nous a fait parvenir un rapport affirmant qu'il y avait 200 cadavres dans le Dôme ! » Soldats et toubibs se ruent à l'intérieur. Ils n'y trouvent « que » six corps inanimés… À la fin du mois de septembre, c'est un Eddie Jordan furieux qui prend la parole. Car des informations alarmistes qui se sont ensuite dégonflées comme des baudruches, le procureur du district d'Orleans Parish n'a pas arrêté d'en recevoir dans les premiers jours ayant suivi la tragédie. Il ne mâche pas ses mots : « Tout cela donnait l'impression que 40 à 50 meurtres avaient eu lieu [au Superdome et au Convention Center]. C'est vraiment fâcheux qu'aient circulé des histoires disant qu'il y avait eu des meurtres à grande échelle alors que cela n'était pas le cas. Et eux [les médias nationaux] n'ont rien fait pour vérifier les informations qui leur parvenaient sur chacun des cas rapportés, ils se sont contentés de gober tel quel ce que les gens [dans la rue] leur disaient. Ce n'est en rien conforme à l'éthique du journalisme*. »

Pour Patrick Quinn III, ça va bien, merci. Lorsque Katrina transforme La Nouvelle-Orléans en une étendue de fange marécageuse, il est à la tête d'une chaîne de 15 établissements répartis dans toute la ville à l'enseigne Decatur Hotels. Quarante-huit heures après le passage de la tempête, Michael Montgomery, son responsable de la sécurité travaillant sous l'égide de la société Bodyguard and Tactical Security (BATS), escorte à travers la ville un des associés du patron. Le véhicule s'engage sous un pont dans le quartier populeux de Ninth Ward lorsque le pare-brise s'étoile sans crier gare : pas de doute, on leur tire dessus. L'escorte réagit très vite. Une volée de balles tirées au jugé oblige les assaillants à un peu plus de prudence. Ceux-ci sont mal tombés : prévoyants, les gardes du corps avaient pris soin d'emporter des fusils d'assaut AR-15

* Brian Thevenot, « Rumors of deaths greatly exaggerated », *The Times-Picayune*, 26 septembre 2005.

ainsi que des pistolets automatiques Glock. Mais il s'en faut de peu que l'escarmouche ne tourne au vinaigre. Attirée par les coups de feu, une patrouille des forces armées accourt à la curée. Les assaillants ayant fui, elle tombe sur les hommes de Montgomery qui vident chargeur sur chargeur. Ils les confondent avec les assaillants. Nul besoin de préciser que les premiers instants de cette malencontreuse rencontre ont été très tendus…

Rumeurs alarmistes, incidents réels : dans la ville, la peur occupe le haut du pavé. Cette peur, les entreprises privées ne vont pas tarder à la mettre à profit. Quinze jours après le passage de Katrina, le nombre de sociétés de sécurité enregistrées en Louisiane est brusquement passé de 185 à 235. Dans les quarante-huit heures, de gros véhicules tout-terrain aux vitres teintées commencent à patrouiller en ville. À l'arrière, ils portent l'écusson Blackwater. Officiellement, la société fournit 164 gardes afin d'assurer la protection des employés de l'Agence fédérale de management des situations d'urgence. Mais cela va tout de même un peu plus loin. Pointant son doigt vers un collègue, l'un des gorilles avoue : « Il a même été intronisé officier de police par le gouverneur de l'État de Louisiane. Si nous le jugeons nécessaire, nous pouvons procéder à des arrestations et faire usage de la force même pour tuer. » Blackwater n'est pas la seule société à profiter de l'aubaine. Outre BATS, l'American Security Group, Blackhawk, DynCorp, Group 4 Securicor, Intercon et Wackenhut trouvent des clients sur place. Même les Israéliens sont de la partie : la société Instinctive Shooting International est chargée par James Reiss, un richissime homme d'affaires, d'assurer sa sécurité. L'un des deux gardes patrouillant à l'extérieur de sa villa avoue avoir participé à l'invasion du Liban [29].

L'homme porte encore au cou un badge d'identification sur lequel est inscrite la mention « Operation Iraqi Freedom ». Lorsque son chef d'équipe lui a dit de préparer son sac pour aller à La Nouvelle-Orléans, cet Américain pur jus employé par Blackwater est tombé des nues. Sa première réaction a été de demander : « C'est dans quel pays, ça ? » S'il ignorait où est située la Louisiane, il n'a pas été long à l'apprendre. Et quand on lui a dit qu'il pourrait y rester jusqu'à six mois, il a vite compris. Arrondir les chiffres d'affaires en « aidant » les autorités lorsque celles-ci sont dépassées par l'ampleur d'une crise est, pour les sociétés militaires privées, un marché prometteur. « C'est une tendance de fond. Vous n'avez pas fini de voir de plus en plus de gars comme nous dans ce genre de situation », commente le « mercenaire » juste avant de tourner casaque en maugréant. Car s'il ignore où se trouve La Nouvelle-Orléans, il sait en revanche très bien où réside son intérêt. Lorsque son chef l'a appelé, il espérait que c'était pour lui annoncer qu'il retournait en Irak. C'est tellement mieux payé [30] !

Irak, Nouvelle-Orléans : Blackwater est sur tous les fronts. Nul étonnement donc à ce que l'omniprésent Erik Prince se soit une fois de plus signalé à l'attention des médias dans le cadre de la crise au Darfour.

Les chiens de guerre embrigadés

« Des villages entiers sont en train de se massacrer mutuellement. » Ce cri d'alarme est lancé en mai 2003 par Carolyn McAskie, la coordinatrice adjointe des secours d'urgence pour l'Organisation des Nations unies. À Bunia, chef-lieu de l'Ituri en République démocratique du Congo, et dans les environs, les combats font rage. Un cocktail combinant groupes de rebelles et mécontentement à l'égard des autorités locales sur fond de haine ethnique a fini par détoner [31]. Les ethnies Lendu et Hema, l'Union des patriotes congolais et le Rassemblement congolais pour la démocratie sont en train d'en découdre allègrement. Comme toujours dans ces cas-là, c'est la population qui trinque. L'Union européenne finit par s'émouvoir de ces massacres. Sous l'égide de l'opération *Artémis* avalisée par l'ONU, elle envoie sur place 1 400 soldats en majorité français qui s'installent à Bunia à partir du 6 juin. Mais voilà : les troupes restent dans la ville et n'en sortent guère. Par ailleurs, le mandat d'Artémis est limité dans le temps : en septembre, les unités de l'Union européenne doivent regagner leurs bases. Fin juin à New York, le Conseil de sécurité en est encore à ergoter. Qui remplacera les Français d'Artémis ? C'est dans ce contexte que l'International Peace Operations Association (IPOA) fait à l'ONU une proposition hardie : donnez-nous 200 millions de dollars et nous vous aidons à mettre un terme au conflit congolais[32].

Fondée en avril 2001, l'IPOA est clairement une association corporatiste de lobbying chargée de veiller aux intérêts des sociétés de sécurité privée qui en sont membres. S'il fallait s'en convaincre, il suffirait de consulter la composition du comité exécutif pour l'année 2008 : cette docte assemblée rassemble notamment Hank Allen (Military Professional Resources Incorporated), Joe Mayo (EOD Technology Incorporated), Jim Schmitt (ArmorGroup) et John South (DynCorp)[33]. Si l'on consulte la liste des membres, on note cependant un absent de poids, Blackwater. Pourtant, la société avait bel et bien intégré les rangs de l'organisation en août 2004. Mais voilà : le lundi 8 octobre 2007, l'IPOA décide d'initier une enquête. But : déterminer si les « procédés et procédures » de Blackwater respectent le code de conduite de l'association, tout cela trois semaines après que les gardes de l'entreprise ont été les instigateurs à Bagdad d'une fusillade dans laquelle 17 Irakiens ont laissé la vie[34]. Erik Prince, le tsar de Blackwater, n'apprécie que modérément. Il décide de reprendre ses billes. Mais revenons à la proposition faite à l'ONU par l'IPOA.

Le deal est simple. Pour 100 à 200 millions de dollars, cinq des membres de l'association se font fort de mettre sur pied une « force de réaction rapide pour combattre les viols de masse et les purifications ethniques, entraîner une force de police locale, assurer la logistique des opérations onusiennes dans la zone et effectuer des missions de surveillance aérienne ». Déjà, on évoque la possibilité de fournir les effectifs avec des Gurkhas, 475 à 1 200 d'entre eux pour être précis. Dans les forces armées britanniques, ces hommes originaires d'Inde du Nord composent une sorte de Légion étrangère. Ils ont une réputation de guerriers hors du commun et se servent en experts du kukri, leur arme blanche traditionnelle à lame recourbée et tranchante comme un rasoir. Après avoir quitté l'uniforme, nombreux sont ceux qui louent leurs services à des sociétés de sécurité privée ou à des sociétés militaires privées dont certaines se sont fait une spécialité de les embaucher. Même si la proposition de l'IPOA rencontre des réactions allant généralement de l'indifférence à l'agacement, certaines voix discordantes se font entendre qui émettent une opinion divergente. C'est le cas de Peter Ganz, membre du Partnership for Effective Peace Operations, pour qui « c'est la seule chose qui pourrait être efficace* ». L'idée était dans l'air, elle n'allait pas tarder à resurgir à l'occasion d'une autre crise, celle du Darfour.

À Washington DC, l'hôtel *Marriott Wardman Park* est situé à un jet de pierre de quelques-uns des plus fameux sites historiques de la ville. Ses 1 316 chambres dont 141 suites VIP et ses 62 salles de réunion en font un centre de conférence notamment apprécié par la National Defense Industrial Association. En 2005, celle-ci décide d'y organiser son symposium annuel sur les opérations spéciales et les conflits de basse intensité. Le thème retenu pour ces trois jours réunissant la crème des commandos, des espions et des industriels qui les courtisent est le suivant : « Travailler avec les nations et l'industrie pour mener une guerre globale contre le terrorisme. » Nous sommes le 3 février, deuxième jour de la conférence, et la question débattue cet après-midi-là concerne le rôle des contractors dans le cadre d'une guerre de coalition. Autrement dit, c'est une demi-journée pendant laquelle, à la tribune, se succèdent les industriels venus ici prendre des contacts « mutuellement profitables ». Et « mutuellement profitables », ils le sont, surtout pour les actionnaires et les pantouflards. Il y a là l'ex-major général John Longhouser, président de MTC Technologies, Mal Macgown, de TOR International, Craig Peterson, de KBR, ou encore William

* Noah Shachtman, « Hired Guns », *Tech Central Station*, 26 juin 2003 ; traduction et réécriture du major EMG Ludovic Monnerat, « Des fusils à louer pour le Congo, une proposition inédite faite à l'ONU », *CheckPoint*, 13 juillet 2003.

Strang, de Tactical and Survival Specialties. Sans oublier, bien entendu, le sémillant Erik Prince. Lorsque celui-ci prend la parole, il n'y va pas avec le dos de la cuillère. Pour le fondateur de Blackwater, dans les zones où l'ONU est présente et où règne l'instabilité, envoyer une force conventionnelle conséquente est politiquement inacceptable, diplomatiquement difficile et par-dessus tout très coûteux. En revanche, lui propose de constituer une force multinationale de professionnels, d'en assurer la logistique, d'en gérer les moyens et de la commander sur le terrain. Ou, si nécessaire, de la mettre sous le contrôle opérationnel de l'ONU, de l'OTAN voire du Pentagone. Exemple : le Darfour. Erik Prince propose de fournir une force de réaction rapide afin de protéger les organisations non-gouvernementales et de « modérer » l'ardeur des milices. « Le problème est de stopper les janjaouids et il ne sert à rien d'acheminer sur place une force de 8 000 à 10 000 hommes. S'il y a des atrocités en train de se produire, il faut [...] apporter une solution immédiate et stopper tout de suite la menace qu'ils représentent*. » Prise en février 2005, une décision allant dans le sens des propos d'Erik Prince aurait-elle permis de limiter les dégâts ? Difficile à dire. Ce que l'on constate en revanche, c'est que les solutions testées ont vite montré leurs limites. Mise en place en 2004, la Mission de l'Union africaine au Soudan (MUAS) n'a même pas été efficace dans un rôle pourtant limité à l'observation passive des événements. Tant et si bien que l'ONU s'est vue dans l'obligation de revoir son implication à la hausse. Elle l'a fait avec circonspection. Dans un premier temps en votant le 31 août 2006 une résolution étendant au Darfour le mandat de la Mission des Nations unies au Soudan. Mais l'opposition de Khartoum fait traîner les choses en longueur. Finalement, c'est une force mixte, la Mission des Nations unies et de l'Union africaine au Darfour (MINUAD), qui est mise en place le 1er janvier 2008 pour prendre le relai de la MUAS. Le moins que l'on puisse dire, c'est que la cérémonie de

---

* Nathan Hodge, « Blackwater Touts Private Peacekeeping », *UPI*, 23 février 2005.

passation du flambeau se déroule le jour dit dans un contexte de scepticisme général. Pour Ibrahim Mudawi, dirigeant de l'organisation non-gouvernementale soudanaise SUDO, « rien ne va changer – sur le terrain, ce seront les mêmes forces de l'Union africaine qui seront présentes ». Human Rights Watch joint sa voix à celles de 34 autres ONG pour tenir un discours encore plus désenchanté : « C'est comme si cette nouvelle force hybride de maintien de la paix au Darfour n'avait été créée que dans un seul but : échouer*. » En fin d'année 2007, on estimait que le conflit du Darfour avait fait entre 300 000 et 500 000 morts. Ce bilan s'est bien tristement étoffé à une cadence atteignant parfois le chiffre ahurissant de 10 000 victimes par mois : cela fait beaucoup de cadavres lorsque la durée des tergiversations dans lesquelles se complaisent les organisations internationales se mesure en années. En comparaison, Blackwater se faisait fort d'être à pied d'œuvre seulement trois semaines après avoir reçu le feu vert[35]. Alors sans doute peut-on dire sans prendre grand risque que Blackwater et consorts n'auraient pas résolu la crise du Darfour en un coup de baguette magique. Mais force est de reconnaître que ceux qui ont poussé des cris d'orfraie lorsque Erik Prince est monté à la tribune le 3 février 2005 n'ont démontré que leur propre impuissance.

Cette paralysie contraste fort avec l'activisme de Washington. Sous l'égide du programme African Contingency Operations Training Assistance (ACOTA), la société Northrop Grumman a ainsi entraîné les forces armées de 13 nations africaines à des opérations de maintien de la paix. En 2007, le département d'État décide de ne plus limiter l'expérience au continent africain : le programme Global Peace Operations Initiative (GPOI) se substitue au programme ACOTA. Northrop Grumman est l'une des trois sociétés choisies pour mettre en œuvre cette initiative. À la clé, un gâteau de 200 millions de dollars à se partager[36]. Mais

* Opheera McDoom, « Little relief for Darfur seen from new peace force », *Reuters*, 30 décembre 2007.

s'agira-t-il vraiment et seulement de maintien de la paix ? Qu'il soit au moins permis d'en douter…

Le jeu de mots relève d'un humour très noir : il est évident que la MINUAD tarde à déployer ses ailes. Car sur le terrain, les moyens aériens manquent. Et pourtant, c'est depuis août 2007 que les responsables de l'ONU font du porte-à-porte pour trouver les 18 hélicoptères de transport et les 6 hélicoptères d'attaque indispensables. Au 31 décembre, ils ne pouvaient dresser qu'un constat d'échec. Sans ces précieux aéronefs, la MINUAD se verra incapable de poursuivre les milices formées d'assassins nomades ou plus simplement d'atteindre certaines populations dans le besoin lorsque celles-ci sont réfugiées dans des contrées reculées [37]. Dans la deuxième moitié des années 1990, il avait fallu beaucoup moins de temps à Executive Outcomes pour constituer en Sierra Leone avec quelques aéronefs ce qui passe pour avoir été « la première armée de l'Air mercenaire* ».

Armées de l'Air à louer

Fin d'année 1994. Les guérilleros du Front révolutionnaire uni (RUF) avec à leur tête le « capitaine » Foday Sankoh déferlent sur le Sierra Leone. Le conflit est initié en mars 1991. Charles Taylor, le dirigeant du Front national patriotique du Liberia qui allait devenir le maître du pays en juillet 1997, a des visées sur les richesses des provinces diamantifères de son voisin. Pour arriver à ses fins, il soutient militairement et politiquement le RUF. Sur le plan économique, l'arrangement est simple : des diamants contre des armes et des munitions. Avec en outre, relève un expert, la possibilité de passer par Monrovia pour exporter discrètement les précieuses pierres vers la Belgique. En janvier 1995, le RUF contrôle les trois sites miniers les plus importants du pays : les champs diamantifères alluviaux de Koidu, la mine de bauxite de Mokanji et la mine de titane de Gbangbatok. Les dirigeants du mouvement

* Al Venter, « Gunships for hire », *Flight International*, 21 août 1996.

ne s'arrêtent pas en si bon chemin. Des organisations humanitaires ainsi que des missions religieuses sont attaquées ; 17 Occidentaux sont pris en otages, un prêtre irlandais est assassiné. Bientôt, Freetown, la capitale, est elle-même menacée. La junte militaire au pouvoir est incapable de redresser la situation. Dirigées par Valentine Strasser, un autre « capitaine » de 26 ans, les forces armées nationales comptent certes 12 000 hommes. Mais ils sont mal payés, indisciplinés et manquent d'entraînement malgré une assistance militaire accordée par le Ghana, la Guinée et le Nigeria. Pire : loin de constituer une solution au problème, l'armée en est une des composantes car des bandes de déserteurs ne tardent pas à écumer la campagne. Se faisant passer pour des rebelles du RUF, ils pillent, violent et assassinent sans vergogne. Valentine Strasser n'a plus qu'une solution : faire appel à des sociétés militaires privées.

Il contacte tout d'abord la Gurkha Security Guards (GSG), une entreprise basée à Jersey et dirigée par le colonel Robert McKenzie, un ancien SAS rhodésien. Malheureusement, celui-ci est tué après avoir été abandonné par son escorte de soldats nationaux alors qu'il recherchait un site où implanter un centre d'entraînement. Les employés de GSG se mettent cependant au travail mais, malgré leurs efforts, il devient vite évident que les forces armées de Sierra Leone resteront incapables de reprendre les mines aux rebelles. Les « conseillers » étrangers doivent accepter de jouer un rôle plus offensif. Les dirigeants de GSG s'y refusent catégoriquement : pas question de faire le coup de feu contre le RUF. Leur affaire, c'est l'entraînement et seulement l'entraînement. De guerre lasse, Valentine Strasser décide de s'adresser ailleurs, c'est-à-dire chez Executive Outcomes (EO). En avril 1995, c'est le chassé-croisé : tandis que les premiers employés d'EO débarquent en Sierra Leone, ceux de Gurkha Security Guards font leurs valises.

Sur place, le général de brigade Burt Sachs, un ex-militaire sud-africain, décide tout d'abord de porter son effort sur les forces armées nationales. Il les réorganise en unités de la taille d'une compagnie (100 à 120 hommes) qu'il soumet à un entraînement forcené de six semaines avant de les lâcher contre les insurgés du RUF pour colmater les brèches. Puis il dresse un plan en trois phases : nettoyer la zone de Freetown, « stabiliser » la zone correspondant aux mines de diamants de Koidu puis trouver et détruire l'état-major des rebelles. Mais pour réussir, encore faut-il disposer d'une capacité aérienne de projection et d'appui-feu. Executive Outcomes a ce qu'il faut : deux hélicoptères de transport armé Mi-17 qui entrent aussitôt dans la danse. Pour amener ses soldats à pied d'œuvre depuis l'Afrique du Sud, la société loue également un Boeing 727 à Ibis Air. Il manque l'appui-feu. Qu'à cela ne tienne : Executive Outcomes convainc Valentine Strasser d'acheter sur étagère deux hélicoptères d'assaut Mi-24V Hind E. Un seul est livré mais quel engin : blindé, il est équipé de paniers de roquettes ainsi que d'un lance-grenades automatique. Un pilote dira de lui : « Les engins de ce type font merveille. Versatiles, rapides, et leur armement ne peut être comparé qu'avec celui de l'AH-64 Apache*. » Une référence : l'Apache est le plus redoutable des appareils américains à voilure tournante.

Au final, les opérations aéromobiles d'EO deviennent tellement efficaces que le « capitaine » Foday Sankoh finit par offrir une récompense de 25 000 dollars à qui arriverait à abattre un hélicoptère de la société[38]. Officiellement, Executive Outcomes est dissoute en 1999. Mais en début d'année 2003, une cinquantaine de « mercenaires » opèrent en Côte d'Ivoire au profit d'un diamantaire saoudien qui les recrute en septembre 2002. Après intervention des autorités françaises, seule une demi-douzaine d'entre eux reste sur place. Les six sont des pilotes d'hélicoptères d'assaut et incluent « un ancien membre du B Squadron du SAS, un Français et quatre Sud-Africains. [...] Presque tous les mercenaires étaient d'ex-employés d'Executive Outcomes** ».

* *Ibid.*

** James Astill, « British mercenaries find a new ferocity in Ivory Coast », *The Guardian*, 22 février 2003.

Brièvement évoquée ci-dessus, l'existence de la société Ibis Air permet de camoufler sous un vernis civil qui ne trompe personne la force aérienne d'Executive Outcomes. Initialement connue sous la raison sociale de Capricorn Air, elle gère une flotte conséquente, soit trois Boeing 727, au moins deux hélicoptères de transport armé Mi-17, deux hélicoptères d'assaut Mi-24, plusieurs escadres d'avions légers (l'une d'elles a des capacités en matière de surveillance), au moins deux chasseurs à réaction et plusieurs business jets. En 1995-1996, Ibis opère depuis l'aéroport international de Johannesburg à partir des installations de Simera, la branche « aviation » de Denel, une société d'armement sud-africaine[39]. Les contrats attribués à DynCorp afin d'opérer en Amérique du Sud sont également l'occasion pour cette société de mettre en œuvre une flotte conséquente d'aéronefs. Depuis la base aérienne de Patrick, ses responsables contrôlent « 46 hélicoptères et 23 avions susceptibles de décoller de 23 implantations réparties en Colombie, en Bolivie et au Pérou* ». Ces premières expériences d'armées de l'Air commerciales ne pouvaient manquer d'intéresser le gotha des sociétés militaires privées. Et parmi elles, une vieille connaissance : Blackwater.

Lorsque le sergent Roy Batty entend le bruit de scie circulaire que font les rotors des hélicoptères légers Little Bird arrivant au-dessus de son cantonnement en Irak, il alerte son meilleur pote, attrape à la volée un mug de café, sort en courant, allume une cigarette et arbore son plus beau sourire. Le spectacle peut commencer. Et généralement, cela ne tarde pas. Il assiste alors immanquablement à la même représentation. À quelques mètres des fenêtres de son bureau, une de ces guêpes s'incline sur le côté à un angle irréel de 90° et boucle un arc de cercle avant de tanguer en se redressant. « Les *rock stars* de Bagdad sont de retour, et c'est un autre show qui commence ! » Le sous-officier est souvent entouré de quelques-uns de ces jeunes Marines avec lesquels il sert. À chaque

* Jason West, « State Outsources Secret War », *The Nation*, 4 juin 2001.

fois, il entend ce commentaire : « Mec, je ferais n'importe quoi pour avoir ce boulot* ! »

C'est un point de vue. Mais ce show ne doit pas faire oublier que le Little Bird est un appareil très vulnérable, en tout cas trop léger pour pouvoir être équipé du moindre blindage. Sa seule protection, c'est son agilité. En Irak, les pilotes de Blackwater, pour la plupart des virtuoses du manche à balai ayant fait leurs gammes dans les rangs du 160e Régiment d'aviation d'opérations spéciales, poussent leurs machines aux limites de ce qu'elles peuvent encaisser. Ils volent en effectuant de fréquents virages brusques : de cette manière, les insurgés ne peuvent pas faire les corrections de tir indispensables lorsque l'on prend à partie une telle cible avec une arme légère automatique. Voler bas et vite, changer de direction souvent et sans crier gare, c'est aussi une bonne méthode pour éviter d'être accroché par l'autodirecteur d'un missile sol-air léger. Sur le plan tactique, les machines remplissent plusieurs rôles : surveillance aérienne au profit des convois, appui-feu procuré par les deux tireurs embarqués munis d'armes automatiques, transport occasionnel de cadres de la société et enfin « force de réaction rapide » lors des coups durs[40].

À examiner de près la composition des flottes d'aéronefs mises en œuvre par Blackwater, DynCorp et Ibis Air tout autant que leurs activités, on voit en filigrane se dessiner trois des quatre marchés qui intéressent les sociétés militaires privées : le combat, la surveillance aérienne et le transport du fret ainsi que des personnels, c'est-à-dire la logistique. Outre-Atlantique, l'habitude est bien ancrée qui consiste à sous-traiter le transport logistique aérien lorsque le poids des charges se situe aux deux extrêmes.

Très demandés, les 111 C-5 Galaxy ainsi que les 171 C-17 Globemaster militaires ne sont pas toujours disponibles pour acheminer depuis les États-Unis vers l'Irak les lourds véhicules blindés spécifiquement construits afin de résister aux engins explosifs improvisés. Pour cette raison, l'US Air Force loue les

---

* Joanne Kimberlin, « Blackwater's "Little Birds" of Baghdad pack quite a sting », *The Virginian-Pilot*, 1er mars 2007.

services de deux sociétés russes, Volga-Dnepr et Polet Cargo Airlines, dont les gigantesques An-124 Condor effectuent désormais des rotations depuis la base aérienne de Charleston. Ces deux entreprises sont sous-traitantes de deux sociétés américaines, Atlas Air et Lynden Air Cargo. Sur les 22 An-124 en service de par le monde, Volga-Dnepr en possède 10. Officiellement, la société a commencé à commercialiser ses services aux États-Unis en l'an 2000[41]. On notera cependant qu'une entreprise dénommée HeavyLift-VolgaDnepr et présentée comme une joint-venture russo-britannique avait, en 1994, épaulé les services secrets américains dans des circonstances particulières. Les espions de l'Oncle Sam s'étaient mis en devoir de louer un de ses An-124 Condor pour transporter un système de missiles sol-air SA-10 de Minsk (Biélorussie) à Huntsville (Alabama) où était alors basé un organisme américain très particulier, le Centre de renseignement sur les missiles et l'espace. C'est là que le SA-10 ex-soviétique allait être désossé pour déterminer ses capacités. But : en tirer des leçons afin de concevoir en conséquence les systèmes d'autodéfense équipant les avions de chasse américains. Missiles et radars ultrasecrets avaient tout simplement été acquis auprès de Beltekheksport par BDM International Incorporated (États-Unis), la société ATOS International Acquisition Limited (États-Unis/Canada) ayant joué les intermédiaires. Il est intéressant de remarquer qu'à l'époque, le président de BDM n'était autre que Frank Carlucci, ancien directeur adjoint du renseignement américain. Entre 1982 et 1986, le personnage a en outre dirigé la société Sears World Trade Incorporated qui a été présentée par le magazine *Fortune* comme étant une couverture des barbouzes dévouées à l'Oncle Sam.

Blackwater restera-t-elle longtemps en-dehors de ce marché prometteur de la projection à longue distance de personnel et/ou de fret ? Rien n'est moins certain. Déjà, la société, qui a annoncé son intention de se démarquer du marché de la sécurité privée[42], possède un Boeing 767[43] et a l'intention d'en acquérir deux autres[44]. Du reste, le groupe Blackwater a déjà, nous l'avons vu, investi le segment de l'acheminement aérien des charges légères par l'intermédiaire d'Aviation Worldwide Services et de Presidential Airways.

Cette dernière est présente aux confins de l'Asie du Sud-Ouest depuis 2004, année au cours de laquelle, le 20 septembre pour être précis, elle décroche un premier contrat de 34,8 millions de dollars visant à mettre en œuvre en Afghanistan, en Ouzbékistan et au Pakistan des appareils légers à décollage et atterrissage court. Pourquoi le commandement du transport militaire des États-Unis a-t-il recours à une société privée ? Parce que dès lors que l'US Air Force entend acheminer de petites quantités de fret, elle se trouve dans l'obligation de faire voler de lourds C-130 dont le décollage et l'atterrissage nécessitent une certaine longueur de piste : elle possède peu d'avions plus légers[45]. *A contrario*, les petits CASA-212 mis en œuvre par Presidential Airways sont des appareils rudimentaires pouvant se contenter de courtes pistes sommairement aménagées. Et il revient moins cher d'utiliser un CASA-212 plein plutôt qu'un C-130 aux trois quarts vide. Le premier contrat accordé est donc suivi d'un second valant 14,4 millions de dollars le 23 février 2007. Les troisième et quatrième contrats (92 millions de dollars le 27 septembre 2007 puis 50,9 millions de dollars le 17 janvier 2008) voit la zone d'opérations s'étendre avec l'adjonction du Kirghizistan[46]. L'US Air Force n'est pas la seule à pâtir d'un déficit chronique en matière d'aéromobilité tactique dans la zone que les militaires appellent « l'intra-théâtre ». En Afghanistan, les troupes canadiennes subissent une situation semblable qui a poussé le gouvernement d'Ottawa à avoir recours au privé. En attendant la mise en service des hélicoptères CH-47D d'occasion commandés aux États-Unis et qui seront livrés en fin d'année 2008 ou en début d'année 2009, le ministère de la Défense s'est adressé à la société Skylink afin de louer six engins « Mi-8 de fabrication russe et leurs pilotes pour le transport d'équipement, de matériel et de personnel en dehors des zones de combat, un contrat d'un an, renouvelable* ».

---

* « Matériel militaire : Ottawa se tourne vers la sous-traitance et l'usagé », *La Presse canadienne*, 7 août 2008.

Pourtant hésitants, les Britanniques en sont rendus à la même extrémité. En 2006, la société Security Support Solutions Limited prend l'initiative de proposer aux militaires la location de quatre hélicoptères moyens Mi-17 et de trois hélicoptères lourds Mi-26. Mais, après avoir pesé le pour et le contre, Londres repousse l'offre : sous les képis, les esprits ne sont pas encore mûrs. Ils rechignent à voir les engins produits par l'ennemi d'hier transporter les militaires de Sa Très Gracieuse Majesté. Devant l'urgence du besoin, ces réticences surannées ont fait long feu : en juillet 2008, le ministère de la Défense a été contraint de remettre à l'ordre du jour l'hypothèse de la location. Toujours le problème afghan : sur place, le manque de machines oblige les unités à emprunter les routes, là ou les véhicules légers sont à la merci des engins explosifs improvisés. Un marché qui pourrait cependant échapper à Security Support Solutions : Blackwater aurait été approchée par l'OTAN. Une autre hypothèse est à l'étude, elle verrait les forces armées louer des Cougar habituellement utilisés par des sociétés pétrolières pour faire la navette entre les infrastructures terrestres et les installations offshore[47]. Il est intéressant de constater que, dans le discours, les Canadiens utilisent l'expression « en dehors des zones de combat ». S'agissant d'un contexte de guerre insurrectionnelle caractérisée par la mise en œuvre de méthodes terroristes, qui peut prétendre délimiter précisément le contour de ces « zones de combat » ? Et puis l'expérience prouve que, dans le feu de l'action, de telles préventions n'ont qu'une durée de vie limitée. Chez l'Oncle Sam, la distance qui sépare les aviateurs commerciaux de la ferraille du champ de bataille ne se mesure déjà plus horizontalement mais verticalement.

Lorsque le général David Petraeus réécrit le manuel de guerre contre-insurrectionnelle, c'est pour les forces armées américaines une véritable révolution culturelle : il ne s'agit plus seulement d'écraser l'ennemi sous un déluge de feu mais de gagner « les cœurs et les esprits » de la population. Pour cela, foin des gigantesques bases terrestres hyperprotégées recréant en terre étrangère un ersatz d'Amérique, l'avenir est aux postes avancés situés au plus près de la population. C'est ce que le Pentagone appelle des « outposts ». Une stratégie appliquée à la frontière entre l'Afghanistan et le Pakistan, là où, selon le Pentagone, la multiplication de ces fortins aide à contrôler les infiltrations des talibans qui traversent pour perpétrer leurs forfaits puis se réfugient « de l'autre côté » en sachant que les troupes américaines ont l'interdiction de les poursuivre. Mais le propre des postes avancés, c'est qu'ils sont la plupart du temps isolés. Cela, le lieutenant Joe Corsi ne le sait que trop : en ce jour du mois d'août 2008, le jeune officier de 24 ans commande les 18 hommes qui vont être héliportés sur le Combat Outpost Margha. Dans la province de Paktika, c'est le fortin le plus dangereux : au moins une attaque sérieuse à la roquette et au mortier par semaine. Car si l'outpost est installé au sommet d'une montagne escarpée, il n'en est pas moins surplombé par quelques crêtes. C'est là que les talibans installent leurs armes lourdes pour pilonner Margha. Et pas question d'aller leur tendre une embuscade : les crêtes délimitent la frontière avec le Pakistan voisin. Et puis de toute façon, pas question de tenter une sortie : l'effectif est insuffisant. Autrement dit, dès que le lieutenant et ses hommes ont débarqué du Chinook, ils sont littéralement coupés du monde extérieur, c'est comme s'ils étaient dans un sous-marin en plongée à attendre qu'une charge de profondeur lancée par un navire de surface ne les réduise en bouillie. Si les talibans insistent, la troupe ne peut pas faire grand-chose d'autre qu'espérer l'intervention rapide de l'aviation. Mais, « sachant que le parc d'hélicoptères et d'avions de combat militaires est souvent monopolisé par d'autres opérations, le soutien n'est pas garanti. Margha est ravitaillé par des contractors privés utilisant des avions civils. Les charges sont parachutées sur la base à partir d'appareils légers ou larguées par un équipage ukrainien utilisant un vieil hélicoptère russe volant à haute altitude pour rester en dehors de portée des tirs ennemis* ».

* Stuart Webb, « War in Afghanistan : a tour of hell », *military-world.net*, 9 août 2008.

Combat, surveillance aérienne, transport logistique donc mais aussi, quatrième marché, celui de l'entraînement. La sous-traitance en matière de dégrossissage des pilotes d'aéronefs militaires n'est pas un phénomène nouveau ; cela se pratique pour les avions tout autant que les hélicoptères. Mais voilà qu'un contrat alléchant pointe le bout de son nez : en août 2007, l'US Air Force a fait savoir par l'intermédiaire de son Aeronautical Systems Group qu'elle cherchait un avion adapté aux opérations de contre-insurrection. But : en doter l'armée de l'Air irakienne. Or, avec une concomitance de date troublante, Blackwater a annoncé qu'elle avait requis du gouvernement américain l'autorisation d'acquérir un appareil léger à hélice Embraer EMB-314 Super Tucano. Cet engin est destiné à lancer une offre de services en matière d'entraînement au vol, offre curieusement réservée au gouvernement américain. L'affaire n'a pas tardé à faire jaser dans le landerneau médiatique. Car s'il est taillé pour l'entraînement, le Super Tucano est aussi parfaitement adapté au combat contre-insurrectionnel. Il est capable d'emporter 1,5 tonne d'armement, ce que de nombreux médias n'ont pas tardé à faire observer. Et, d'inexactitude en désinformation, certains journalistes y ont vu une volonté propre à Blackwater de créer une véritable armée de l'Air à louer au plus offrant et en particulier au Pentagone. Il faut dire que les commerciaux flairent là l'existence d'un marché : depuis le retrait en 1995 des derniers OV-10 Bronco encore en service dans l'US Marine Corps, les forces armées américaines ne disposent plus d'appareils légers à turbopropulseur véritablement adaptés à une guerre dite « de faible intensité ». Ce rôle est désormais dévolu aux avions d'assaut A/OA-10[48] Thunderbolt II, aux hélicoptères d'attaque AH-64 Apache ainsi qu'aux drones de combat. Mais l'emploi de ces derniers manque encore de souplesse et de sécurité. Les Apache sont quant à eux vulnérables. Et, aussi adapté qu'il soit à cette tâche, l'A-10 est un biréacteur. En tant que tel, son entretien est relativement onéreux et sa maintenance exige une infrastructure minima. D'où, ont estimé certains chroniqueurs, la tentation industrielle de créer une véritable force aérienne commerciale dont les gouvernements pourraient louer les services à des tarifs défiant toute concurrence. Pour l'instant, cette hypothèse n'est qu'une vue de l'esprit. La demande de licence déposée par Blackwater précise que l'utilisation des armes de bord ainsi que l'emport de bombes sont exclus. De même, le Super Tucano ne pourra pas quitter le territoire des États-Unis[49]. Ceux qui appellent de leurs vœux la mise sur pied d'une force aérienne de combat mercenaire permanente revendiquant son statut en tant que telle devront donc patienter encore un peu. Jusqu'à quand ?

Gardes du corps, combattants, avions, bateaux, hélicoptères : tout comme la nature a horreur du vide, les actionnaires répugnent à voir leur échapper un débouché riche de promesses sonnantes et trébuchantes. Est-ce à dire que l'on aura un jour des chars appartenant à des sociétés privées et conduits par des équipages de civils se ruer dans la mêlée au profit des militaires en uniforme ? Il n'y a pas si longtemps, cette hypothèse aurait provoqué une franche hilarité dans les états-majors. Désormais, on en discute. Elle a droit de cité dans les journaux. Jusqu'où un gouvernement peut-il se permettre de ne pas aller trop loin ? Où se situe la limite qui préoccupe tant les généraux britanniques ? Paul Lester, le directeur exécutif de VT qui loue des bateaux à la Royal Navy, sait que toute réponse définitive pourrait être rapidement démentie par les faits : « C'est là une vraie question mais personne ne peut y répondre*. »

* Tim Webb, *loc. cit.*

Notes

Introduction

1. Peter Grier, « Record number of US contractors in Iraq », *The Christian Science Monitor*, 18 août 2008.

2. Philippe Chapleau, *Les mercenaires – De l'Antiquité à nos jours*, éditions Ouest-France, Rennes, 2006, p. 13.

3. *Ibid.*, p. 65 et 68.

4. *The Military Balance 1989-1990*, International Institute for Strategic Studies, p. 17.

5. « Active Army : force strength », *Soldiers Magazine*, janvier 2007.

6. Joshua Hammer, « Blackwater Blues – Hard times for mercenaries in Iraq », *The New Republic*, 27 août 2008.

CHAPITRE 1

Les précurseurs

1. James Chiles, « Air America's Black Helicopter », *Air & Space Magazine*, février 2008.

2. Philippe Chapleau, *Les mercenaires – De l'Antiquité à nos jours*, éditions Ouest-France, Rennes, février 2006, p. 9.

3. Philippe Chapleau & François Misser, *Mercenaires SA*, éditions Desclée de Brouwer, Paris, 1998, page 19.

4. Philippe Chapleau, *op. cit.*, p. 19.

5. « A Brief History of DynCorp International », http://www.dyn-intl.com/, accédé le 8 juillet 2008.

6. Pratap Chatterjee, « Vinnell Corporation : "We Train People to Pull Triggers" », *CorpWatch*, 20 mars 2003 ; Ian Urbina, « Saudi Arabia : Vinnell and the House of Saud », *Asia Times*, 17 mai 2003 ; http://www.sourcewatch.org/, accédé le 8 juillet 2008.

7. Angella Johnson, « Broker of war and death », *Electronic Mail&Guardian*, 28 février 1997.

8. Khareen Pech & David Beresford, « Leashing the dogs of war », *Electronic Mail&Guardian*, 27 janvier 1997.

9. « Executive Outcomes and Branch Energy », *Jane's Intelligence Review*, septembre 1998, p. 46.

10. Document accédé sur le site Internet d'*Executive Outcomes* aujourd'hui disparu.

11. Grosse Jeep tout-terrain.

12. Colonel Gerald Schumacher, *A Bloody Business*, éditions Zenith Press, St. Paul (États-Unis), 2006, pp. 145-152.

13. François Misser, « Les mercenaires du Pentagone entrent dans l'Irak de Jay Garner », http://www.lalibre.be/, 21 avril 2003.

14. Certaines sources placent le chiffre à hauteur de 11 000 noms (Tod Robberson, « Contractors playing increasing role in U.S. drug war », *Dallas Morning News*, 27 février 2000).

15. Yves Goulet, « MPRI : Washington's freelance advisors », *Jane's Intelligence Review*, juillet 1998.

16. *Ibid.*

17. Ken Silverstein, « Privatizing War, How affairs of state are outsourced to corporations beyond public control », *The Nation*, 28 juillet 1997. Curieusement, Ken Silverstein mentionne le général Varimar Cervenko et nombreux sont les documents le citant à avoir repris l'information. Il s'agit très probablement là d'une confusion avec le général Zvonimir Cervenko qui tenait les fonctions de chef d'état-major général des forces armées croates lorsque l'opération *Storm* fut préparée et exécutée. Le général Zvonimir Cervenko est mort en février 2001 à l'âge de 75 ans. Son nom a refait surface dans les médias en mars 2008, mois au cours duquel le procès de trois ex-généraux croates, à savoir Ante Gotovina, Ivan Cermak et Mladen Markac, a débuté à La Haye. Ils sont traduits devant la justice pour leur rôle durant cette même offensive *Storm*.

18. http://www.avions-militaires.net/, accédé le 3 janvier 2008.

19. Cees Wiebes, *Intelligence and the War in Bosnia : 1992-1995*, Perspectives on Intelligence History, avril 2003, p. 179.

20. David Shearer, *Private Armies and Military Intervention*, Oxford University Press pour l'International Institute for Strategic Studies, Londres, 1998, p. 60.

21. John Schindler, *Unholy Terror : Bosnia, Al-Qa'ida, and the Rise of Global Jihad*, MBI Publishing Company, 2007, pp. 184-185.

22. Mark Thompson, « Generals For Hire », *TIME*, 15 janvier 1996.

23. Juan Tamayo, « Colombian guerrillas fire on U.S. rescuers », *The Miami Herald*, 22 février 2001.

24. Jeremy Bigwood, « DynCorp in Colombia : Outsourcing the Drug War », *CorpWatch*, 23 mai 2001.

25. Juan Forero, « U.S. Pilots Fight Coca in Colombia », *The New York Times*, 17 août 2001.

26. *Ibid.*

27. Mark Kimble, « Afghanistan : Former Police Chief Joins Dyncorp to Help Build Afghan Police Force », *Tucson Citizen*, 25 novembre 2004.

28. Tod Robberson, « Contractor personnel often pulled in many directions », *Dallas Morning News*, 24 décembre 2006.

29. Renae Merle, « Va. Consortium Wins Bid To Send Linguists to Iraq », *The Washington Post*, 16 décembre 2006 ; « Zinni, Schoomaker Join Board of Global Linguist Solutions », *Business Wire*, 6 février 2008.

30. Chris Tomlinson, « U.S. Hires Contractor to Back Somalis », *Associated Press*, 7 mars 2007.

31. Renae Merle, « DynCorp Defends Its Work in Training Foreign Police Forces », *The Washington Post*, 19 mars 2007.

32. Renae Merle, « Looking Beyond the War Zones », *The Washington Post*, 6 novembre 2006.

33. David Leigh, David Pallister & Jamie Wilson, « Pentagon link to Guinea coup plot », *The Guardian*, 27 septembre 2004.

34. Tom Walker & Brian Johnson-Thomas, « Bungled trail of an SAS veteran's coup », *The Sunday Times*, 14 mars 2004.

35. Jamie Wilson, David Pallister & Paul Lashmar, « Thatcher and a very African coup », *The Guardian*, 26 août 2004.

36. Rory Carroll, « Ex-SAS officer in "coup plot" admits arms charges », *The Guardian*, 29 juillet 2004.

37. Patrick Barkham & Michael Evans, « The British "coup" in the heart of Africa », *Times Online*, 15 mars 2004.

38. Organisme de renseignement extérieur britannique dont la dénomination officielle est *Secret Intelligence Service* (SIS).

39. Kathleen Parker, « Imprisoned mercenary wake-up call for America », *The Washington Post*, 28 février 2008 ; Kathleen Parker, « Brit's plight reveals corrupt African states », *Unionleader.com*, 28 février 2008.

40. Antony Barnett, Martin Bright & Patrick Smith, « How much did Straw know and when did he know it ? », *The Observer*, 28 novembre 2004 ; Antony Barnett & Martin Bright, « Revealed : how Britain was told full coup plan », *The Observer*, 28 novembre 2004.

41. Kevin Maguire & Michael White, « Scratcher, the millionaire fixer », *The Guardian*, 26 août 2004.

42. Certaines sources affirment au contraire que l'investissement concernait un hélicoptère.

43. http://en.wikipedia.org/wiki/Mark_Thatcher, accédé le 18 février 2008.

44. Kathleen Parker, *loc. cit.*

45. Martin Fletcher, « Prison luxury then "home in two years" for Simon Mann », *The Times*, 23 juin 2008.

CHAPITRE 2

La filière britannique

1. Colin Bostock-Smith, « Old soldiers go to war… with one another », *The First Post*, 27 mars 2007.

2. Ian Burrell, « Elite forces club kicks out SAS author », *The Independent*, 30 mai 1997.

3. Michael Sean Gillard & Melissa Jones, « Inside Story : BP's Secret Military Advisers », *The Guardian*, 30 juin 1997.

4. « Kroll Launches High Risk Security Business Headed by Alastair Morrison ; SAS Veteran and Founder of DSL Becomes Chairman and CEO of New Kroll Subsidiary », *Kroll News Room*, 25 mars 2004.

5. « Sale of Kroll Security International to Garda », *Business Wire*, 8 décembre 2006.

6. Richard White, « What Is A GSA Schedule ? », http://www.fedmarket.com/, accédé le 23 novembre 2007.

7. Unité spéciale britannique de la Seconde Guerre mondiale comparable au SAS.

8. Stephen Dorril, *MI6, fifty years of special operations*, éditions Fourth Estate Limited, Londres, 2000, p. 735.

9. Une autre source (« Cozy, Clubby and Covert », *The Center for Public Integrity*) situe cette réunion au 22 South Audley Street dont l'abréviation est 22 SAS, ce qui correspond, on l'aura noté, à l'acronyme du seul régiment d'active du *Special Air Service*.

10. Tony Geraghty, *Who Dares Wins, The Story of the Special Air Service 1950-1980*, Arms and Armour Press, Londres, 1980, p. 96.

11. Stephen Dorril, *op. cit.*, pp. 735-738.

12. Roger Faligot, *Guerre spéciale en Europe*, Flammarion, Paris, 1980, p. 47.

13. À ne pas confondre avec *Kroll Management Services.*

14. « Gardes privés pour une ambassade », *Le Monde du renseignement* n° 227, 27 octobre 1993.

15. « Cozy, Clubby and Covert », *loc. cit.*

16. « STF establishes paratrooper wing », http://www.dailynews.lk/2006/04/19/sec04.asp, accédé le 12 novembre 2007.

17. Kevin O'Brien, « PMCs, Myths and Mercenaries : The Debate on Private Military Companies », *Royal United Service Institute Journal*, février 2000 ; Christopher Spearin, « Special operations forces a strategic resource : public and private divides », *Parameters*, hiver 2006.

18. Alan King, « Four dead in Ohio : Memories of Kent State », http://www2.jsonline.com/, accédé le 9 novembre 2007.

19. « Vietnam War protests », *Encyclopedia of Oklahoma History & Culture*, http://digital.library.okstate.edu/, accédé le 9 novembre 2007.

20. « Tim Spicer », *SourceWatch*, accédé le 8 novembre 2007.

21. Duncan Campbell, « Marketing the New "Dogs of War" », *The Center for Public Integrity*, 30 octobre 2002.

22. Andres Perez, « Guerre et diamants en Sierra Leone », *Le Monde diplomatique*, juin 2000.

23. Duncan Campbell, *loc. cit.*

24. Christian Miller, « Iraq convoy was sent out despite threat », *Los Angeles Times*, 3 septembre 2007.

25. « BG Tony Hunter-Choat », http://216.200.89.135/iraq_conference/, accédé le 11 novembre 2007.

26. Mary Pat Flaherty, « Iraq Work Awarded to Veteran of Civil Wars », *The Washington Post*, 16 juin 2004.

27. Steve Fainaru & Alec Klein, « IRAQ : A Private Realm Of Intelligence-Gathering ; Firm Extends U.S. Government's Reach », *The Washington Post*, 1er juillet 2007.

28. Andrew Clennell, « – 1,000 a day lures military men into perilous security business », *Times Online*, 10 avril 2004.

29. Christian Jennings, « Special forces quitting to cash in on Iraq », *Scotsman.com*, 21 février 2004.

30. Richard Norton-Taylor, « Army fears loss of top troops to private firms », *The Guardian*, 8 août 2005.

CHAPITRE 3

L'empire Blackwater

1. Titre d'un article publié par *Agora Vox* le 6 novembre 2007.

2. Bushra Juhi, « Survivor Recalls Blackwater Shootings », *Associated Press*, 20 septembre 2007.

3. Il s'agit là de la transcription la plus couramment utilisée ; d'autres le sont, en particulier « Nasoor » et « Nisoor ».

4. Sabrina Tavernise & James Glanz, « Iraqi Report Says Blackwater Guards Fired First », *The New York Times*, 19 septembre 2007 ; Sudarsan Raghavan, « Tracing the Paths of 5 Who Died in a Storm of Gunfire », *The Washington Post*, 4 octobre 2007.

5. Steve Fainaru, « Where Military Rules Don't Apply », *The Washington Post*, 20 septembre 2007.

6. Sharon Behn, « Blackwater won't allow arrests », *The Washington Times*, 17 octobre 2007.

7. John Broder & James Risen, « Blackwater Tops Firms in Iraq in Shooting Rate », *The New York Times*, 27 septembre 2007.

8. Joseph Neff & Jay Price, « Chapter 2 : Army molds a future », *newsobserver.com*, 28 novembre 2005.

9. Joseph Neff & Jay Price, « Chapter 3 : A private, driven man », *newsobserver.com*, 28 novembre 2005.

10. Joseph Neff & Jay Price, « Chapter 5 : "Scotty Bod" grows up », *newsobserver.com*, 28 novembre 2005.

11. « Iraqi reconstruction : reliance on private military contractors and status report », *House of Representatives, 110th Congress House Hearings*, 7 février 2007.

12. « Statement of Jason M. Shupe – Reference Mission on March 31, 2004 Through Fallujah », http://www.newsobserver.com/static/content/news/shupe.pdf, accédé le 8 janvier 2008.

13. Bill Powell, « Into The Cauldron », *TIME*, 12 avril 2004.

14. Chairman Henry A. Waxman, « Private military contractors in Iraq : an examination of Blackwater's actions in Fallujah », *United States House of Representatives Committee on Oversight and Government Reform*, septembre 2007.

15. http://www.hillsdale.edu/about/history.asp, accédé le 12 octobre 2007.

16. Larry P. Arnn, « Our Responsibility to America », http://www.hillsdale.edu/news/imprimis, novembre 2002, accédé le 12 octobre 2007. Il apparaît en fait que le texte fait référence à la première *Republican Convention* après la formation du parti en 1854 tandis que la première *Republican National Convention* s'est quant à elle tenue en 1856.

17. Jake Tapper, « Edwards Likens Clinton Strategist to Rove », *ABC News*, 5 octobre 2007.

18. « Blackwater USA spent $290,000 lobbying », *Associated Press*, 26 février 2008.

19. « La compagnie de sécurité privée Blackwater enregistre des bénéfices impressionnants grâce à la guerre en Irak », *Associated Press*, 13 octobre 2004.

20. « Blackwater Corners the Market », *StrategyPage*, 21 février 2008.

21. Bruce Falconer & Daniel Schulman, « Blackwater's World of Warcraft », *Mother Jones*, 20 mars 2008.

22. Anne Krueger, « Blackwater bid is withdrawn », *San Diego Union Tribune*, 8 mars 2008.

23. Allison Hoffman, « Military contractor sues San Diego over permits », *The Associated Press*, 29 mai 2008.

24. « Blackwater opens San Diego training center », *The Associated Press* », 6 juin 2008.

25. Frank Moses, « Blackwater », *RAIDS* n° 222, novembre 2004.

26. « Blackwater cherche à conquérir de nouveaux marchés », *Intelligence Online* n° 556, 18 octobre 2007 ; complété par l'auteur.

27. Bruce Falconer & Daniel Schulman, *loc. cit.*

28. « Security », http://www.greystone-ltd.com/security.html, accédé le 23 mars 2008.

29. Elisabeth Bumiller & David Kirkpatrick, « Romney is Out ; McCain Emerges as G.O.P. Choice », *The New York Times*, 8 février 2008.

30. Bob Woodward, *Bush at war*, éditions Trade Paper Back, États-Unis, août 2003.

31. « Mirror Image : Training to Combat Terrorism », http://www.terrorism.com/, accédé le 9 février 2008.

32. Robert Richer a depuis quitté *Total Intelligence Solutions*, officiellement afin de fonder sa propre société d'intelligence économique. En fait, un désaccord serait survenu entre lui et Cofer Black (« Total Intelligence sans tête », *Intelligence Online* n° 574, 10 juillet 2008).

33. Dana Hedgpeth, « Blackwater's Owner Has Spies for Hire », *The Washington Post*, 3 novembre 2007.

34. Bill Sizemore, « Blackwater brass forms intelligence company », *The Virginian-Pilot*, 21 février 2007.

35. Scott Shane, « Brothers, Bad Blood and the Blackwater Tangle », *The New York Times*, 17 novembre 2007.

36. *Ibid.*

37. Umit Enginsoy, « Turkey seized US weapons supplied to Iraqis, Pentagon confirms », *Turkish Daily News*, 31 août 2007.

38. Joseph Neff, « U.S. probes Blackwater into possible weapons shipments », *The News & Observer*, 22 septembre 2007.

39. « Blackwater "arms smuggling probe" », *BBC News*, 22 septembre 2007.

40. Aram Roston, « Did Blackwater sneak silencers into Iraq ? », *NBC News*, 1er novembre 2007.

41. Bill Sizemore, « Seven protesters arrested at Blackwater's headquarters », *The Virginian-Pilot*, 21 octobre 2007.

42. « German Arms Firm Ends Blackwater Deal After TV Report », *German Radio*, 22 février 2008.

43. Greg Simmons, « Rep. Henry Waxman Levels Tax Frauds Allegations Against Blackwater », *Fox News*, 23 octobre 2007 ; lettre du représentant Henry Waxman à Erik Prince, *House of Representatives Committee on Oversight and Government Reform*, 22 octobre 2007.

44. « The Crash of Blackwater Flight 61 », mémorandum de la Chambre des représentants, 2 octobre 2007.

45. Joseph Neff & Jay Price, « U.S. company : crash lawsuit governed by Islamic law », *newsobserver.com*, 18 juin 2008.

46. « New York Times in Iraq : "Blackwater shot our dog" », *Reuters*, 18 décembre 2007.

CHAPITRE 4

L'entraînement, un secteur juteux

1. Bill Sasser, « Iraqi expatriates play civilian roles to help train US troops for battlefield conditions », *The Christian Science Monitor*, 15 novembre 2007.

2. Peter Galbraith, « The Ghosts of 1991 », *The Washington Post*, 12 avril 2003.

3. « IDF offers training deals to other armies », *Jerusalem Post*, 1er décembre 2007.

4. Chez les Anglo-Saxons, le renseignement d'origine électromagnétique (SIGINT pour *Signal Intelligence*) est subdivisé en *Electronic Intelligence* (ELINT, interception des transmissions inintelligibles telles que les signaux radars) et en *Communications Intelligence* (COMINT, interception des communications intelligibles telles que les messages radio). La spécialisation 98J concerne l'ELINT.

5. Surnom donné aux Marines. Il trouve son origine dans le port d'un col en cuir d'une hauteur de presque 9 centimètres, port ayant été aboli en 1872. Cet équipement avait été ajouté à l'uniforme en 1798 afin d'empêcher les mouvements parasites du cou préjudiciables à la visée avec une arme d'épaule.

6. Sorte de grosse Jeep en dotation dans les forces terrestres américaines. Elle équipe les unités de forces spéciales de l'armée de Terre sous la dénomination de *Ground Mobility Vehicle* (GMV).

7. Mickey McCarter, « Outside the Box – Specialized jobs require on-target training that can sometimes best be provided by private training and educational firms », *Special Operations Technology*, 7 juin 2005.

8. Sandra Jontz, « Elite Iraqi police putting training to use on streets », *Stars and Stripes*, 14 avril 2005.

9. http://www.freelancesecurity.com, accédé le 2 décembre 2007.

10. Bradley Graham, « Iraqi Security Forces Fall Short, Generals Say », *The Washington Post*, 13 avril 2004.

11. Pratap Chatterjee, « The Boys from Baghdad : Iraqi Commandos Trained by U.S. Contractors », *CorpWatch*, 20 septembre 2007.

12. Armée du Mahdi, milice chiite dirigée par Moqtada al-Sadr.

13. « Le réseau d'exportation du savoir-faire du Shin Bet », *Intelligence Online* n° 562, 17 janvier 2008, p. 8.

14. « Nageurs de combat aux EAU », *TTU* n° 548, 13 juillet 2005.

15. http://patriotexecutiveprotection.com/about.php3, accédé le 23 novembre 2007.

16. « Special Operations Command Surveillance Training », http://www2.eps.gov/, 20 octobre 2004.

17. Nicholas Spangler, « Bahamian island for sale : $12 million to start », *LandsofAmerica.com*, 26 juin 2007.

18. http://www.tscm.com/tscm-1/051500.txt, accédé le 1er décembre 2007.

19. http://www.aid-nia.com/nia_info.htm, accédé le 15 juillet 2002.

20. Dan Christensen, « Spy vs. Spy – Suits against ex-employees shed light on a little-known Florida firm that trains agents for the feds », *Miami Daily Business Review*, 15 mai 2000.

21. « Mitretek opens office near National Security Agency », *Washington Business Journal*, 8 octobre 2004.

22. Cindy Barth, « Four people, one firm, $50M military deal », *Orlando Business Journal*, 18 octobre 2002.

23. « Language teachers arrested at US military base », *Reuters*, 5 octobre 2005.

24. Rebecca Bone, « Iraqi refugees in Idaho sue over wait for citizenship », *Associated Press*, 9 juillet 2007.

25. Brian Wood & Johan Peleman, « The Mercenary Routes », http://www.nisat.org/publications/armsfixers/Chapter7.html, 25 novembre 1999.

26. « Mercenary to be sent to Colombia », *BBC News*, 12 mars 2008.

CHAPITRE 5

Le commerce de l'espionnage

1. Duncan Campbell, « Now showing on satellite TV : secret American spy photos », *The Guardian*, 13 juin 2002.

2. John Locker, « Balkan Real-time Reconnaissance », *Aviation News*.

3. Duncan Campbell, « War On Error : Live Pictures Taken by U.S. Planes Were Freely Available », http://www.publicintegrity.org/, 12 juin 2002 ; Duncan Campbell, « War on Error : Watching the Terror Trails », http://www.publicintegrity.org/, 12 juin 2002. *Nota :* une vérification effectuée en date du 10 juillet 2008 a conduit l'auteur à constater que ces articles avaient été retirés du site Internet.

4. http://www.airscan.com/, accédé le 21 décembre 2001. D'autres sources font remonter la création d'AirScan à 1984.

5. *EAA Chapter 724 Newsletter*, juin 2000.

6. Christopher Marquis, « Inquiry on Peru Looks at a C.I.A. Contract », *The New York Times*, 28 avril 2001.

7. Transcription de l'interview de Juan Tamayo réalisée par Amy Goodman, *Democracy Now !*, 23 mai 2001.

8. Arnaud Beinat, « DZ Lapalisse, des forces spéciales chez les privés », *RAIDS* n° 257, octobre 2007.

9. « Abraxas acquires Aerodyne Incorporated », communiqué *Abraxas Corporation*, 31 octobre 2007.

10. « CEO Richard Helms featured in Nov. 7th Issue of Entrepreneur Weekly », communiqué *Abraxas Corporation*, 8 novembre 2005.

11. « Tom Ricks's Inbox », *The Washington Post*, 20 mai 2007.

12. Tim Shorrock, « Domestic Spying, Inc. », *CorpWatch*, 27 novembre 2007.

13. En termes militaires, le niveau opérationnel est intermédiaire entre les niveaux tactique et stratégique.

14. Pratap Chatterjee, « Military Interrogation Training Gets Privatized », *CorpWatch*, 10 mars 2005.

15. Tim Shorrock, « The corporate takeover of U.S. intelligence », *Salon.com*, 1er juin 2007.

16. « Les services ne sous-traitent pas », *Intelligence Online* n° 567, 27 mars 2008.

17. Greg Miller, « Spy Agencies Outsourcing to Fill Key Jobs », *Los Angeles Times*, 17 septembre 2006.

18. Seth Hettena, « International spat upends lives of Turkish translators in Iraq », *Associated Press*, 19 décembre 2005.

19. Pratap Chatterjee, « A Translator's Tale », *CorpWatch*, 9 août 2006.

20. Michael Abramowitz, « An infantry officer », *The Washington Post*, 19 mars 2008.

21. Jerry Gordon, « An intelligence disaster in Iraq », *WorldNet-Daily*, 1er mars 2007.

22. *Ibid.*

23. http://www.dni.gov/, accédé le 21 décembre 2007.

24. Tim Shorrock, « Carlyle Group May Buy Major CIA Contractor : Booz Allen Hamilton », *CorpWatch*, 8 mars 2008.

25. Tim Shorrock, « Domestic Spying, Inc. », *loc. cit.*

26. *Department of Defense Directive Number 5105.67* du 19 février 2002 ; accessible à l'adresse http://www.fas.org/irp/doddir/d5105_67.htm ; accédé le 26 janvier 2008.

27. Walter Pincus, « Increase in Contracting Intelligence Jobs Raises Concerns », *The Washington Post*, 20 mars 2006.

28. David Hubler, « QinetiQ names Cambone strategy VP », *WashingtonTechnology*, 12 novembre 2007.

29. Frida Berrigan, « Trouble at the Pentagon », *Foreign Policy in Focus*, 11 juin 2008.

30. Philip Walzer, « Service members are in demand in the private sector », *The Virginian Pilot*, 26 juin 2008.

31. Kamal Ahmed, « Ex-SAS troops to join war on crime », *The Observer*, 24 février 2002.

32. « Should I fight back : Transcript », *BBC*, 8 février 2007.

33. David Leppard, « Security guards hired to spy on illegal migrants », *Times Online*, 20 janvier 2008.

34. « Serco », http://www.tocpartnership.org/orgcrime2007/website.asp?page=Sponsors, accédé le 21 janvier 2008.

35. Richard & Katie Bennett, « UK intelligence and security report August 2003 », *AFI Research*.

36. « Raytheon-led consortium wins – 650 millions e-Borders contract », http://news.top-consultant.com/, 22 novembre 2007.

37. Thomas Harding & John Steele, « SAS man bolsters Britain's new FBI », *The Telegraph*, 4 avril 2006.

38. James Reynolds, « Elite troops target Scots egg thieves », *Scotsman.com*, 18 avril 2004.

39. Ed Boyle, « The New Spies, An Innovative Push In British Security », *CBS News*, 26 juillet 2008.

40. Alexandre Litvinenko & Iouri Felchtinski, *Le temps des assassins*, éditions Calmann-Lévy, Paris, 2007, pp. 229-230.

41. Laure Mandeville, « Le business de la sécurité au cœur de la société russe », *Le Figaro*, 12 février 2007.

CHAPITRE 6

La globalisation ou le mercenariat à vil prix

1. « Peruvian Army Rented Firing Ranges to Train Mercenaries for Iraq », *Prensa Latina*, 27 octobre 2005.
2. Pepper Ballard, « County native killed in bombing », *Herald-Mail.com*, 9 septembre 2005.
3. Il s'agit là du récit des événements conforme à la version présentée par les deux hommes. Références : C. J. Chivers, « Contractor's Boss in Iraq Shot at Civilians, Worker's Suit Says », *The New York Times*, 17 novembre 2006 ; Tom Jackman, « Security Contractor Cleared in Two Firings », *The Washington Post*, 2 août 2007.
4. Steve Fainaru, « Four Hired Guns in an Armored Trucks, Bullets Flying, and a Pickup and a Taxi Brought to a Halt. Who Did the Shooting and Why ? », *The Washington Post*, 15 avril 2007.
5. « Triple Canopy Facts », http://www.triplecanopy.com, accédé le 3 août 2008.
6. Ginger Thompson & Gary Cohn, « Torturer's confessions », *The Baltimore Sun*, 13 juin 1995.
7. Wil Haygood, « Ambassador With Big Portfolio », *The Washington Post*, 21 juin 2004.
8. Kevin Sullivan, « Poor Salvadorans Chase the "Iraqi Dream" », *The Washington Post*, 9 décembre 2004.
9. Bruce Falconer & Daniel Schulman, « Blackwater's World of Warcraft », *Mother Jones*, 20 mars 2008.
10. Angel Paez, « A Year in Hell for 1,000 Dollars a Month », *Inter Press Service*, 3 mars 2008.
11. Michael Rubin, « Al-Kut, Iraq : After-Battle Report », *Middle East Quarterly*, automne 2004.
12. Matthew LaPlante, « Exploitation in Iraq : A Special Report », *The Salt Lake Tribune*, 12 décembre 2007.
13. Ariana Eunjung Cha, « Underclass of Workers Created in Iraq », *The Washington Post*, 1er juillet 2004.
14. Alexandra Zavis, « New US Embassy Rises in Iraq », *The Los Angeles Times*, 24 juillet 2007 ; Michael Howard, « Luxury hotels and golf : welcome to the Green Zone. Pentagon airs plan to turn Baghdad military redoubt into a chic urban oasis », *The Guardian*, 6 mai 2008 ; « Five-star hotel planned for Baghdad », *Associated Press*, 19 juillet 2008.

15. Nicola Smith, « 'Kidnapped' Filipinos build US embassy », *The Sunday Times*, 5 août 2007.

16. Jackie Spinner, « War Dangers Don't Deter U.S. Workers », *The Washington Post*, 17 mai 2004.

17. Joanne Kimberlin, « Angry and ex-military seek jobs with Blackwater », *The Virginian-Pilot*, 10 avril 2004.

18. Carl Lavo & Rick Stager, « A contractor's story from Iraq », *Bucks County Courier Times*, 28 juillet 2007.

19. David Pugliese, « Canada's guns for hire on terror's front lines », *The Ottawa Citizen*, 2 novembre 2002 ; David Pugliese, « Canadian trains police for deadly beat », *The Ottawa Citizen*, 14 novembre 2005.

20. Valeri Kalinovski, « L'ambition des soldats d'ex-URSS : chien de guerre en Afrique », *AFP* & *Reuters*, 22 novembre 2004.

21. Griff Witte, « Contractors Deny They Shot at Marines, Allege Mistreatment », *The Washington Post*, 10 juin 2005.

22. « US troops kill Hungarian in Iraq », *BBC news*, 21 novembre 2003.

23. Ellen Knickmeyer, « Insurgents Down Civilian Helicopter Near Iraqi Capital », *The Washington Post*, 22 avril 2005 ; « U.S. military probes chopper crash », *CNN.com*, 22 avril 2005.

24. John Robb, « Journal : Targeting PMCs », *Global Guerrillas*, 24 janvier 2007.

25. David Ivanovich, « Labor Dept : 1,001 contractors have died in Iraq », *Houston Chronicle*, 7 août 2007.

26. Steve Fainaru, « Five Severed Fingers Identified as Belonging To Guards Held in Iraq », *The Washington Post*, 13 mars 2008.

27. « Baghdad airport closed to civilian traffic », *CNN.com*, 9 septembre 2005 ; Richard Oppel, « Security Company Closes Baghdad Airport Over Pay », *The New York Times*, 10 septembre 2005.

28. Ian Bruce, « Private security staff plan strike over pay cuts », *The Herald*, 29 mai 2006.

CHAPITRE 7

Les dérapages

1. Michael Robinson, « Federal Information Technology Company Plans Continued Growth Streak », *SIGNAL Magazine*, mai 2005 ; http://www.potomacofficersclub.com/main/bio-jack_london.php, accédé le 31 octobre 2007.

2. John Stauffer, « CACI's Cofoni Replaces London as CEO », http://blog.executivebiz.com/, accédé le 31 octobre 2007.

3. http://www.caci.com/about/timeline.shtml, accédé le 10 août 2008.

4. http://www.caci.com/about/bios/fairl.shtml, accédé le 1er novembre 2007.

5. Ellen McCarthy, « Intelligence Work Comes to CACI Via Acquisitions », *The Washington Post*, 8 juillet 2004.

6. Nick Wakeman, « CACI Management Switch Signals New Focus », *WashingtonTechnology*, 30 août 1999.

7. John Stauffer, *loc. cit.*

8. Donna Borak, « IT co. CACI targets major revenue growth », *Associated Press*, 3 octobre 2007.

9. http://www.caci.com, accédé le 10 août 2008.

10. Sa désignation officielle est *1st Special Forces Operational Detachment-Delta* (1st SFOD-D).

11. Localité où est implanté l'état-major de la National Security Agency.

12. Les différentes sources ayant relaté l'affaire ont orthographié son prénom de trois façons différentes (Steve, Steven, Stephen) et son nom de deux manières différentes (Stefanowicz, Stephanowicz).

13. Joel Brinkley, « 9/11 Set Army Contractor on Path to Abu Ghraib », *The New York Times*, 19 mai 2004.

14. Mark Benjamin & Michael Scherer, « "Big Steve" and Abu Ghraib », *salon.com*, 31 mars 2006.

15. Jeffrey Smith, « Abu Ghraib Officer Gets Reprimand », *The Washington Post*, 12 mai 2005.

16. « Un verdict partagé », *Radio-Canada*, 28 août 2007.

17. « Al-Janabi v. Stefanowicz et al. », *Center for Constitutional Rights*, http://ccrjustice.org, accédé le 9 août 2008.

18. Kelly Patricia O'Meara, « US : DynCorp Disgrace », *Insight Magazine*, 14 janvier 2002 ; le récit qui suit est principalement basé sur les faits tels qu'exposés par cette source. Lire également : John Crewdson, « US : Sex scandal still haunts DynCorp », *Tribune*, 13 mai 2002 ; Robert Capps, « Pending lawsuits allege that U.S. military contractors on duty in Bosnia bought and « owned » young women. But the accused men have never been – and will never be – brought to justice », *Outside the law*, 26 juin 2002.

19. Suzanne Gamboa, « More women report sex assaults in Iraq », *Associated Press*, 19 décembre 2007.

20. James Risen, « Limbo for U.S. Women Reporting Iraq Assaults », *The New York Times*, 13 février 2008.

21. « Attorneys for contractor who says she was raped in Iraq argue her case should go to court », *Associated Press*, 6 mars 2008.

22. « Judge : Woman's rape case against Halliburton can go to trial », *The Associated Press*, 9 mai 2008.

23. http://www.zoominfo.com/Search/PersonDetail.aspx?PersonID=8323155, accédé le 3 novembre 2007.

24. http://veriseal.org/about.html, accédé le 3 novembre 2007.

25. « NSA Employee Charged With Giving Wife $ 340,000 Contract », *Associated Press*, 6 février 2007.

26. Tim Mcglone, « Ex-Contractor Sentenced for Sabotaging Navy Subs », *The Virginian-Pilot*, 5 avril 2007.

27. Scott Shane & Ron Nixon, « In Washington, Contractors Take on Biggest Role Ever », *The New York Times*, 4 février 2007.

28. Corps intermédiaire entre celui des sous-officiers et celui des officiers. Dans l'armée de Terre américaine, les *warrant officers* sont soit des spécialistes techniques soit des membres de l'aviation légère.

29. J.D. Leipold, « Army Stands Up Contracting Command », *Army News Service*, 14 mars 2008.

30. Scott Shane & Ron Nixon, *loc. cit.*

31. Tim Shorrock, « Carlyle Group May Buy Major CIA Contractor : Booz Allen Hamilton », *CorpWatch*, 8 mars 2008.

32. Shelly, « US "Secret Army" leaders. Who ? Cheney, Baker, Carlucci, Bush I », http://www.wnyc.org, 21 novembre 2002 ; une vérification effectuée le 13 août 2008 a amené l'auteur à constater que le document n'était plus accessible sur le site indiqué.

33. Elise Castelli, « Lawmakers move to limit intel contractors' role », *C4ISRJournal.com*, 12 mai 2008.

34. « Booz Allen Hamilton Completes Separation Of Core Businesses And Sale Of Majority Stake In Government Business To The Carlyle Group », http://www.carlyle.com, 31 juillet 2008.

CHAPITRE 8

Nouveaux débouchés

1. « Private Security Industry Set To Double By 2010 : Expert », *AFP*, 13 septembre 2005.

2. Habituellement, la sécurité concerne la prévention des accidents tandis qu'assurer la sûreté consiste à lutter contre les actes malveillants. Ici cependant, le mot sécurité est employé comme un synonyme du mot sûreté.

3. David Baker, « Bechtel pulling out after 3 rough years of rebuilding work », *San Francisco Chronicle*, 1er novembre 2006.

4. « Kroll pulls security team out of Iraq », *Associated Press*, 1er novembre 2006.

5. Danny Fortson, « ArmorGroup sold to G4S after sharp fall in profits », *The Independent*, 21 mars 2008.

6. Fariba Nawa, « Afghanistan, Inc. », *A CorpWatch Investigative Report.*

7. Joe Cochrane, « Kabul Diary : Personal Paybacks ? », *Newsweek*, 28 janvier 2002.

8. Amir Shah, « 15 Afghan Guards Killed in Attack », *Associated Press*, 18 décembre 2007.

9. « U.S. contractor accused of shooting Afghan interpreter », *Associated Press*, 30 septembre 2005.

10. Kim Sengupta, « Private US military contractors move into Helmand », *The Independent*, 14 octobre 2007.

11. Jason Straziuso & Fisnik Abrashi, « Afghans Cracking Down on Security Firms », *Associated Press*, 11 octobre 2007.

12. « Kabul shuts down two more security firms », *Associated Press*, 18 octobre 2007.

13. Rahim Faiez, « Four arrested as Kabul office of British security firm is closed down by police », *The Scotsman*, 30 octobre 2007.

14. « All private security firms must close : Afghanistan », *AFP*, 22 novembre 2007.

15. Fariba Nawa, « The Gunmen of Kabul », *loc. cit.*

16. http://valhallashootingclub.com/instructors.php, accédé le 23 décembre 2007.

17. David Fahrenthold, « Schools Teach Combat Skills to Civilians », *The Washington Post*, 28 mai 2006.

18. Après un attentat sur le sol russe, celui-ci s'était en effet signalé à l'attention des médias en promettant d'aller débusquer les terroristes jusque dans les chiottes.

19. David Fahrenthold, *loc. cit.*

20. http://www.alaris.com.ua/, accédé le 23 décembre 2007.

21. « Ukraine's Army wants you – for a vacation », *Reuters*, 9 octobre 2000.

22. « Écraser les radars automatiques avec un char », *Agence France-Presse*, 29 janvier 2008.

23. « Un énorme yacht s'échoue en baie de Cannes », *TF1/LCI*, 20 mai 2007.

24. Michael Evans, « You've got the superyacht with pool, helipad, minisub and missiles. Now get the Royal Navy to train the crew », *Times Online*, 1er mars 2008.

25. « U.S. may outsource domestic mine hunting », *C4ISR-Journal.com*, 6 mars 2008.

26. « Navy brings civilians on board to cut costs », *The Washington Times*, 13 mai 2004.

27. Tim Webb, « Guns for hire ? No, but there are warships for rent », *The Observer*, 30 mars 2008.

28. Adam Nossiter, « New Orleans slips into anarchy », *Associated Press*, 1er septembre 2005.

29. Jeremy Scahill, « Blackwater Down », *The Nation*, 22 septembre 2005.

30. Jeremy Scahill & Daniela Crespo, « Blackwater Mercenaries Deploy in New Orleans », *truthout*, 10 septembre 2005.

31. « L'ONU redoute une catastrophe à Bunia en RDC où les combats font toujours rage », *Service d'information des Nations unies*, 14 mai 2003.

32. Noah Shachtman, « Hired Guns », *Tech Central Station*, 26 juin 2003 ; traduction et réécriture du major EMG Ludovic Monnerat, « Des fusils à louer pour le Congo, une proposition inédite faite à l'ONU », *CheckPoint*, 13 juillet 2003.

33. http://ipoaonline.org/, accédé le 30 décembre 2007.

34. « Blackwater se retire d'un groupe étudiant son action en Irak », *Associated Press*, 13 octobre 2007.

35. Willis Witter, « Private firms eye Darfur », *The Washington Times*, 2 octobre 2006.

36. « NGC Awarded Contract for Global Training of Peacekeeping Forces », *communiqué Northrop Grumman Corporation*, 8 mai 2007.

37. « UNAMID Deployment on the Brink », *Joint NGO Report*, décembre 2007.

38. Jim Hooper, « Sierra Leone – the war continues », *Jane's Intelligence Review*, janvier 1996 ; Jim Hooper, « Peace in Sierra Leone : a temporary outcome ? », *Jane's Intelligence Review*, février 1997.

39. Khareen Pech & David Beresford, « Leashing the dogs of war », *Electronic Mail&Guardian*, 27 janvier 1997.

40. Joanne Kimberlin, « Blackwater's "Little Birds" of Baghdad pack quite a sting », *The Virginian-Pilot*, 1er mars 2007.

41. Ron Menchaca, « Air Force hires Russian jets », *The Post and Courrier*, 5 janvier 2008.

42. « Blackwater plans shift away from security business », *Associated Press*, 21 juillet 2008. Selon certains observateurs suivant le dossier

de près, l'annonce de cette réorientation ne serait cependant qu'un coup de pub (Jeremy Scahill, « Blackwater's Iraq exit strategy », *The Guardian*, 23 juillet 2008).

43. Mark Hemingway, « Warriors for Hire », *The Weekly Standard*, 18 décembre 2006.

44. « Blackwater to Purchase 767s », *Daily Kos*, 22 janvier 2007.

45. Seuls quelques C-23 Shorts Sherpa, des appareils légers et rustiques, pourraient faire l'affaire, mais ils sont en petit nombre et vieillissants. En revanche, 78 C-27J ont été commandés en juin 2007 sous couvert d'un contrat de 2,04 milliards de dollars ; l'acquisition résulte d'un programme commun à l'armée de l'Air et à l'armée de Terre connu sous la dénomination de *Joint Cargo Aircraft*, soit « avion cargo conjoint » (Mitch Gettle, « C-27J Spartan named as Joint Cargo Aircraft », *Air Force News*, 14 juin 2007). Bimoteur, le C-27J a environ la moitié de la capacité de transport du C-130. Il est cependant douteux que la mise en service de ces avions supprime totalement le besoin pour l'*US Air Force* d'avoir recours aux contractors dans le domaine du transport aérien léger au profit des troupes au contact.

46. « Blackwater Subsidiary's Transport Contracts for the Central Asian Front », *Defense Industry Daily*, 23 janvier 2008.

47. Thomas Harding, « Britain forced to use private helicopters in Afghanistan », *The Telegraph*, 11 octobre 2006 ; Kim Sengupta, « Forces may have to rent helicopters », *The Independent*, 31 juillet 2008.

48. A-10 : appui-feu aérien rapproché ; OA-10 : guidage aéroporté des avions d'appui-feu.

49. Stephen Trimble, « Blackwater seeks Super Tucano acquisition for trainer role », *Flightglobal.com*, 27 août 2007.

Table des matières

• • • SAGIM • CANALE • • •

Achevé d'imprimer en octobre 2008
sur rotative Variquik
à Courtry (77181)

Composition et mise en pages : FACOMPO, LISIEUX

Imprimé en France

Dépôt légal : octobre 2008
N° d'impression : 11084

L'imprimerie Sagim-Canale est titulaire de la marque
Imprim'vert® depuis 2004